人生を変えた韓国ドラマ 2016～2021

藤脇邦夫

光文社新書

目次

第四章　二〇一〇～二〇年代の地上波ドラマの佳作　二〇一五～二〇二〇 ——— 85

第四次韓国ドラマブーム以前／以後

日韓ワールドカップに沸く二〇〇二年、最後の家族テレビドラマといわれる「北の国から」のスペシャル版「２００２遺言」が終わった後、日本のテレビ視聴者は一種の「ロス」状態に陥った。筆者も一九八〇年代からのトレンディ・ドラマにはそれなりに夢中になった世代だったが、同時期の「ふぞろいの林檎たち」（一九八三～九七年　ＴＢＳ）が終わった頃から、筆者と同世代を対象にしたドラマはほとんど作られなくなった。少し上の団塊の世代にとってはなおさらだっただろう。

従来であれば、その頃からＮＨＫ大河ドラマ辺りに移っていくのだろうが、ロック世代でもある筆者としてはまだそこまで老け込む年代ではなく、映画ＤＶＤやアメリカテレビドラマ「24 - TWENTY FOUR -」（シーズン１　二〇〇一～〇二年　ＦＯＸ／日本放送　二〇〇四年フジテレビ）等のレンタル視聴に移行していた。

そんな頃、アメリカテレビドラマ（以下、アメリカ・ドラマと略）の日本上陸と同時期、もう一つの未知の世界のドラマが、視聴者の心の片隅に寄り添って忍び込むようにさりげなく日本に紹介された。いうまでもなく、韓国ドラマ「冬のソナタ」（韓国ＫＢＳ　二〇〇二年／日本放送　二〇〇三年　ＮＨＫ‐ＢＳ）である。

今振り返っても、「北の国から」の終了直後に、韓国ドラマが日本に紹介されたのは、ほとんど象徴的といっていい。歴史は後から考えるとまるで作られたかのようにうまくできているというが、それからほぼ二十年、韓国ドラマはレンタルショップの定番商品となり、ＢＳテレビ放送の毎日視聴できる番組の一つとして、ＮＨＫテレビ小説より身近な映像として定着した。我々の生活の中に不可欠な存在となったわけだ。

日本で紹介された初期の韓国ドラマにおいて、女性は恋愛ドラマ、男性は時代劇に特化していったのは、筆者と同世代にとって見るべきドラマがなくなった、日本のテレビ番組に対する不満をよく表している。二〇一七年になって、倉本聰が「やすらぎの郷」を書いたのは、その揺り戻しと捉えるべきだろう。

その後も依然として、日本のドラマは若者向けに作られる傾向が強くなり、定年を迎えた筆者の世代はますます韓国ドラマに傾倒していく二極状態が続いていた。当の韓国にしても、いつまでも「冬のソナタ」「宮廷女官 チャングムの誓い」のようなドラマばかり作り続けていたわけではない。二〇一〇年代に入ると、日本でも韓国ドラマを見る視聴者層は必ずしもシニア世代だけではなくなった。若い世代にも訴求する、傑出した韓国ドラマが数多く登場し、Ｋ-ＰＯＰの隆盛もあり、韓国エンタメは日本中を席巻する一大現象となる。

ケーブル局放送の出現と定着

二〇〇〇年代以降の韓国ドラマ史上、最大の変化は、何といっても二〇〇六年からのケーブル放送局「ｔｖＮ」の開局、二〇一一年からのＣＪＥＮＭ経営による有料ケーブル局「ＯＣＮ」のテレビドラマ製作開始、同年の韓国の新聞社四社（中央日報、朝鮮日報、東亜日報、毎日経済新聞）による総合編成チャンネル（同順に、ＪＴＢＣ、ＴＶ朝鮮、チャンネルＡ、ＭＢＮ）の開局である。これによって、今まで地上波独占だったＫＢＳ、ＳＢＳ、ＭＢＣ以外の局からのドラマ製作が可能になった。

二〇一〇年代の話題番組は、ほとんど地上波以外のケーブル局によるもので、特に、総合編成チャンネルのＪＴＢＣ、専門ケーブル局のｔｖＮ、ＯＣＮの三局が間違いなく台風の目である。同時期の地上波ドラマは明らかに後手に回ってしまい、意欲的な番組はすべてこの三局から発生したといっていい。

日本における韓国ドラマブームは、俳優が話題の中心となった「冬のソナタ」出現の二〇〇三〜一〇年を第一次とすると、二〇一一〜一五年の第二次はシナリオ・発想・シノプシス・プロットの充実期であり、二〇一六年から始まった第三次ブームは、K‐POP人気に加えて、前出のケーブル三局の躍進が加わり、これによって「韓国ドラマ」のクオリティはアメリカ・ドラマに匹敵するほどの水準にまで引き上げられた。

そして、二〇一九〜二一年の第四次ともいえるブームは、まさに第三次以降の成熟による一大ルネッサンス期――黄金期であり、後述する「愛の不時着」「梨泰院《イテウォン》クラス」「賢い医師生活」といった秀作を続々と生み出した。

現在、世界の映像ソフトの中で、テレビドラマ（ネット動画配信全盛の今、実はこの定義さえ怪しくなっているのだが、とりあえずテレビによる放送、及びモニターで視聴するために製作された映像の総意）に限っていうならば、最高峰は、アメリカ・ドラマと韓国ドラマといって差し支えない。この点だけでも、広義の映像（テレビドラマ・映画）のジャンルにおいて――日本最強の映像ソフトである「アニメ」を唯一の例外として――、二十一世紀中に、日本が韓国に追い付くことは、もはや不可能といっていい。韓国ドラマが日本のドラマよりずいぶん先を歩いていることは誰の眼にも明らかな事実であり、この距離感を埋めることは、これから先もおそらく無理だと思われる。

ネット配信が変える、新しい映像供給システム　全世界同時配信視聴の時代

前作『定年後の韓国ドラマ』（二〇一六年　幻冬舎新書）を刊行して五年になるが、その間の最大の変化ともいえる、第四次ブーム到来の理由として、次の二点が挙げられる。

一つ目は先述したケーブル局と映像配信による、視聴環境の大幅な転換である。特に、ｔｖＮ、ＪＴＢＣ、ＯＣＮ等を始めとするケーブル放送局製作ドラマの一部をネット動画配信の最大手Netflixに配信委託したことにより、韓国ドラマの特異性を否応なく、日本も含めて、全世界の国、地域に強烈にアピールすることとなった。

一九六三年のケネディ暗殺を告げる日米初の衛星同時中継、衛星放送の時代は彼方に去り、実質的に、現在世界の放送事業業態の趨勢《すうせい》は、電波事業から、インターネットを中心とした通信・配信事業に移行しつつある（民放テレビ局がネット事業者と手を組まないのは、認可業種である放送業の既得権益を守るためであることは業界の常識だが——テレビ放送と同時のネット配信は年内に一部の民放が予定している——、五年、十年先の状況はもうわからない）。

その最も顕著な象徴として、例えばNetflixは二〇二〇年に全世界の契約者数が二億人を突破した。配信アイテムの一つとなった韓国ドラマは「愛の不時着」を筆頭に、百九十カ国で視

聴可能な最強の映像ソフトの地位を手に入れたわけで、ネット配信の効用と意義は大いにあったことになる。

テレビ放送であろうと、ネット配信であろうと、その成否を左右するのはドラマ映像というソフト・コンテンツに他ならない。現在、Netflixで視聴している限り、韓国ドラマとアメリカ・ドラマは、視聴ソフト・コンテンツとしては、ほぼ同一線上にあるといっていいだろう(その意味でいえば、現在、日本の民放テレビ局で、Netflix、Amazonプライム、ディズニープラス等の配信番組のＣＭが流されているのは、将来のライバルの手伝いをしているようなもので、全く理解できない)。

特に、「愛の不時着」「梨泰院クラス」「賢い医師生活」は未だにNetflix独占配信となっていることもあり、独占配信契約が順次自動更新されていくのであれば、日本はもちろん、世界でも、テレビ放送・ＤＶＤのいずれでも永遠に見ることができないソフトとなる(配信契約に配信期間内のソフト化を禁止する条項があると思われるが、そもそもソフト化という概念自体が最初からないのかもしれない)。

また、韓国・日本を問わず、今まで通常の流れだった、放送後にＤＶＤ化(レンタル・セル)という図式が崩れ、ネット配信等によって、最初から「ネット有料動画配信で視聴して終わり」という流れで完結してしまうと、テレビドラマ(韓国ドラマに限らないが)を取り巻く視聴環境は一変する（というか、完全に一変している）。

さらに、映像ソフトとしては、家庭でのテレビ視聴だけではなく、パソコンでもスマホでも視聴可能な（さらに映画館でも公開できる）「ドラマ映像」という意味に入れ替わっている（単なる「テレビ番組」として作られた「テレビドラマ」ではないことから、本書でもそういう意味も含んで使用している）。テレビは既に単なる端末のモニターにすぎない。

二つ目は、韓国ドラマにおける基本的なテーマの変容である。

当の韓国でも地上波放送を見ているのは相も変わらず旧世代が多く、ケーブル放送ドラマは若い世代専門の作品だけではないにしても、特定の世代で共感を得た意欲的な作品——例えば「応答せよ」シリーズ——が多いことは誰の眼にも明らかだ。特に、ＷＥＢマンガを原作とした刺激的なドラマ製作は地上波では到底考えられないためか、ケーブル局の特性の一つとさえなっている。

二〇二〇年に限っていうならば、先述の三作品を見た後で、地上波の家族ドラマを見ると、あまりにも古色蒼然なのに唖然とする。毎日の日日《イルイル》ドラマ（ＮＨＫ同様、毎日放送される連続ドラマのことで、現在はいずれも地上波だけで、朝の時間帯7～9時にＳＢＳとＭＢＣ、夜の時間帯19～21時にＫＢＳ‐１、２の放送枠がある）に特に顕著なのだが、古い時代の家族ドラマを未だに見ているようなもので、時代遅れの感は否めない。

韓国ドラマでさえそうなのだから、そうした眼で見ると、日本のシニア視聴者にとって、我が日本のドラマはほとんど論外の産物である。

俳優側の事情もある。二〇〇〇年代初頭に出演していた主役・脇役がそのまま年齢を重ね、相も変わらず同じような役柄を何度も演じている限り、地上波ドラマでは物足りない視聴者層が出現するのは当然である。

地上波が従来のままのセオリーとパターンで同じ俳優をもとに企画を考えているのに対し、ケーブル局はまず企画ありきで、俳優のネームバリューに頼らず、企画に合わせて俳優をキャスティングするのが基本である。意欲的な作品を生む土壌は何年も前から整備されていたといえるだろう。

そういった視聴環境の変化に同調し、新たな視点で製作されたケーブル局から前述の傑作群が量産されていくのであれば、韓国・日本はもちろん、どこの国の視聴者も、従来視聴してきた「地上波の韓国ドラマ」だけでは満足できなくなる。

恋愛ドラマ「冬のソナタ」で一世を風靡した、日本における韓国ドラマ人気は従来「女性」によって語られることが多かった。商業番組である以上、視聴者のほとんどを占める女性の人気獲得は必須といえるものだったが、二〇一〇年代以降の韓国ドラマはそうではない。いつの時代になっても、ブーム的な人気獲得はその商品性を左右する重要な要素だが、それ以外の視点で語るに足る作品が続出してきたといえばいいだろうか。概して、女性は分析に興味がないといわれるが、それだけに「感性」については突出しているわけで、だからこそ、これまで韓流ブームを牽引することができたのだと思う。

だが、今回の第四次ブームともいえる韓国ドラマの傑作の数々は「男」の視点で見ることも十分可能であり、先述した要素をもとに、一つの「ドラマ作品」として虚心に分析することは、間違いなく、新しいドラマ世界の発見に結び付く。

通読してもらえればわかるように、本書で分析対象となっている作品は当の韓国での人気・評価とは必ずしも一致していない。あくまでも筆者の独断と偏見による評価と考えてほしい。また、現在日本では韓国で放映されたドラマの大部分を視聴することができるが、だからといって、韓国ドラマのすべてが傑作というわけではない。

だが、その打率は、筆者の見解では六割強にまで達していて、これはある一国が製作するドラマとしては驚異的なクオリティの高さである。そうしたクオリティを保持し、アメリカ・ドラマと比肩しうる世界屈指の映像ソフトとなった、ルネッサンス期を迎えつつある韓国ドラマ新時代の到来と動向を、作品を中心に現在の様々な視点から詳細に分析するのが本書の目的である。韓国ドラマの尽きせぬ魅力の発掘と、知られざる側面に光を当てることができれば幸いだ。

尚、前作『定年後の韓国ドラマ』でも同様の断り書きをしているように、本書は、最初から韓国時代劇は分析対象としていない。これは全く別の世界のドラマであり、韓国の歴史と共に語るのが最も相応しく、間違いなくもう一冊の本が必要となる。その分析は専門分野の権威にお任せしたい。

また、本書内で言及している俳優の顔写真については、権利関係のクリアも含めて、昨今、映画・ドラマのスチール写真使用の手続きが煩雑になっていることもあり、ネット上の検索で確認してほしい。

各作品の核心、結末については興趣を削がないようにできるだけネタバレに留意したつもりだが、ドラマ内容の性格上、一部明らかにしている部分もあることをお断りしておきたい。

第一章　地上波の失速とケーブル局の台頭

「韓国ドラマブーム」の原点確認――「冬ソナ以前／以後」

何度目かの韓流ブームについて触れる前に、前史として、前作『定年後の韓国ドラマ』でも言及した第一次ブームの頃に、少し時間を戻してみよう。

二〇〇二年に韓国で製作されたテレビドラマ「冬のソナタ」（原題「冬の悲歌」）は、取り立てて深い理由のないまま、二〇〇三年にＮＨＫ‐ＢＳでひっそりと放映された。せいぜい日韓ワールドカップの余波くらいで、事前に特別な予告・情報はほとんどなかったように思う。

だが、この一つのドラマが、その後の反響はもちろん、社会問題として、日本の特定世代の意識を完全に変えてしまうとは誰が予想しただろうか。

誰がいい出したのか、業界用語なのか不明だが、「冬ソナ以前／以後」という言葉がある。

純韓国産の映像であるテレビドラマ「冬のソナタ」は日本人視聴者の心象、根源的な生の感情、家族意識の情感を大きく揺さぶり、微妙に変化させた。

断言してもいいが、「冬のソナタ」以後、夥《おびただ》しい量の韓国ドラマが日本に入ってきたが、その影響を受けていない作家・漫画家・脚本家・映画関係者・ドラマ製作者はいないと思われる。

理由は単純で、韓国ドラマにおける、久しく日本では見ることがなかったストーリーテリングと横溢《おういつ》する情感は、日本人にとっての「情感」を確認する一種の「踏み絵」となっていたからだ。それほど、当時の韓国ドラマは日本人のメンタリティに信じられないくらいの深度で浸透した。

韓国ドラマの通俗性に対する日本側からの共感には、もう一つ日本独特の情感のルーツがあると筆者は『定年後の韓国ドラマ』で分析した。これは女性の方が敏感だったと思われるが、日本の特定の年代（団塊の世代前後）の女性にとって、韓国ドラマの世界は明らかに、少女マンガ、レディースコミックの延長線上にある（後述。第三章「韓国ドラマの源流を探る」参照）。マンガの絵が実写になり、音が付き、華麗な映像となる。忘れていた生の感情を保持したまま、視聴者たちは恋愛に憑かれて無意識に映像に没頭する。既視感のある少女マンガ世界の実写ドラマともいえる「冬のソナタ」はその典型的な例だった。「いつか聴いた歌」の再来である。

「冬のソナタ」続編の内容予想

ところで、「冬のソナタ」から十五年近く経った二〇一七年に、当の韓国で続編が製作される旨のニュースが流れたことがある。NHKの何度目かの「冬のソナタ」特集番組で、脚本家の一人がふと漏らした言葉を裏付けるように、製作プロダクションの代表が二〇一七年内に放送される旨のコメントを出したが、残念ながら、現在に至るもその気配はない。

当時、その製作意図と放映時期は、二〇一八年二月の平昌《ピョンチャン》オリンピック開催と無縁ではなかった。韓国の貴重な輸出コンテンツの一つである作品の続編は、冷え込んだままの日中韓関係を改善させる起爆剤になるのかどうか、とまでいわれていた。単なる人気ドラマの続編という範囲を超えた、もう一つの日中韓の文化摩擦にまで踏み込んだ問題になっていたのだ。それでは、予想される続編の内容は?・という依頼で書いたのが、以下のコラムである（「冬のソナタ　続編　内容予想」女性自身　二〇一七年四月十七日号）。

実のところ、筆者自身、「冬のソナタ」の続編が近々製作されるという話を聞いた時、そんなに驚いたわけではなかった。なぜなら、正編の最終回は、続編を予想させる余韻を持って終わっていたからだ。当初の企画書の段階では、ペ・ヨンジュンの病死で終わるはずだったのは有名な話だが、視聴者からの反響もあり、脚本家たちと監督の協議の結果、失明はしても生存するように書き変えたという。ペ・ヨンジュンの死で終わらないということは、チェ・ジウとの再会があり、結ばれて、続編では二人の間に子供がいる設定を可能にしていたということだ。つまり、書き変えた時点から、続編のために伏線を既に張っていたともいえる。

当然ながら、ペ・ヨンジュンが出演するかどうかが話題となっているが、実は続編は本人がいないほうが作りやすいのである。チェ・ジウと結ばれて子供ができた後に亡くなっていることを前提にしないと、後の話がうまく展開しないのではないかと筆者は予想している。本人は回想の中で登場するだけにして、続編はあくまでも、正編の登場人物たちの子供たちの世代を中心に、子供たちの恋愛にも、両親の過去の恋愛のしがらみが絡んでいるという設定で考えるのがシナリオ構成上、最も通常のセオリーである。

さらに、続編のためにはもう一つの条件があったと思われる。それは前回とすべて同じ俳優が出演することだが、正編が終わった後、予期しないことが起こる。重要な登場人物役のパク・ヨンハが実際に自殺してしまったことだ。他は同じ俳優が出演している以上、回想シーンでふんだんに登場するパク・ヨンハの役を続編だけ他の俳優が演じるわけにはいかない。そこで、続編ドラマの中でも、病気、事故等で死亡したという設定にすれば、少なくとも回想の中での設定をそのまま継続することで、無理なく「現在」に移し替えることができる。

以上の設定から考えると、続編の冒頭シーンはサンヒョク（パク・ヨンハ）の葬儀から始まる可能性が高い。その場に前回の登場人物がすべて再登場することで、以降のストーリーが無理なく展開するからだ。葬儀会場では、誰かのモノローグで始まるのが理想的で、正編ドラマのかつての登場人物たちのその後がすべてここで明らかになる。パク・ヨンハの未亡人とその子供、チェ・ジウとその子供、リュ・スンスとイ・ヘウン夫婦とその子供、パク・ソルミが結婚しているかどうかは微妙なところだが、一応パク・ソルミとその夫（もしくは、離婚していてその子供と出席という設定も考えられる）が出席して第一回が始まるというのが妥当なところではないか。

それぞれの子供たちは大体十六、七歳になっていて、これで、正編から、十六年後という時間の経過の意味が通じることになる。そして、新しい恋愛が子供世代から始まり、親たちの過去の恋愛関係も複雑に絡んで物語は進行していく、というように予想したのだが、なぜか続編の話はそのまま立ち消えになってしまった。

「宮廷女官 チャングムの誓い」と、イ・ヨンエのその後

当時、「冬のソナタ」と人気を二分した「宮廷女官 チャングムの誓い」（二〇〇三〜〇四年MBC）と、主演女優イ・ヨンエのその後についても触れておこう。

「冬のソナタ」の後、韓流ブームを決定付けたのは、何といっても、二〇〇四〜〇五年に日本で放送された「宮廷女官 チャングムの誓い」（以下、チャングムと略）で、NHK - BS放送という点でも同じだが、一つ決定的に違うのは、男女双方が鑑賞したことが挙げられる。

「冬のソナタ」はほとんど女性だけといってもよかったが、「チャングム」は違う。韓国ドラマに触れた男性の視聴者はこの作品が最初というのがほとんどだったはずだ。年代層も意外に広く、それまで大体五十代中心だったのが、この作品で一挙に四十〜六十代にまで広がった。

さらに、セル中心の「冬のソナタ」に比べて、「チャングム」は巻数が長いこともあり、圧倒的にレンタル主体だった。「チャングム」のレンタル率（ビデオとDVDを合わせたもの）は、日本最大のレンタルチェーンに記録があり、おそらく今後も破られることはないといわれている。

主役のイ・ヨンエは、二〇〇九年に結婚で女優業を引退してしまう。その後二〇一二年に「チャングム」の続編の企画があったものの、イ・ヨンエ自身が出演を承諾しないため、結局頓挫してしまった。では、他の作品ではどうかということで、復帰作までの話題を維持するため、放送局（SBS）は家族も出演する特番を製作した。

特番「イ・ヨンエの晩餐」（二〇一四年）は韓国料理の歴史を辿るドキュメンタリーで、二〇一四年二月二日、七日の二回にわたって放送された、SBS旧正月スペシャル番組で、番組の製作期間は六カ月の長期に及んだ。海外ロケまで敢行したドキュメンタリーの特別番組としてはもちろんのこと、女優がメインキャラクターを務める番組としても例がないスケールの大きさだった。

後半にはイ・ヨンエ自身の家族も登場し、見方によっては芸能番組的な要素もあった。意外にも双子の子供たちは堂々と素顔のまま登場している。ここまでプライバシーを公開する必要はないのではと思われるが、スター女優の心理は一般常識では図れない。女優としての自分だけではなく、成功した実業家の夫と双子の子供たちとの家庭という究極のセレブとしての完成形を誇示したい意図も感じられる。そのくらい特番でのイ・ヨンエは積極的で、しかも極めて魅力的である。

十二年ぶりのドラマ出演（後述）という復活の裏には、単なる女優業への復帰だけではなく、二〇一八年平昌オリンピックの広報大使ともなった、新しいセレブとしてのデビューと、その確認の意味の方が大きかったと思われる。

番組をもとにした本『イ・ヨンエの晩餐』も製作され、邦訳版（二〇一七年　ブックマン社刊）も発売された。本書の内容は番組同様二部構成で、第一部は韓国料理のルーツを辿るのがメインストーリーだが、それと並行してイ・ヨンエ本人の日常生活も食事風景を中心に描かれる。百坪以上の豪邸の披露も初めてなら、夫と双子の子供の公開も初で、普通ではあり得ないプライバシー公開の意図は先述した通りなのだろう。現在の韓国料理の在り方の一環として自身の家庭での食事風景を紹介したかっただけかもしれないが、それにしても通常のドキュメンタリーではあり得ないほどの過剰サービスだった。

第二部は、イタリア・フィレンツェへの海外取材で、グッチと共同主催した韓国伝統料理晩餐会の一部始終が収録されている。韓国から派生したルーツを求めてイタリアに渡り、そのルーツのヒントが五百年前の歴史の中にあるという設定は、この番組のメインテーマである「料理」を「絵画」に替えれば、実は十二年ぶりの復帰作「師任堂《サイムダン》、色の日記」のストーリー展開とも相通じるところがある。その意味では、このドキュメンタリーは期せずして新作ドラマの予告編的なものになっているという見方もできるだろう。

一般的に、テレビ番組やドキュメンタリーを書籍化する際には、事前に視聴していることを前提で編集されるものが多いが、書籍版『イ・ヨンエの晩餐』は番組を見ていなくても、一冊の本として、韓国料理のルーツを探る観点でも読むことが可能な、見事な内容となっている（著者クレジットは、イ・ヨンエと番組の放送作家との共著）。そして、特番を経て何とか出演にこぎつけたのが、「師任堂、色の日記」となるわけだ。

以後、第一級のモデル・タレントというより、セレブとしての存在感は圧倒的で、女優としては半引退状態だったが、最近は女優業も再開しているようだ（後述、第四章参照）。

日本における第一次韓国ドラマブームを牽引した地上波ドラマの代表作品と主演俳優たちの

その後は以上の通りだが、ある種のマンネリ化で、家族ドラマを中心とした地上波の失速と停滞は誰の眼にも明らかだった。

その頃、韓国ドラマには並行して大きな地殻変動が起こっていた。前述した、ケーブル局製作ドラマによる新しい潮流である。

映画館の集団視聴から、家庭内の個人視聴への移行

二〇二〇年代の映像は、従来とは全く違う製作方法・配給形態の中にある。テレビドラマについては先述した通りだが、映画の場合はもっと極端で、コロナ禍の劇場入場制限もあってか、現在、「映像」の供給方法は劇場公開か、配信開始かの二つの方法選択の過渡期にある。どの配給会社を使ってどこの劇場で上映するかという方式ではなく、どのネット配信会社と組んで、配信していくかという形式に入れ替わってしまった。このことは同時に「ドラマ」いう映像商品の販売方法――公開についてもその価値観を大きく変えることになる。

本書は韓国ドラマについての著作なので、映画公開と映画館の在り方についての記述は最低限に留めたいが、映画同様、ネット配信普及の要素を抜きに、韓国ドラマが世界市場の商品となった理由は語れない。

二〇二一年、第九十三回アカデミー賞のノミネート作品の内、Netflix の十六作品が実に三

十八部門でノミネートされ（特に「マンク」は今回最多の十部門ノミネートである）、結果、七部門で受賞した。映画館に行かなくても見ることのできる映画が今年のアカデミー賞で一番評価が高いという事実は、映画館以外で視聴可能な「映像」（これを「映画」と見なすかどうかは、ここ数年のアカデミー賞の作品選定の大きな問題となっているが、今年第九十三回からは映画としての出品が認められた）を無視できなくなったことを意味する。もちろん二〇二〇年からの世界的なコロナ禍も理由の一つだが、その影響はそのままネット配信市場の普及に直結した。

大作であればあるほど、従来の視聴環境が整うまで公開を延期していたが、製作費回収のため、一部ネット配信解禁に向かうのは致し方ない現象だ（二〇一〇年代まで、製作費回収方法としては、劇場公開は当然にして、他にはビデオ・DVD化権、テレビ放映権が主で、まだ配信は存在していなかった）。

問題は、一部の配給会社（ディズニー等）がそのような事情からネット配信に一斉に切り替えたのを筆頭に、コロナ禍が終息するまで一部の映画館公開と同時にネット配信解禁という並行方式を採る作品が多くなったことだ（最新情報としては、新作も含め、Amazon が遂にMGMを完全買収した。ハリウッド映画も配信の大きな波と無関係ではない）。

映画館公開でなくても採算が合うようになれば、映画館公開は二次的な映像販売の場となり、これが主流になると、映画製作は根本的な発想転換が必要となる。映画館公開がなくなる可能性さえある、というのが危惧するところだ（もし今後、Netflix配信の映画がアカデミー賞作品賞を受賞することになれば、映画館での集団視聴から個人視聴への移行の決定打となることは間違いない）。

こうなると、何が「映画」で「テレビドラマ」なのかの境界線は極めて判別が難しくなる。既に我々はそのような視聴環境の中で、「映像」を摂取する時代にいる。

映像商品の〈所有〉概念を変える意識革命

今までの劇場公開・テレビ放送・ＤＶＤ化を空洞化させる映像調達システム――ネット配信映像は基本的に録画できないことが示しているように、今や映像は録画・ＤＶＤソフト等の「所有」から、必要に応じてその都度、アクセスして映像を呼び出すという「調達」システムに切り替わっている――が確立してしまっている以上、どの方式を選択するかは、結局のところ映像ソフトの内容と充実度、そして商品価値にかかっている。その期待に、韓国ドラマ――先述の三作品――は見事に応えたといっていい。

日韓に限らず、「映像」の映画館公開と同時の配信開始は、世界の映画興行の根本を揺るがすだけでなく、パッケージソフト商品としてのセルＤＶＤの存在価値がなくなることを意味する。レンタルＤＶＤシステムを崩壊させることも間違いない。地上波テレビ放送の既得権益でもあった、自局製作番組のＤＶＤ化さえ著しく侵食するようになり、配信という通信手段だけに利潤が発生することになる。

極論するならば、これは映像商品のソフト及び〈所有〉の概念を変える一大意識革命である。単純な例でいうと、ソフト化されない映像商品のデータ（売行枚数に匹敵する視聴回数）は、従来の販売枚数ランキングといった販売データに表れることはなく（音楽配信は既にそうなっている）、視聴の全体像を示す客観データは、テレビのような決まった時間の視聴率でもない。常時視聴が無限に持続する映像調達システムにおけるデータの内実は、配信会社がソフト単品ごとの視聴データを公開しない限り、視聴契約者数という総体の数字しかわからない。

日本において、レンタルＤＶＤ市場はおそらく二〇二五年前後を境に姿を消す可能性さえある（すべての映像が配信されるとは限らないから、一部の映画のセルＤＶＤ化は残存していくと思われる）。テレビ放送においても、これから次々と開設されるネット配信会社が、民放テレビ局を凌駕するのも時間の問題かもしれない。

これは決して架空の想定ではない。日本のテレビ番組が若い世代向けに作られているだけに、シニア世代になればなるほど、興味のある番組を求めてネット配信に向かう傾向が強いからだ。その根拠として、日本におけるネット配信加入の理由のほとんどは「韓国ドラマ」と「アメリカ・ドラマ」の視聴のためといわれている。

興味深いのは、その傾向がシニア世代だけでなく、若い世代にも浸透しつつあることだ。二〇二五年以降の映像環境には、さらに違う風景が待っているのだろう。

日本のテレビドラマが韓国ドラマに追い付けない根本的な理由

本書では二〇一〇年代からの韓国ドラマの特性を分析しているが、その比較として日本のテレビドラマを挙げていることについて他意はない。現在の日本のテレビドラマのクオリティが韓国ドラマに比して格落ちしているように見えるのは厳然たる事実だが、誤解しないでほしいのは、日本のテレビ製作のスタッフ・演出・脚本・俳優が劣っているわけではないということだ。

日本独自の才能は確実に散見できるし、筆者はある意味、人材の宝庫だと捉えている。しかし、現実的にスポンサーが付くドラマの企画が、二、三十代の若い女性の視聴者層向けの作品しか要求されず、それ以外のドラマを製作する機会がないのであれば、いくら才能のあるスタッフ・俳優がいても、意欲的な作品の展望は見付けにくい。単に作品の企画に恵まれていないだけだ。

「半沢直樹」のような作品がそうそう作れないのは当然にしても、特定の年代を対象にしたドラマ作りにはやはり限界がある。それ以外の年代を対象としたドラマが放送されないのであれば、シニア世代が韓国ドラマに向かうのは必然ともいえる。

この現状を打開するために、選択肢の一つとして、日本のどこかのテレビ局が、韓国のドラマ製作会社と提携することも十分考えられる（と思っていたら、実際に、二〇二一年六月十五日、ＴＢＳとＣＪＥＮＭが製作提携する旨のニュースが伝えられた）。

現在、日本の映像作品とは、必ずしも日本資本で製作されたものだけを指すのではなく、日本人監督を始めとした、日本のスタッフによって製作された映像全般（映画・ドラマ）と捉えるべきなのかもしれない。

日本のドラマが停滞している最大の理由は、俳優・スタッフではなく、企画（特定の、若い年代層だけを対象としたドラマを作り続けなければならない制約）の硬直化にあるのだから、斬新な企画による、日本のテレビドラマ作品が Netflix 配信作品として選定されれば、突破口となる可能性は大いにある（註 - 1）。

映画製作を凌ぐ、ネット配信のテレビドラマ製作

ネット動画配信の新しい波は、単にケーブル局放送の韓国製作ドラマの配信だけではない。例えば、Netflix は自社配信専用のオリジナルドラマ製作にも進出している。

「ミスター・サンシャイン」（二〇一八年）が最初だが、「キングダム」（二〇一九〜二一年）、「人間レッスン」（二〇二〇年）、「保健教師アン・ウニョン」（二〇二〇年）で明らかなように、この方式によって、「Netflix 製作の純正韓国ドラマ」の世界同時公開の映像配信視聴が可能になった。

映画館上映による「映画」の全世界同時公開は、まだ国によって上映環境が異なり、欧米同時公開でも様々な障害がある。Netflix の世界同時配信で明らかになったのは、世界同時公開はこの方式しかあり得ないことだ。同時に映像ソフトの視聴環境を根底から覆すことにもなったのは先述した通りだ。

映画が劇場で公開されずに、配信に直行するシステムが完成するならば、「映画は劇場で見るもの」という基本概念が崩れることになるが、テレビドラマと銘打っていても、映画館で上映することも可能なデジタル映像ソフトであることを忘れてはならない。デジタル送信用に作られたともいえるこの映像ソフトは、あらかじめ、映画館でも家庭でもスマホでも同じように視聴可能な形式で作られている。

逆にいうと、現在の映画で、従来のフィルムで撮影されているものはほんの一部で、ほとんどはデジタルカメラによる撮影方式で作られている。その映像を「映画」「テレビドラマ」と区別するのは視聴する環境だけである（つまり、映画館で公開すると「映画」となるが、ネット配信されると「(テレビ) ドラマ」となる)。
どちらの方式でも視聴できる映像ソフトは、当然ながら、映画の製作方法も大きく変えている。撮影期間も含めて、製作期間が大幅に短縮されたことから、製作本数が増加する一方で、映画完成から上映まで一年以上待つのであれば、映画館上映より、二億人の視聴者を保有する、ネット配信による全世界同時公開への比重が高くなるのは当然である。

また、ネット配信製作の映像の方がスタッフはもちろんのこと、俳優のギャラにも格段の差がある（一説によれば、最低でも十話前後の放送回数であることから、一本の映画出演の四倍以上のギャラ提示は常識らしい）。俳優のギャラ収支だけを考えるのならば、その方向に靡《なび》くのは経済の基本原則である。

その点だけとっても、ネット配信の存在と隆盛は、韓国以外でも、映画とテレビドラマの概念を変える一大映像環境革命となった。

さらに述べるなら、ネット配信専用のドラマ製作には、当然ながら、韓国・アメリカを問わず、従来とは違う視点が求められる。従来のドラマでは企画されない着想を持ち、映画でも可能な題材をいかにして最低十六話の長時間の連続ドラマに仕立て上げるか（註‐2）。さらにその連続ドラマは、無料の地上波で見られるような内容であってはならない。これだけでも、今までとは全く違う条件が求められていることがわかるだろう。そして、その条件をクリアした映像だけが、全世界百九十カ国以上の二億人に視聴される特権を得ることになる。

註-1　二〇二〇年に配信公開された「Giri/Haji（義理／恥）」（監督：ジュリアン・ファリノ／ベン・チェッセル　脚本：ジョン・バートン）は、BBC／Netflix 共同製作の Netflix オリジナル作品で、東京とロンドンを舞台にヤクザの抗争を描いたドラマだ。ほとんど映画といっていいほどのクオリティで、日本人俳優も主演の一人（平岳大）として配役されている。

日本でも Netflix オリジナル作品として「全裸監督」（二〇一九年　監督：武正晴）、「彼女」（二〇二一年　監督：廣木隆一）のような快作も現れている。この方向性は今後、日本のドラマ映像を大きく変える可能性を秘めている。尚、最新情報として「日本沈没―希望のひと―」（二〇二一年　TBS）の Netflix での配信が決定した。

註-2　現在の韓国ドラマ放送（月火、水木、金土）の趨勢は地上波・ケーブル局共に、大体十六話完結で製作されている（地上波の日日ドラマは百話前後、週末ドラマは五十話前後）。ケーブル局製作ドラマは、ネット配信用として製作されていることもあり、地上波のように放送時間枠・CMの制約がないためか、一本の尺（放送時間）は一時間を超えることが多い。最近の「賢い医師生活」のある回（十・十一回）では二時間近い放送時間となっている（CM抜きの放送時間だから、ほとんど一本の映画と同じである）。題材・視聴率等によって臨機応変に対処できることもケーブル局ドラマの特長であり、その分、視聴者の要望に沿ったドラマ時間を育む要因となっている。

第二章　ケーブル局製作ドラマの研究

アメリカ・ドラマ化する韓国ドラマ

二〇一〇年代のケーブル局製作ドラマに顕著な傾向は、アメリカ・ドラマ・テイストの韓国ドラマが多くなっていることだ（アメリカ・ドラマの韓国リメイク作があまり違和感がないのは相性の良さと成熟を示している）。

企画からスタートし、その役に相応しい俳優を後から当てはめていくというアメリカ形式のケーブル局と、スター俳優を中心に企画を考える地上波局では、そもそも企画の立脚点が全く違う。有料放送の特性を活かして特定の視聴者を対象に製作されるドラマは、従来の企画とは根本的に真逆の発想で作られているといっていい。

従来の地上波が手掛けなかったテーマが多く、企画・脚本・演出にもそれほど制約はかからず、自由な表現がある程度可能だ（註‐1）。地上波局からの転職がケーブル局スタッフ（例えば、ｔｖＮ）に多いのはその事実を物語っている。ヒット実績のあるスタッフや、若いスタッフ世代は最初から、ケーブル局を目標にしているというのがここ十年の韓国テレビ業界の新しい潮流だ。

斬新な企画のケーブル局と比べて、古色蒼然となった時代遅れの地上波の違いは明らかだ。この傾向は二〇二〇年代にはさらに顕著になり、地上波との差異化云々より、全く違う方向性が表れることになった。

極端にいえば、地上波放送のドラマは韓国内（他には日本等のアジア諸国）に向けて製作しているだけだが、ケーブル局製作ドラマは――特にネット配信が決定している作品は――、最初から韓国以外の国の視聴者（欧米その他）を対象に製作されている。

当然ながら、そういった企画には当初から家族ドラマは入っていない。韓国の家族ドラマを世界にネット配信しても、共感を得られるのはアジアの一部、日本だけである。韓国の家庭観と国民性を実直に象徴する家族ドラマは、それゆえに世界同時配信には最も相応しくないドラマ内容ともいえる。

最近の韓国ドラマが自然とアメリカ・ドラマ的になっているのは、また韓国ドラマ・テイストを意図的に消そうとしているのは、そうした傾向を実直に反映している証拠だ。

そもそもネット配信を前提としたドラマ作品にとって、韓国を舞台にする必然性はほとんどない。韓国の俳優が出演し、韓国スタッフが製作することに違いはないが、配信対象・視聴対象が全世界であるならば、最初から全く違う視聴者を対象として作られているドラマ映像といえるだろう。

韓国ドラマとアメリカ・ドラマの企画の差異

韓国ドラマも大きく影響を受けた、世界のエンタメ・シーンを席巻していたアメリカ・ドラマにも二〇〇〇年代以降、大きな変化がある。アメリカ・ドラマの傾向を分析することは、すなわち韓国ドラマの動向を探ることでもある（日本のドラマはせいぜい韓国とアメリカのドラマをリメイクするぐらいで、最初から論外だ）。

日本でもヒットした「フレンズ」（一九九四〜二〇〇四年　シーズン10　NBC）、「アリー my love」（一九九七〜二〇〇二年　シーズン5　FOX）、「Sex and the City」（一九九八〜二〇〇四年　シーズン6　HBO）、「デスパレートな妻たち」（二〇〇四〜一二年　シーズン8　ABC）等を経た後の、二〇一〇年代前後からの主なヒットドラマをここで少し説明しておきたい。長期シーズンとなった主なヒットシリーズとしては、次のような作品がある。

・限定された時間の中でのスパイと大統領のドラマ「24 - TWENTY FOUR -」（二〇〇一〜一〇年　シーズン8　FOX）
・犯罪心理を読み解き、事件を解決する分析官たちの活躍を描いた「クリミナル・マインド FBI行動分析課」（二〇〇五〜二〇年　シーズン15　CBS）
・弁護士ドラマの新機軸を開拓した「グッド・ワイフ」（二〇〇九〜一六年　シーズン7　C

ＢＳ）

・「グッド・ワイフ」のスピン・オフ「グッド・ファイト」（二〇一七〜二〇年　シーズン４　パラマウント＋）

・壮大なスピンオフ・シリーズ「シカゴ・ファイア」（二〇一二〜二一年　シーズン９　ＮＢＣ）、「シカゴＰ．Ｄ．」（二〇一三年〜　シーズン８　ＮＢＣ）、「シカゴ・メッド」（二〇一五年〜　シーズン６　ＮＢＣ）

・政治の暗部を曝け出した究極の政界ドラマ「ハウス・オブ・カード　野望の階段」（二〇一三〜一八年　シーズン６　Netflix）

・指名手配犯罪者による世界の闇の勢力との闘い「ブラックリスト」（二〇一三年〜　シーズン９　ＮＢＣ）

・世界犯罪組織との終わりのない戦い「ブラインド・スポット　タトゥーの女」二〇一五〜二〇年　シーズン５　ＮＢＣ）

・緊急出動の人間ドラマ「９-１-１：ＬＡ救命最前線」（二〇一八〜二〇年　シーズン３　ＦＯＸ）

・冤罪で十年服役した弁護士による不可能性に挑む裁判ドラマ「プルーブン・イノセント　冤罪弁護士」（二〇一九年　シーズン１　ＦＯＸ）

それ以外の定番ヒットシリーズとして、

・CIAを馘《くび》になった元スパイの冤罪を晴らすまでの戦い「バーンノーティス　元スパイの逆襲」（二〇〇七～一三年　シーズン7　USAネットワーク）

・パソコンオタクと女性エージェントとのスパイ・コメディ「CHUCK／チャック」（二〇〇七～一二年　シーズン5　NBC）

・ミステリ作家と女性警察官とのロマンチック・コメディ「キャッスル　ミステリ作家は事件がお好き」（二〇〇九～一六年　シーズン8　ABC）

・復讐を貫徹するまでの果てしない一人の女性の戦い「リベンジ」（二〇一一～一五年　シーズン4　ABC）

・ロシアからの潜入スパイ夫婦のアメリカ国内の活動を描いた「ジ・アメリカンズ　極秘潜入スパイ」（二〇一三～一八年　シーズン6　FX）

・無名の人々の毎日の日常を描いた、全く新しい発想の作品「THIS IS US」（二〇一六～二二年　シーズン5　NBC）

そして、最新作として見逃せないのが、

・謎が謎を呼ぶSF設定による人間ドラマの頂点「マニフェスト　828便の謎」（二〇一八～二〇年　シーズン1～2　NBC）

以上の二〇〇〇年代の主なアメリカ・ドラマの作品傾向から韓国ドラマを見ると、韓国ドラマは敢えてアメリカ・ドラマとはあまり抵触しないようなテーマを選択しているように思える（強いていえば、後述する「リベンジ」が唯一韓国ドラマ的だが、こうした内容のドラマはアメリカではむしろ珍しい）。

その理由は、韓国ドラマの製作方針として、アメリカの興味深いドラマについては、似たようなものを作るより、リメイクそのものを採択するからだと思う。こうした極めて合理的な考え方――製作体制において、韓国とアメリカのドラマ製作の意図は同一線上にある。逆に、韓国ドラマをアメリカでリメイクする発想はないようで、映画以外に、アメリカ側で韓国ドラマをリメイクした例はほとんどない。

多様な人種で構成された移民大国ともいえるアメリカにおいて、アメリカ中心のテーマでドラマを製作するのは「フレンズ」「Sex and the City」辺りの時代で終わりを告げ、二〇一〇年代に入ると、定番の刑事ドラマ周辺（例えば「シカゴ」シリーズ）以外ではＳＦ的な設定のドラマが増えているのにはそれなりの理由があるように思う。

現実に材を取ると、移民・人種等の問題でヘイト・クライムの対象となりかねないし、さらにＬＧＢＴ層を無視するわけにもいかない。性的マイノリティを主題にしたドラマはむしろ映画に相応しいテーマであり、逆にテレビドラマにおいては、アメリカ特有の人種構造を前提にした従来の企画（例えば、刑事ドラマであれば捜査チームに必ず黒人が一人配役されている等）のドラマが作り難くなっているのではないか。その反動として、「THIS IS US」のようなドラマが現れたのは決して偶然ではない。

だが、ＳＦ設定であれば、現状の制約に縛られないためか、多様な人間模様を描く企画が増えた。最近の例でいえば、「マニフェスト　８２８便の謎」がその典型的な例である。

これは韓国ドラマに置き換えてリメイクすることも可能だ。そのくらい現在の韓国ドラマには、アメリカ・ドラマをリメイクしても違和感がないようなドラマが自然発生的に多くなっている。

「Vagabond／バガボンド」（二〇一九年　ＳＢＳ）はその典型的な例といえるだろう。国際的なスパイ間の争いがテーマとなっていることもあるが、このドラマにおける、韓国ドラマとアメリカ・ドラマとの差異は、演じている俳優だけの違いであり、演出・脚本・登場人物のキャラクター・アクション・撮影・音楽効果とも、アメリカ・ドラマと比べて何ら遜色はない。

だが、一番大きな差異点はドラマの企画そのものにある。

韓国に限らず、世界のどこの国でも、これまでドラマ製作の企画を突き詰めていけば必然的にアメリカ・ドラマ的な発想に近付いていくと思われてきた。

例えば、複数のシナリオライター集団からのアイデアで全体のコンセプトを決定していくドラマ製作は、アメリカの脚本作りの王道だ。その点だけ取っても、一人の脚本家が単独で書く傾向の強い韓国ドラマとは歴然とした差異がある。

一人の人間が考える着想には限界があり、集団創作によるアイデア作りにかなわない点が多々あるのは否めない――これがアメリカ・ドラマ製作の常識だった。だが、韓国ドラマのアイデンティティはまさにその常識とは違う点にある。

限りなくアメリカ・ドラマに接近することによって、そのテイストは自然に身についてきたものの、脚本・アイデアの根本の発想は全く異なる。一人の脚本家が作り出す構想にはやはり韓国という背景抜きでは考えられないものが多く、そうした要素抜きに二〇一〇年代からの韓国ドラマを語ることはできない。

その一例として「愛の不時着」「梨泰院クラス」「賢い医師生活」等が韓国特有のオリジナリ

ティ溢れるドラマとして挙げられるのは、韓国でしか成立しない条件による発想で作られているからだ。

「愛の不時着」における韓国から北朝鮮への不時着は、アメリカではまず考え付かない着想である。「梨泰院クラス」の居酒屋を舞台にした若者の反逆的なストーリー展開も、WEBマンガ原作という要素を抜きにしても、アメリカではおそらく企画・構想されないプロットだ。

「賢い医師生活」も舞台と設定は「ER 緊急救命室」「グレイズ・アナトミー」等にインスパイアされたと思われがちだが、視聴すれば、全く違う手触りの医学・人間ドラマであることがわかる。「賢い医師生活」の韓国ドラマ特有の情感を生む空気感は、絶対にアメリカ・ドラマでは作り出せないものの一つだ。

この三作は韓国ドラマの中でも異色作なのだが、それでも紛れもない韓国ドラマである。だから、二国のドラマを視聴する現在の日本人には、奇想天外なSF設定のアメリカ・ドラマと、情感溢れる人間ドラマの多い韓国ドラマは、コインの裏表のように見えるだろう。ドラマの究極の二面性がここにある。

ケーブル局製作ドラマの企画とその傾向

二〇一〇年代からのニューウェーブ韓国ドラマともいえる、先述した三大ケーブル局のドラマのヒット作品には、それぞれに特徴と傾向が見受けられる。
まず、ｔｖＮの功績と特長は、テレビドラマの新機軸開拓といっていい。
例えば「応答せよ」シリーズをバラエティ番組のスタッフが取り組んだことにはそれなりの理由がある。「応答せよ」シリーズの発想の一つに、過去の忘れられない人たちとの対面――同級生、消息不明だった姻戚関係、離婚家族の再会がある。これはバラエティ番組製作の経験と蓄積が背景にあることは確実だ。その要素を拡大解釈したドラマが、韓国の若い世代の共感を得たのは当然である。

他にも、料理番組・グルメ番組を拡大解釈してドラマ化した「ゴハン行こうよ♥」シリーズ（二〇一三～一八年　ｔｖＮ）といった作品もｔｖＮならではの発想で、これでちゃんとドラマとして成立しているのだから、番組製作スタッフ陣の技量は侮れない。日本では絶対に製作することのできないドラマの一つであり、従来のドラマにはない二つの要素を融合することによって、新世代の視聴者開拓に成功した（そのうち、ＫＢＳの「1泊2日」のようなドキュメント・バラエティ番組でさえドラマ化される可能性がある）。

ｔｖＮ製作ドラマの充実は、単なるバラエティ番組のドラマ化だけでなく、まず番組製作の基本が、「企画ありき」の観点からスタートしていることが挙げられる。ドラマ・コンセプトと俳優配役の融合とでもいえばいいだろうか。

「ある企画を誰が演じるドラマとして考えるか」「このドラマ企画であれば誰が演じればいいか」、そして「この俳優であればどういったドラマが相応しいか」は結局のところ、「特定の俳優でなくても可能なドラマ企画とは何か」という結論に直結する。ｔｖＮはもちろん、おそらくケーブル局製作ドラマの企画の出発点はそこから始まっているといっても過言ではない。

そう断言できるのは、製作されたドラマのヒットとクオリティがそれを証明しているからで、スポンサー提供番組の地上波ドラマでは考えられないテーマが、逆にｔｖＮドラマの企画のもととなっているのではないかと思わせるほど斬新な企画が多い。

例えば、「風船ガム」（二〇一五年）、「シグナル」（二〇一六年）、「刑務所のルールブック」（二〇一七～一八年）、「ブラックドッグ～新米教師コ・ハヌル～」（二〇一九～二〇年）等は、すべてヒットしたとはいい難いが、地上波はもちろん、他のケーブル局でも絶対に考え付かない企画である。

ｔｖＮ作品のほとんどの作品を製作している製作会社「スタジオドラゴン（STUDIO DRAGON）」についても触れておくべきだろう。

韓国の大手エンターテイメント会社ＣＪグループのＣＪＥＮＭドラマ事業部から独立した二〇一六年設立の製作専門の子会社で、親会社のケーブル局がｔｖＮという経営構造である。ｔ ｖＮはドラマだけを製作しているわけではなく、バラエティ番組も多く、異質だったはずの二つのジャンルが不思議な融合を果たし、数々のヒット作を量産しているのは既に我々が見ている通りだ。

そして、二〇一九年にＣＪＥＮＭとスタジオドラゴンがNetflixと年間七本の作品供給の契約をしたことで、韓国ドラマにとって新しい時代が到来する。韓国以外の世界各国でも、韓国ドラマの視聴が可能になり、アメリカ・ドラマと同等に扱われることとなったのである。

おそらく地上波独占だった二〇〇〇年代ではこのような進展はあり得なかっただろう。韓国ドラマというソフトを世界レベルに引き上げるために相応しい供給システムが要求されていたともいえる。序章で述べた通り、二〇二〇年前後からの韓国ドラマの供給先がネット配信に取って替わったのは、韓国ドラマにとっては僥倖《ぎょうこう》ともいえる歴史的転換だった。

ＯＣＮの作品は、押しなべて、映画でも表現可能な世界を、敢えて連続ドラマという長いスパンで企画したと思われる内容が多く、ほとんどの作品は再編集すれば、そのまま劇場公開映画として通用する。本来的な意味でのテレビ映画というより、映画用に構想された映像を、テレビ放映用に編集して提供する形式といった方がわかりやすいだろうか。そのためか、結果的にオーソドックスな映画ファンに受け入れられやすい番組が多い。

「バッドガイズ-悪い奴ら-」（二〇一四年）、「バッドガイズ2～悪の都市～」（二〇一七～一八年）、「ボイス」シリーズ（二〇一七～二一年）はその典型で、映画館公開を前提とした映像作品ともいえるだろう。

そうした製作傾向のためか、従来の地上波では扱えないテーマ、テレビドラマとしては構想されない企画が多い。医学のダークサイド（臓器売買とクローン人間生成）を描いた「デュエル～愛しき者たち～」（二〇一七年）、新興宗教による政治と資金の支配を追及した「パンドラ～小さな神の子供たち～」（二〇一八年）、警官の不正を暴く監察官の刑事ドラマ「ウォッチャー～不正捜査官たちの真実」（二〇一九年）等はその代表例だ。製作されるドラマには、必ず社会問題の提起を含んだ意図が感じられる。

その意識は、特にヒットシリーズとなった「ボイス」に毎回巧みに取り入れられている。「ボイス」は第四次ブームの中でのＯＣＮ製作ドラマを象徴する作品であり（第五章で詳述）、同シリーズに対する支持は、そうした細部の描写に支えられているといっていい。

ＪＴＢＣ製作のドラマの明確な特徴は、最初から、ある程度大人の年齢層（シニア以前の四、五十代）を中心に想定していることだ。地上波の家族ドラマでは扱わない、既存の夫婦層ではない、明らかに新しい夫婦関係をターゲットにした作品が多い。

当然ながら、俳優たちの実年齢も、想定視聴者層とほぼ同じであることが多い。中堅俳優にとってはまたとない活躍の場で、有名俳優、Ｋ‐ＰＯＰ出身のアイドル俳優、若手俳優の知名度に頼らずとも、ドラマが成立することを図らずも証明することにもなり、従来の家族ドラマとは肌合いの違う、新しいドラマ世界の開拓に成功した。

また、夫婦生活の背後にある社会問題・家庭問題も加味されていて、親会社である新聞社（中央日報）の社会面記事的なテーマ——特に、夫婦・家族・会社の人間関係——の選択にその特性がうまく活かされている。

その傾向は、「隣人の妻」（二〇一三年）、「私たち、恋してる」（二〇一四年）、「今週妻が浮気します」（二〇一六年）辺りで見られるようになり、「ＳＫＹキャッスル～上流階級の妻たち～」（二〇一八～一九年）、「よくおごってくれる綺麗なお姉さん」（二〇一八年）、「ミスティ」（二〇一八年）を経て顕著になり、「風が吹く」（二〇一九年）、「夫婦の世界」（二〇二〇年）でほぼ完成されたといっていいだろう。

特定「年代」を対象としたドラマとして、新たな中高年視聴者の獲得に大きく寄与したわけで、日本のシニア視聴者に最も受け入れやすい作品が勢揃いしていることも特長の一つだ。

以上のような三局それぞれの特長を兼ね備えた企画の特色及び作品傾向は、否応なく二〇一

○年代の韓国ドラマの意識と方向性を変えた。
それぞれの作品傾向と内容については、第五章で詳述していきたい。

註-1　地上波は当然だが、ケーブル局ドラマでも、韓国のテレビ放送で性描写は最初から論外なのはもちろん、暴力描写・残酷描写についても、いかにケーブル局ドラマでもあっても、ある程度の制限はある。最近では「ボイス」辺りが許容ギリギリで、やはり、特定の観客を対象とした非日常な世界を構築するには映画の形式の方が向いている。

第三章　地上波の停滞とその実態

地上波ドラマに見る、韓国ドラマの原点と限界

『定年後の韓国ドラマ』でも詳述したように、一九九五年から二〇一〇年までの地上波ドラマの基本テーマは、極端にいえば「血縁関係という狭いコミュニティの中の家族ドラマ」「朝鮮戦争を挟んだ家族・企業の一代記」「下層階級から上流階級への復讐譚」が三大テーマであり、不可欠な要素として「記憶喪失」「出生の秘密」、舞台としては「飲食関係の食堂、食品会社」が主で、そのバリエーションがほとんどだった。

それゆえにマンネリを打ち破るべく、二〇一〇年代からはケーブル局による新機軸のドラマが目立つようになるのだが、地上波放送でも新しいドラマ世界の創出に無関心だったわけではない。

偶然現れた萌芽は「紳士の品格」（二〇一二年　SBS）で、同作は数多い地上波ドラマの中で、意図せずに、旧世代との世代交代を象徴する転機となった作品である。テーマだけで判断するなら、ケーブル局製作ドラマと考えてもおかしくない内容だったが、ここでいいたいのはその出来ではなく、ドラマ全体に漂う空気感のことで、このドラマの背後には、韓国という舞台と時制はほとんど感じられない。

今まで上流階級を舞台にしたドラマであっても、設定の背景には登場人物の出自と上昇志向が必ず隠されていたし、人物相関図の中に「貧困」は少なからず内包されていた。従来の韓国ドラマの不可欠な要素ともいえるものだが、本作ではそうした背景は完全に排除されている。意図的なのかどうかは不明にしても、おそらく、現代を舞台にした韓国ドラマで、「貧困」の要素がこれほど皆無のドラマは初めてのはずで、韓国ドラマもずいぶん遠いところまで来たというのが率直な印象だった。

定番ともいえる、街中の食堂や屋台等の庶民生活の描写が全く出てこないだけでも画期的だが、今までの韓国ドラマのセオリーに倣うなら、そういった要素を抜きにドラマを構築することは意外に難しい。従来の韓国ドラマとは全く逆の発想で作る意図はなかったとしても、主人公たちの職業の設定上、結果的に、期せずして、日本の一九八〇年代に跋扈《ばっこ》したトレンディ・ドラマのようなものになってしまった。ストーリーよりも、背景の生活・風俗・流行・小道具・音楽を重視するドラマ作りである。

財閥階級のドラマではないが、主人公たちはほぼ四十代でそれなりに成功していることもあり、着ている服はもちろん、住んでいる家屋——住宅環境がまず違う。建築事務所を経営する同僚の家は、アメリカ風の注文一戸建て住宅であり、弁護士はそれなりの高級マンション住まい、飲食店を経営するオーナーの店は洒落たレストラン風のところばかりだ。さらに、仕事場の環境・食事の場所・遊ぶ場所にはある程度の生活の余裕が感じられる。

現実の韓国経済を考えると、ある意味、浮世離れした生活でもあり、その点だけでも本作がいかに異色な手触りのドラマであるかがわかるだろう。

背景のヒントの一つがアメリカ・ドラマ「Sex and the City」だとしても、本作自体の趣旨・意図はもちろん別のところにあったと思われるが、背景として用意した環境が期せずして、韓国ドラマの新しい方向性を垣間見せてくれることになったのは、何とも皮肉なことだ。

生活の不安がそれほどなく、家族のしがらみもないという（主人公たちの家族関係はほとんど現れない）、ドラマが一番発生しにくい設定でストーリーを作るとなると、当然、テーマは恋愛に終始することになる。だが、こういった生活環境の中で繰り広げられる恋愛・不倫は、結局のところ、ドラマのメインストーリーとはなり得ない。だから、主役二人の恋愛は別に大した話でも何でもない。どちらかといえば展開の妙にとぼしく、退屈でさえある。

主人公周辺の男たちの年齢は四十一歳であるが、韓国に限らず、二〇一〇年代に四十歳前後の男たちの恋愛を描くのは意外に難しい。この年代の恋愛は大体不倫等に直結するのだが、本作ではほとんどが独身の設定であっても、なぜかそうならない。「不倫」と「復讐」は韓国ドラマ世界の二大キーワードにして同義語だったが、その要素抜きで、四十代の男の恋愛ドラマが成立するとは思わなかった。

ストーリーは、登場人物たちの恋愛がゆるやかに描かれていくが、それだけで全二十話を持たせることはできない。そういった脚本を描くにはそれなりの才能が要求されるが、ストーリーを成立させているのは、四人の同級生たちの高校時代からの仲間意識で、これをもとに、四十歳を過ぎても続いている友情に近い腐れ縁のコンビネーションがうまく絡み、起承転結があるようでない、それぞれの恋愛話がなんとなく進んでいく（高校時代のエピソードとして、全員がテレビドラマ「砂時計」〈一九九五年　SBS〉を熱心に見ているところは時代色を強く感じさせる）。

主役のチャン・ドンゴン、キム・ハヌルも実は出演者のワン・オブ・ゼムにすぎず、二人の恋愛さえ二の次と思わせる結果となったのは意外だった。製作スタッフの当初の目的は全く違ったものだっただろう。要するに、本作の主人公は四人の男たちなのである。とはいえ、俳優たちの演技より、背後の生活風俗が印象的なのであれば、ドラマの内容は空洞化するだけだ。主役俳優目当てで見た、日本の視聴者も途中でそういう印象を持ったのではないか。

そこで描かれたのは、韓国の経済事情に精通していなくてもわかる、あまりにも現実を反映していない、どこか違和感のあるズレたドラマ世界であり、たとえドラマであろうともそういった浮世離れした世界にはリアリティのかけらもない。そうしたドラマは日本の視聴者にとってもうんざりする世界だったのではないか。

私見では、日韓いずれの視聴者も、韓国ドラマに求めるものは、「紳士の品格」のようなトレンディ・ドラマの後産のようなドラマではなく、もっと現実に即したフィクション――同時期の他の作品でいうと、「応答せよ」シリーズは、地上波とケーブル局ドラマの差異を伝える象徴的な作品である――だったのではないか。それでも満足できない反動として、「梨泰院クラス」が若者に熱狂的に支持されたのはわかりやすい図式ともいえる。

だから、「紳士の品格」のようなドラマは、「軽薄」そのものと受け止められ、全く意味のない空虚な内容のドラマとなってしまった。このようなドラマは地上波でも二度と作られることはないだろう。

現実を反映しないドラマ世界

実は、韓国という土壌に根差したドラマは今や稀少といっていい。日本同様、いやそれ以上に少子化が進む韓国では、二〇二一年四月の最新情報（朝日新聞二〇二一年　四月二十一日「世界発2021」）によると、出生率は〇・八四で、三年連続で一を割り込んだ。出生率一未満は、経済協力開発機構（ＯＥＣＤ）加盟三十七カ国では韓国だけで、日本の一・三六（二〇一九年）よりはるかに低い。

出生率の低下は必然的に家族の縮小を意味するわけで、その分、血のつながりも希薄になる。そうなると、従来の家族ドラマのように、ストーリー構成上、三、四人の子供がいるという設定はおよそ現実的ではない。

少しデフォルメされて描かれた「ＳＫＹキャッスル」（第五章で後述）の世界は決して絵空事ではなく、富裕層にとっての冷酷な現実だが、その第二弾は企画されても、大家族ドラマの再来はあり得ない。そうした家族ドラマを作れば作るほど、視聴者との乖離が大きくなるだけだからだ。現実を反映しないドラマ作りとはそういうことで、多くの子供がいる家族ドラマは現実的にはもはやあり得ない幻想の家族形態（だから、逆に今なお作られるのだろうが）である。

出生率の前提となっている結婚観自体にも大きな変化がある。子供の教育には金がかかり、住宅価格は高すぎる。最初から出産を考えないのなら、そもそも結婚すること自体に矛盾があると考えるのは極めて当然の帰結である。そうした非婚観を中心にしたドラマがこれから意図的に製作される可能性があるのは、現実を正確に反映したものだからだ。

さらに、相手によっては選択の結果として、結婚はしても子供は持たない、それより余裕のある生活を楽しみたいという意見も、そのままドラマ作りのコンセプトの一つとなる。こうした現実を反映することで新しいドラマが生まれる可能性があるのは、相当な皮肉である。

家族ドラマの普遍的な舞台だった、家業が飲食店・食堂といった定番の設定すら、今ではリアリティはほとんどない。韓国の人口の約半分が住むソウル及び周辺の首都圏では、地価は高騰を続け、家族ドラマを成立させていた街の風景――経済環境は今まで以上に大きく変わってしまい、家族ドラマの背景となっていた舞台はもう現実には存在しない。

ソウルにある職場や大学に人が集まる産業構造がそう簡単には変わらないのも事実だが、有形無形にソウルを舞台にしたドラマでありながらも、どこを舞台にしているのかわからない無国籍、かつ現実逃避的な内容が多くなるのは、それだけ現実を正確に反映した結果なのかもしれない。

尚、二〇二一年三月の報道（朝日新聞）によると、二〇二〇年末時点での統計では、ソウル特別市の人口が一年間で約十万人減少し、三十二年ぶりに一千万人を割り込んだという。少子化と不動産価格の高騰、そしてコロナ禍が加速要因とのことだが、こうした現実は今のところ、ドラマのテーマには全く反映されていない。

さらに、これまで何度となく繰り返された財閥の子息・令嬢と庶民との恋愛も現実ではほとんどあり得ないSFである。上流階級に対する復讐物語が今なお根強い人気があるのは、社会への不満を身近な例に代替しているからであり、「梨泰院クラス」はその好例ともいえる。

また、時代が変わっても恋愛は不変のテーマであり、あり得ない設定による、成就《じょうじゅ》しない空しい恋、リアリティのない不毛な愛はいつの時代にもある。「愛の不時着」はその典型にして、最も極端な成功例なのかもしれない。

マクチャン・ドラマの潮流と大勢

二〇一〇年代から使われ始めた韓国ドラマ用語の一つとして、「マクチャン・ドラマ」（非現実的で無理やり作った感じのするドラマ）という言葉がある。「マクチャンドゥラマ」、略して「マクドゥ」ともいわれる。

「マクチャン」という言葉はもともと炭鉱における坑道の突き当たりを表す用語だったとのことで、転じて「行くところまで行く」「瀬戸際」「行き詰まり」「そこまでやるか」みたいなニュアンスを含んだ言葉となった。二〇〇七年頃から使われ始めた新造語で、十年ぐらい前からよく見かけるようになった。「韓国的ジャンル、マクチャン・ドラマ」（中央日報　二〇〇九年一月二十七日）によると、以下のようだ。

例えば、「妻の誘惑」（二〇〇八～〇九年　SBS）は、いわゆる「マクチャン・ドラマ」である。「簡単な善悪の構図と暴力的な家族関係、生まれの秘密と復讐をめぐり緊張させるサスペンス技法などがこのジャンルの共通言語」として、『妻の誘惑』は連続する事件と復讐のために機能的に配置された配役たちがいるだけで、彼らのキャラクターに対する思いやりのようなものは眼中にはない」。そして、「ジェットコースターのように早く展開されるドラマは毎回新たに登場するアイテムで見る人に休む間を与えない。まるで、作家が既存のマクチャン・ドラマをパロディにするのが目的だったのだろうかというほどに総動員されている」と結論付けている。

ここに、韓国ドラマそのものの本質があるといっていいだろう。「マクチャン・ドラマ」を成立させている特徴と条件は、疑いもなく、韓国ドラマの基本的なドラマトゥルギーの一つである。

「非現実的で無理やり作った感じのするドラマ」は文字通り、「あり得ない設定・世界のドラマ」ともいえる。考えてみると、ケーブル局製作のドラマが出現するまで、日本のドラマに慣れていた視聴者にとって、韓国ドラマは最初から「あり得ない」設定ばかりのドラマだった。「冬のソナタ」も「あり得ない話」といえばそうである。

日本の視聴者はその「あり得ない」世界に別の価値観を見出したのだが、韓国ドラマの作り手たちは、通俗であろうとも、ドラマを成立させる普遍的な条件――先述の、簡単な善悪の構図と濃密な家族関係、そして出生の秘密と復讐――を当初から見出していたのかもしれない。好き嫌いはともかく、これは二〇〇〇年代以降の日本のテレビドラマに決定的に欠けている要因でもあった。

二〇二〇年代のケーブル局製作ドラマを見ている現在では、どこまでが「あり得ない話」なのかの境界線はないに等しい。そのくらい現在の韓国ドラマは、現実と仮想の世界の区別がつきにくい。行きつくところまで行った結果なのか、その揺り戻しとして、家族ドラマであっても、その中の特定の年代だけを対象とした、オーソドックスな定番のドラマの再構築に腐心しているように見える。

最近話題を集めた「賢い医師生活」はその代表例であり、だから、日本でも、第四次韓国ドラマブームが〝再燃〟という形で巻き起こったのだろう。今や、日本の視聴者で、韓国ドラマが「あり得ない世界」を描くドラマ世界と思っている層はほとんどいないのではないか。

ここで、筆者はなぜ自分がここまで韓国ドラマに魅かれたのかの疑問に立ち返る。それは「あり得ない世界」のリアリティを支える技術――つまり、企画・脚本・俳優・音楽の四大要素――のクオリティの高さに瞠目させられたからであり、トレンディ・ドラマに代表される、当時の日本のドラマにつきまとっていた、安易な企画と設定の軽薄な胡散臭さに辟易していたからだ。

先述したように、日本における韓国ドラマの紹介は、二〇〇〇年代からの新しいアメリカ・ドラマ輸入と同時期であり、日本のテレビドラマに不満を持っていた視聴者層にとって、二大海外ドラマの潮流は考えられないほどうまく合致した。

だが、アメリカ・ドラマはまだシニアにはハードルが高く、シニア層にとっては韓国ドラマの方が異文化への扉を開くドラマとして相応しく、同じアジアの国としての親近感もあり、そのまま韓国ドラマに没入してしまった。その瞬間、「マクチャン・ドラマ」は「マクチャン」でなくなったといえるだろう。

韓国ドラマの源流を探る　ドラマ作りのノウハウ

ここで韓国ドラマの源流を探ることは、それなりに意味のあることではないかと思う。

韓国ドラマを見始めた頃（二〇〇二年）、筆者は韓国ドラマの原点ではないかと思われる二冊のアメリカのベストセラー小説（及び映像化された映画・ドラマ）に気付いていた。原点といっても、その要素が垣間見えるぐらいの意味だが、ドラマ作りの源流にはやはり様々な要因があり、韓国ドラマも例外ではないと思い至った。

とはいうものの、二冊の小説に共通する要素は別に韓国ドラマ特有のものではない。すべてのドラマ作りの原点にそういった要素があることは否めないといい換えた方がよいかもしれない。

ドラマ創作において、「オリジナル・プロット」という言い方がある。「オリジナリティ」とは通常「独創性」と訳すそうだが、ドラマに限らず、すべての「プロット」のオリジナリティのルーツを探すことはほぼ困難である。そもそも、物語のオリジナリティの大本は「聖書」にあるという言説もあるくらいで、「聖書」に材を取ることは十八世紀からの物語（映画・小説）創作の常套手段でもある。「聖書」に触発され、またその影響下にあるドラマ・映画は、西欧世界ではもちろん、アメリカでも枚挙にいとまがない。キリスト教の普及率の高い韓国は、その点だけ取っても、まさしく例外ではない。

二冊のベストセラー小説とは、一九五六年『ペイトン・プレイス』（グレース・メタリアス　邦訳タイトル『楡の葉のそよぐ町』一九五七年　新潮社　山西英一・訳[註-1]）と、一九六六年『人形の谷間』（ジャクリーヌ・スーザン　一九七〇年　二見書房　井上一夫・訳）だ。いずれもペーパーバックで当時一千万部という記録を打ち立てた小説として、今なお、アメリカのベストセラーランキングに燦然《さんぜん》と輝く作品である。

一九五六年刊行の『ペイトン・プレイス』はニュー・イングランドの片田舎の架空の街で起こった、愛憎劇を描いたものだ。地方都市のスモールタウンでの出来事は当時のアメリカ社会全体の縮図でもある。未曽有《みぞう》の経済成長を遂げていた一九五〇年代アメリカ社会の歪みともいえるものだが（原作の背景年代は一九三九～四四年）、話題になった生々しい性描写はともかく、どこの国でも起こり得る、片田舎の人間模様を描いた物語である（ドラマの後半は重要な登場人物の殺人事件の裁判が中心となり、感動的な結末を迎える）。

韓国ドラマになぞらえると、例えば、初期の長寿番組「田園日記」（一九八〇〜二〇〇二年MBC　二十二年間続いた韓国最長寿ホームドラマ　全一〇八八話！）は、いわゆる韓国家族ドラマの原点ともいえるもので、韓国現代史と完全に無縁ではないにしても、物語の中心は大家族の何年にもわたる生活の記録であり、取り立てて毎回事件が起こるわけではない、地味な農村ドラマである。

このドラマには、時代背景と国柄が違っていても、『ペイトン・プレイス』的な要素・設定がある程度窺え（一九四九年生まれの脚本家キム・ジョンスは、二〇〇八年の「韓国ドラマヒットメーカーBOOK」〈二〇〇九年　ぴあ〉のインタビューで、小説から多くの影響を受けてきたと語っており、絶対にこの小説を読んでいるはずだ）、筆者にとっては、その頃見始めた韓国の家族ドラマは、『ペイトン・プレイス』の舞台設定を「田園日記」のような農村から、現代ソウルの下町――庶民家庭に移し替えたように感じられた（註 - 2）。

『ペイトン・プレイス』からちょうど十年後に発表された『人形の谷間』（註 - 3）は三人の女性の芸能界での盛衰を描いたドラマで、ハーレクイン・ロマンスの元祖のような内容だが、違うのはことごとくハッピーエンドで終わらないことだ。

退屈な田舎を抜け出し、刺激的な都会に来た三人の女性たちのそれぞれの目的は、金銭欲を満たし、伴侶を探し、自分の子供を持つことだが、空しい夢と不毛な愛が渦巻くその世界には、当然ながら栄光と没落の変転がある。

同作は基本的にいわゆるメロドラマである。主人公アンは片田舎から夢を見てニューヨークにやってきた、無名で世間知らずの一人の女性だ。初めて勤めた芸能関係専門の弁護士事務所は、芸能プロダクションといった方が早いような、芸能界に生息する俗物たちの巣でもあった。

三人の女たちに振りかかるのは人生の試練ともいえるが、決して幸福とはならない結末が待ち受けている展開は意外だった。

女優志望だったニーリィはやっと掴んだ栄光の座を酒と薬のせいで自ら二度も壊し、体だけが武器だったジェニファーは夫の不治の病のためポルノ映画に出演するまで身を落とし、最終的には睡眠薬自殺をしてしまう。

アンも二人の傍観者ではいられない。アンも一時は二人同様、睡眠薬に手を出してしまう。何とか深入りせずには済むものの、子供がいるにもかかわらずニーリィとの不貞を繰り返す夫ライアンに愛想をつかしている。とはいえ、ニューヨークである程度、最初の目的を果たし、ある程度満足していることを自覚するところで、唐突にこの小説は終わる。

極めて不自然な結末であり、これがなぜ当時アメリカで一千万部のベストセラーとなったのか、現時点でその理由を正確に分析することはもはや不可能である。

だが、そのエッセンスの一部は韓国ドラマに確実に受け継がれているように思う。通常のメロドラマの設定に、韓国ドラマの基本理念ともいうべき、血縁と出生の秘密、記憶喪失による時制の操作を加えることによって、あり得ないドラマ空間が出現するのは既に我々が見ている通りだ。

メロドラマの通俗性をさらに強固にするために「復讐」の要素が付加されるのは韓国ドラマ特有の傾向だが、二〇〇〇年代からの韓国ドラマで繰り返し作られた愛憎劇には、この『人形の谷間』にその原型の一部があるのは明らかだ。後のメロドラマの方法論ともいえる、成功と失敗を前提とした、嫉妬・羨望・計略・破綻・陥穽・裏切り・報復等の要素はここである程度出尽くしている。

尚、タイトルにある「人形」とは、「赤い人形」といわれる「睡眠薬セコナール」と、芸能界で人形のように扱われる三人の女性たちとのダブル・ミーニングといわれている。

すべての物語（映画プロットも含めて）は「ボーイ・ミーツ・ガール」から始まるといわれているように、人間の考える物語（ドラマ）の本質及び必要条件に今も昔もそれほど大きな違いはないのだろう。

「人魚姫」における二冊の影響

韓国ドラマを見始めた頃、『ペイトン・プレイス』と『人形の谷間』の二作に、それまでの韓国ドラマの原型、及び類似点があると気付いてはいたものの、これが確信に変わったのは、一年間にわたって放送された、全二四六話（！）に及ぶ、長大な「人魚姫」（二〇〇二〜〇三年　ＭＢＣ　毎日放送される「日日ドラマ」である）を見てからだ（註‐4）。

『ペイトン・プレイス』は愛憎劇というより人生模様の集積とバリエーションであり、『人形の谷間』は嫉妬・打算・欲望のメロドラマだが、前述したように、その二作に「復讐」の要素を加味すると、韓国愛憎劇の基調低音を備えたドラマとなる。

「人魚姫」のストーリー展開は必然的に、さながら韓国版『モンテ・クリスト伯』の色調を帯びてくるのだが（この予感が当たっていたことは、後述するアメリカ・ドラマ「リベンジ」で明らかになる）、見逃してはならないのは、一見アナクロ的ともいえる復讐物語が、韓国ドラマの中で全く違和感がなかったことだ。

いい換えれば、韓国に伝わる「恨《ハン》」（註‐5）の情感の原因と是非を政治・社会・歴史に問うのではなく、身近な肉親のための個人的な復讐に代替することで、現実の生活から眼を逸らせ、庶民のある種の感情の捌け口——代償行為（ウサ晴らし）となったことは否定できない。心理操作テクニックの一つでもあるが、復讐をドラマの基幹ストーリーに据えることで、巧妙に

「他人の不幸は蜜の味」といった感情――爽快感にスリ替えたともいえる。

その要素をあますところなく取り入れた典型的なドラマが「人魚姫」である。

復讐するヒロインは、交通事故による整形手術でかつての面影がわからない別の顔立ちになっている。だから復讐相手である女優、ヒロインと母を捨てた父親には誰だか判別がつかない。ヒロインと視聴者はすべてを承知しているが、復讐する相手側にはなぜかわからない。古典的なドラマ設定の一つだが、本作ではかえって新鮮な効果を与えている。

愛と憎悪、嫉妬と欲望、裏切りと復讐が渦巻くストーリー展開ではあるものの、実のところ、根幹はそんなに複雑ではない。むしろ単純である。

幼い日、母（その後、失明。自閉症だった弟は誘拐された後、死亡という、不幸の連鎖がヒロインに降りかかる設定となっている）と自分を捨て女優と結婚した父親に復讐することを人生の目的として脚本家となったヒロインは、女優の出演するドラマを、かつての自分たちと同じストーリー展開として書き、その役を演じさせることで、女優はもちろん、父親に対して間接的な復讐となる行動を開始する。

そうした屈折した心理に彩られたドラマで、心理的な追い込みをうまく利用した、周辺の家族をも巻き込んでいく復讐方法は微に入り細に入り、異常なほど細かく描写される。途中でその繰り返しに少しうんざりするところもある。

さらに、出奔した父親と女優との間に生まれた娘（ヒロインの腹違いの妹に当たる）にも復讐するため、その婚約者に近付き奪ってしまう。だが、現実は常に計画通りには進まない（婚約者に近付くための偽の好意が、本当の愛情に代わっていくところはメロドラマの王道である）。

復讐に至るプロセスの組み立て方は周到で、少し異常とも見える脚本家の仕掛けにつくづく感心させられるが、意外な結末は筆者も想定していなかった（尚、好評を受けて製作された続編は、真反対の内容で、ヒロインはそれまでの復讐を後悔し、今度は相手の男の家族に尽くすという、伝統的な韓国家族ドラマを踏襲しており、正編の印象を大きく覆す内容となっていた。結末もどちらとも取れる不可解なエンディングである）。

復讐モンスターと化したヒロインの手口の計画性の背後に、脚本家の能力以上の、何か眼に見えない異質な情感（国民性？・）を感じたのは筆者が日本人だからだろうか（尚、脚本のイム・ソンハンはその後も「人魚姫」のエキスを引き続き用いて、「オーロラ姫」〈二〇一三年MBC〉、「白夜姫」〈二〇一四～一五年　MBC〉の脚本を担当している）。

「リベンジ」と「人魚姫」の共通点

不思議なことに、このコンセプトを少し作り変えたような、「人魚姫」と奇妙な共通点を持つアメリカ・ドラマが十年後に現れる。

薄幸の境遇にあるヒロインが、父親の冤罪を晴らすため、大富豪の上流階級に作為的な偶然を装って入り込み、一族の男との恋愛関係を足掛かりにその世界で頭角を現し、頂点を極めていく。

こういったストーリー展開は決して珍しいものではなく、むしろ使い古されてもいるが、そのエッセンスを存分に発揮したのが、二〇一一～一五年、米ABCでシーズン4にわたって放映された「リベンジ」（何とズバリのタイトルだろう！）である。

野心を秘めたヒロインの上昇志向の基本にあるのは遠大な復讐計画であり、当初の企画では、デュマの小説『モンテ・クリスト伯』を下敷きにしたらしいが、現時点から見ると、どう考えても物語の原型は疑いもなく二〇〇〇年代の韓国ドラマであり、その壮大なリメイクのように見えてしまう（脚本家が韓国ドラマを相当数視聴しているのは確実である）。

見方を変えれば、「リベンジ」は韓国ドラマテイストで作られた、初めてのアメリカ・ドラマともいえる。ここまで徹底した個人攻撃に終始した「リベンジ」はほとんど「人魚姫」の世界である。そうでなければこうした復讐ドラマがアメリカ・ドラマとして企画され、シーズン4まで続くことは通常考えられない（主人公エミリー・ヴァンキャンプは、「人魚姫」のアリヨン役のチャン・ソヒになんとなく顔まで似ているような気がする）。

その証拠として、「リベンジ」の復讐の対象を韓国の財閥等に置き換えれば、そのままよくある韓国ドラマのバリエーションとなり、対照的な性格を持つ女性二人の対比設定等も、韓国ドラマでは頻繁に登場するキャラクター設定の一つにすぎない（例えば「ロイヤルファミリー」二〇一一年　MBC）。

ある種の「プロットの先祖返り」ともいえるが、同じ作品傾向を持つドラマが、「人魚姫」に続いて、アメリカ・ドラマにも現れたのは実に興味深い。この奇妙な共通点は果たして偶然なのか。二つのドラマのルーツともいえる要素（註 - 6）はいつの時代になっても永遠に繰り返されるものなのだろうか。

日本のレディースコミック

この機会にもう一点、再確認の意味も含めて、述べておきたいことがある。

筆者が韓国ドラマに最初接した時に気付いたことは、前出のアメリカのベストセラー小説以外にもある。日本で一九七〇年代後半からブームとなっていた、「レディースコミック」の存在である。少女マンガを卒業したはずの二十代後半から三十代の読者の受け皿として考え出された、大人の女性のためのマンガジャンルだ。「団塊の世代」前後のマンガ家たちにとっても、いつまでも少女マンガを描いてはいられない年齢と感性の岐路の時期に生まれたものともいえる。

日本のレディースコミックの嚆矢《こうし》は「Be in LOVE」（一九七九年　講談社）といわれているが、象徴的なのは、「ベルサイユのばら」で一世を風靡した池田理代子が、小学館初のレディースコミック誌「For Lady」（一九八一年）に創刊から連載していたことで（意外にも古風な不倫ドラマだった）、少女マンガからレディースコミックへの転換期をよく物語るエピソードだ。

このジャンルは類似誌も増えて、一九八〇年代に定着したが、二〇〇〇年代に入ると、ボーイズ・ラブにも押されて、衰退の一途を辿っていた。そんな頃に現れたのが韓国ドラマである。

興味深いことに、大衆向けの恋愛小説といわれていた日本におけるハーレクイン・ロマンス小説もレディースコミックと同時期に始まっている（初の日本語版ハーレクイン・ロマンスはハーレクイン・エンタープライズ日本支社から、一九七九年九月に一挙四タイトル――『哀愁のプロヴァンス』『恋の航海日誌』『恋は料理から』『黒い星のかげで』――が発売された）。

日本人にとって韓国ドラマこそ、レディースコミック、そしてハーレクイン・ロマンスの忠実な実写ドラマ化であり（レディースコミックの日本ドラマ化が「大映ドラマ」というのはあまりにも短絡的な見方だ）、少なくとも視聴者たちの眼にそう映ったのは想像に難くない。「冬のソナタ」はもちろん、「人魚姫」の日本の視聴者の大半はレディースコミックやハーレクイン・ロマンスの読者だったはずだ。

だからなのか、はたまた偶然なのか、ハーレクイン・ロマンスほど上品ではない「人魚姫」の主役の男女（チャン・ソヒ、キム・ソンテク）がそれほど美男美女でないのは、ドラマの設定とストーリーの意図（特定の美男美女ではなく、我々の周りで普通に起こりうる平凡さの象徴として）を正確に伝えていることの証《あかし》ともいえる。

そのように考えると、韓国ドラマほど、日本人（特に女性）のメンタリティに自然に浸透した映像文化は他にはない。何の作為も仕掛けもなく、自然発生した韓国ドラマ受容が、その後、日本を席巻するとは誰にも予測できなかった（註‐7）。

わかりやすさの陥穽　図式化されたドラマ作りの限界

韓国ドラマの特質を何よりも正確に物語る「家族ドラマ」の現状は、長い間その温床となっていた地上波ドラマの限界と停滞を如実に伝えてもいる。

韓国の家族ドラマが韓国独自の家族観に裏付けられたドラマであることは、前著『定年後の韓国ドラマ』の「家族ドラマの定義」でも述べている通りだが、同じような設定を、同じ俳優が演じることによって、何年も停滞しているかのような家族内の出来事が延々と語られる。

同一役者による重複配役は家族ドラマのマンネリ化を促進している要素の一つだが、同時に六十代からの俳優の絶対的不足の証明でもある。舅《しゅうと》はイ・スンジェ、チェ・ブラム、姑《しゅうとめ》はナ・ムニ、カン・プジャ、父親はペク・イルソプ、キム・ヨンゴン、母親はユン・ミラ、キム・ヘオク、キム・ヘジャ、チョン・ジェスン、そして「冬のソナタ」の母親役の女優キム・ヘスクの最多出演――この年代層は、個性派俳優が多い韓国芸能界において、唯一の空白地帯となっている。

家族ドラマのテーマの一つは血縁による家族愛であり、舅姑との諍《いさか》いであったり、兄弟間の不仲であったりする。韓国ドラマの「出生の秘密」も見方を変えれば、「家族愛」の屈折した裏返しの要素でもある。

とはいえ、そういったドラマから何が得られるのだろう。毎日放送される日日ドラマの視聴者離れは全く理由のないことではない。日本の視聴者にしても、最初は久しく感じていなかった家族愛を新鮮に感じていたのだが、あまりにも同傾向のドラマが量産されると、さすがに飽きてくる。

韓国では、今なお家族ドラマは作り続けられている。先述したように、「現実を反映しないドラマ世界」ではあっても、幻想の家族形態に、空しい夢を託しているのか。だが、家族ドラマの限界はそのまま古い家族観の終焉でもあり、この方向性に韓国ドラマの未来はないと筆者は考える。

韓国ドラマの特色である復讐ドラマも同様である。固定化された復讐ドラマのストーリー展開は、大体、浮気された妻によるものだ（ズバリのタイトル「妻の復讐〜騙されて棄てられて〜」〈二〇〇六〜〇七年　ＭＢＣ〉はその典型的な例）。そうした復讐ドラマの量産とマンネリ化に一石を投じたのが、いうまでもなく「梨泰院クラス」で、復讐の対象は浮気した夫ではなく、財閥等の上流階級に変更されている。

階級格差ドラマの徹底は、ある種の「階級闘争」でもあるが、「梨泰院クラス」でさえ、食品産業という固定したジャンルの中での復讐劇にとどまっていた。そうした階級格差ドラマに拘泥した発想の脱却を目指すべく作られたのが、二〇一〇年代からのケーブル局製作ドラマである。

高視聴率俳優の減少

二〇一〇年代までは、ジャンルと俳優主体で企画されたドラマがほとんどだった。

ジャンルは大きく分けて、韓国現代史、家族ドラマ、復讐愛憎劇、刑事ドラマ、恋愛ドラマ、ラブ・コメ。俳優は、男優ではペ・ヨンジュン、イ・ビョンホン、チャン・ドンゴン、ウォンビンの四天王に加えて、ソン・スンホン、クォン・サンウ、ヒョンビン辺り。女優はチェ・ジウ、イ・ヨンエ、シム・ウナ、ソン・イェジン、コ・ヒョンジョン、キム・ハヌル等。彼・彼女らはいずれも一九七〇年代後半から八〇年代前半の生まれである。

「冬のソナタ」で一世を風靡した、作家主義ともいえる人気テレビドラマ監督のユン・ソクホ、「砂時計」「太王四神記」のキム・ジョンハクらが独立して会社を設立していたが、その後ろ盾は、やはり視聴率の取れる俳優の確保が前提となっていた。

だが、先述した俳優たちが年を重ね、さらに出演料が高騰したことから、活躍場所を映画に移していく。すると、地上波テレビ局でも新しい俳優の輩出はもちろんのこと、既存の俳優による新規企画開拓やテレビ局の公募採用による俳優養成（こうした状況を反映して、二〇〇八年にKBSは五年ぶりにタレント公募を再開した）が行われるようになった。著名な俳優がいなくても成立する企画ありきのドラマ製作に、活路を見出す方針を打ち出したのである。

当然の流れでもあったが、そこに二〇一一年から総合編成チャンネルというケーブル局放送が誕生し、新しい発想によるドラマが数多く製作されてきたのはこれまで述べた通りだ。

その逆転現象として、映画に移った俳優たちが、テレビドラマの出演先にケーブル局を率先して選んでいるのは皮肉としかいいようがない（チャン・ドンゴン、ハン・ソッキュのテレビ出演はその一つだ）。

そうなると、誰が視聴率の取れる俳優なのかわからなくなる。新人俳優を使うのであれば、K-POPシンガーを起用することで確実に視聴率を取りにいく方法もある。ある程度の知名度が最初からあるのであれば、相手にはそれなりの俳優を当てて、周りはベテランが固めるという常套手段が多くなるのは必然ともいえる。

もちろん、別章で扱う作品については、そうした意図だけで作られているわけではない。俳優が有名であれ、無名であれ、そのキャラクターが活きて、ドラマ全体を成功に導くのは、やはり企画の斬新さと脚本であることはいうまでもない。

註 - 1　『ペイトン・プレイス』は出版の翌年に「青春物語」（一九五七年　監督：マーク・ロブソン　主演：ラナ・ターナー）、続編「青春の旅情」（一九六一年　監督：ホセ・ファラー　主演：キャロル・リンレー）と映画化されている。いずれも佳作で、映像化されることで、原作の違う魅力を伝えることに成功した（筆者は一九七〇年代初頭、二作ともテレビ放映で見た）。原作設定を借りて長期間にわたって放映されたテレビドラマ「ペイトン・プレイス物語」（まだ新人俳優だったライアン・オニール、ミア・ファーローの出世作でもある）は一九六〇年代アメリカのソープオペラの代表作でもあるが、今見ると、韓国ドラマ的な要素が多く散見できる（一九六四〜六九年　全五一四話　ＦＯＸＴＶ製作／ＡＢＣ放送。日本では一九七六〜七八年　ＴＢＳ深夜帯で全話放送された）。

註 - 2　アメリカの地方都市の家族を舞台にしたストーリーは、別に『ペイトン・プレイス』だけではない。もう少し古くルーツを探るならば、例えば、一九四八年の映画「ママの想い出」（原題「I Remember Mama」　監督：ジョージ・スティーブンス）がある。キャスリン・フォーブスのベストセラー小説『ママの銀行預金』をジョン・ヴァン・ドルーテンが戯曲化し、舞台劇としてヒットした後、映画化したものだ。ノルウェーからサンフランシスコにやってきた移民家族・

親族・友人たちの人間模様を、韓国に置き換えれば、一九九五年以降の韓国ドラマそのものである。母親を中心とした家族愛といい、濃密なコミュニティの中の人間関係は、ほとんど韓国家族ドラマの原型ともいえる。

現在、この作品はＤＶＤで入手可能で、映画評論家の双葉十三郎は『西洋シネマ大系　ぼくの採点表Ｉ　１９４０年１９５０年代』（一九九〇年　トパーズプレス）の中で絶賛している。「ママの想い出」だけでなく、フランスでもマルセル・パニョルの「ファニー」（一九三二年）のような作品が書かれていたように、家族中心の人情話が、韓国・日本以外でも構想されていたのは実に興味深いことだ。

註‐3　『人形の谷間』もベストセラーの宿命か、出版された翌年に映画化されている（一九六七年）。邦題は「哀愁の花びら」という洋ピンもどきのタイトルでずいぶん損をしたと思われるが、映画も原作を大幅にダイジェストしたもので、典型的なハリウッド製作のＢ級メロドラマでしかなかった。

映画のエンディングは原作とはかなり違う。映画では、アンはジェニファー、ニーリィの行く末を見届けた後、あれほど嫌っていた故郷に帰っていく。後を追ってきたライアンには耳を貸さず、そこで人生を見つめ直すのかどうか、どのようにも受け取れる曖昧な結末で終わる。原作の真意を伝えているとはいえない出来である。

原作は一九六六年というカウンターカルチャー発生前夜に発表された。映画化は、サイケデリック文化に移行しつつある、ニューシネマ出現（一九六七年「俺たちに明日はない」）と同時期だったが、往年の六〇年代カルチャーの残滓《ざんし》から抜け出すことはできなかった。

出演女優の三人は当時の個性派女優バーバラ・パーキンス（一九六〇年代アメリカの典型的なメロドラマテレビ女優）、パティ・デューク（「哀愁の花びら」の前に出演した「奇跡の人」〈一九六二年〉が唯一の代表作）、シャロン・テート（代表作のない美人女優で、二年後、チャールズ・マンソン事件で惨殺される）で、いずれも適役とはいい難い。

実は、『ペイトン・プレイス』と『人形の谷間』には奇妙な符合がある。映画化の監督が二作とも同じマーク・ロブソンであることと、『ペイトン・プレイス』のテレビドラマ版「ペイトン・プレイス物語」（一九六四〜六九年）に出演していたバーバラ・パーキンスはこのドラマで人気を得て、「哀愁の花びら」の主役に抜擢された経緯がある。

註 - 4　厳密にいうと、「人魚姫」の前に、原型ともいえる「青春の罠」（一九九九年　SBS）がある（日本で紹介されたのは二〇〇九年で、「人魚姫」より後となった）。

子供を宿しながら、金持ちの女と一緒になる男に捨てられたヒロイン（シム・ウナ）が、子供を亡くしたことで、出世した男に復讐するストーリーで、言葉の魔術師といわれた伝説の脚本家キム・スヒョンの一九七八年のオリジナル作品のセルフリメイクである。捨てられた女が男に復讐するという韓国ドラマの起源はこの作品といわれている。

註 - 5　「恨」については、前著『定年後の韓国ドラマ』序章の「註 - 3」を参照のこと。

註 - 6　復讐ドラマにおいて、ヒロインを突き動かす理由としては、貧困な境遇に、出生の謎に関わるリベンジの目的要素が加わり、継子いじめといった付属的なプロットが絡んでくると、日本でも一世を風靡した『氷点』（三浦綾子）の世界観にも相通じるところがある。

一九六四年の朝日新聞懸賞小説で入選したこの作品は、基本テーマである「原罪」は当然取り入れられているものの、ストーリー設定の根幹は、「自分の娘を殺した男の娘を育て、その子供を愛せるか」であり、主題は新約聖書のマタイによる福音書第五章にある「汝の敵を愛せよ」である。見方を変えれば、ヒロインの「出生の秘密」という要素を主題材に織り込んだ、戦後初めての小説でもある（刊行された年度だけで六十万部という部数は、テレビ化・映画化されたこともあり、当時としては考えられない突出した売れ行きだった。文芸評論家の平野謙は当時の文芸時評で、小説としての欠陥を具体的に指摘している）。

それゆえに、今読み返すと、驚くほど韓国ドラマ的なエッセンスを随所に感じ取ることができ、筆者には日本初のマクチャン・ドラマのように見える。だが、『氷点』でさえ、現在、日本のテレビドラマで再度、企画・製作できるかどうかは疑問と、一九五九年生まれの脚本家、岡田惠和は『TVドラマが好きだった』（二〇〇五年　岩波書店）の中で記している。

註 - 7　「嫁と姑デラックス」という、家庭内の様々な出来事を嫁姑の問題として扱った専門マンガ雑誌（発行：セブン新社　編集：大沢企画　一九九九〜二〇一八年）は、およそ韓国では考えられない雑誌と思われる。復讐・愛憎をテーマとした韓国ドラマの世界を、結局日本ではマンガでしか表現することができなかったわけで、レディースコミック、ハーレクイン・ロマンスに続く路線の最終地点が、こうしたマンガ雑誌とは筆者にも驚きだった。

第四章　二〇一〇～二〇年代の地上波ドラマの佳作

二〇一五～二〇二〇

これまで述べたように、二〇一五年以降、地上波ドラマは、ケーブル局製作ドラマに席巻された印象が強いが、それでも佳作が全くないわけではない。ここで二〇一〇〜二〇年代の地上波局製作の佳作を探ってみよう。

限られた時間内の生

「パンチ〜余命6ヶ月の奇跡〜」 二〇一四〜一五年　SBS

ドラマ世界において、現実の事件等をヒントにした創作が書かれることは珍しくないが、現実が創作を模倣したような事件がないわけではない。例外はいつの時代にも、どこにでもある。

韓国では、政府や企業であっても、親族関連による不祥事が後を絶たないのは血縁による身内意識が強いことの表れという俗説が以前からある。血縁による絆は良くも悪くも切っても切れないものであり、プラスに働くより、マイナスの要素が多いのは明らかだ。大統領・政治家の退任後に不正が露見しなかったことはほとんどない。中小企業はほとんど同族経営だからいうまでもないが、大企業も同様で、この意識の延長線上に政治もあるのだから、汚職は血縁から生じるという説にはかなりの説得力がある。

その縁を強調してドラマの設定・ストーリーを考えていくと、現実のある事件に似てくるのは無理もない、いや必然なのかもしれない。

そう思わせるような作品は、実は今までかなり作られている。例えば、二〇一六年十月の朴《パク》槿《ク》恵《ネ》大統領にまつわる「崔順実《チェスンシル》ゲート事件」は、表面的にストーリーだけを捉えるなら、従来の韓国ドラマとの差はほとんどない。そして、この「パンチ～余命6ヶ月の奇跡～」はその典型的な例といえるだろう。

余命が限られている身でありながら、今までの自らの裏工作を後悔し、かつての罪の贖罪にすべてを賭ける若き検事の最後の戦いを描いたものだ。離婚した妻の協力を得ながらも、そのリベンジには困難が多く、誰が味方か敵かわからないまま話は進行していく。事件の当事者である、元上司――検事総長（チョ・ジェヒョン初の悪役）の暗躍、また、女性法務長官（チェ・ミョンギル）の身勝手な変節と保身といい、謀略の深さをストーリーにうまく織り込んである。視聴者は誰が首謀者かすぐに察することができるように作られているが、最後は予想を凌駕するような結末を迎える。

ネットユーザーたちの反応によって、結末が左右されるのは韓国ドラマの特徴の一つだが（「冬のソナタ」「美しき日々」がネットユーザーの意見でラストシーンが変更されたのはよく知られている）、「崔順実ゲート事件」において国民とマスコミは現実の政治まで動かした。結果的に、本作における主人公の最期も、現実（崔順実ゲート事件）と同様、国民とマスコミによって代弁されたような結末となった。創作と現実はまさに紙一重である。

韓国ドラマ最強悪妻クイーンの登場！

「偉大なる糟糠の妻」二〇一五年　MBC

韓国ドラマ史上、最強にして無敵なキャラクターが遂に家族ドラマの中に現れた。その最初にして最後の例として、ぜひ紹介しておきたい。以後、このような人物が登場する家族ドラマは、地上波はもちろん、ケーブル局でも製作されることはおそらくないだろう。

女優の名はキム・ジヨン。登場人物の一人のはずが、キム・ジヨンの演技は適役どころではなく、その傍若無人な態度、傲慢無比ともいえる言動、厚顔無恥の度合い、さらに容姿と学歴のコンプレックスが昂じた結果の無神経の塊そのもののキャラクター、どう考えても、ドラマの真の主人公はこのキム・ジヨンであり、これはキム・ジヨンのためのドラマである（彼女は一九七四年生まれで、後のベストセラー『82年生まれ、キム・ジヨン』の年代とは八歳違いだが、現時点で考えると、小説と同じ名前の女優が演じるのは不思議な隠喩である）。

善人か悪人かという二元論ではとても割り切れない、常に相手を屈服させるシャウト・ボーカルともいえる口調、髪を上でまとめた年代を無視したヘアースタイル、わざと目立つことを目的としたかのようなヤンキーファッション、時代も世間も完全に超越し、人に文句をいうことで一日の大半の時間を使うことを生き甲斐としているような、我が道を行く自分中心の我儘主婦キム・ジヨンは、登場するだけであらゆる波紋を呼び起こす。

本作は、同じマンションで偶然再会した三人の女子高の同級生たちが過去に関わった殺人事件と、現在の彼女たちの夫婦生活・離婚・復讐を描いたものだ。作品内の人間関係すべてが誰かとの血縁・姻戚関係等で完結するようにがんじがらめに設定されていて、作為が過剰すぎるのが難点だが、この点にだけ目をつむれば、キム・ジヨンの存在とキャラクターを全開にさせる絶好の環境である人間関係が用意されているともいえる。

とにかく、成金上がりの亭主の妻となった学歴コンプレックスのキム・ジヨンの決まり文句「金と贅肉はたっぷりあるから」は近年の傑作で、その亭主の浮気がいつもささいな理由ですぐに露見してしまうところも大笑いである。

後半は、主人公の主婦たちのそれぞれの亭主への三人三様の報復劇になるが、実は三人の関係は同級生同士ではあるものの、どこまで心を許した親友なのかは最後までわからない。お互いが必要な時には喧嘩状態で、喧嘩していない時には傍迷惑で余計な相談事を持ち込み、三人の仲が悪くなるという寸法で、韓国ドラマにおける脚本の構成テクニックにはいまさらながら感服させられる。

健気という言葉は女優キム・ジヨンのキャラクターには永遠に無縁であるばかりか、そもそもこのドラマにそんな言葉は最初から必要ない。

誤解してほしくないのは、これが復讐や報復の表現・方法とは全く別ものであることだ。実際、キャラクター設定にここまで書き込んであるのかどうかは不明である。製作側も、ここまで異常にはまった適役になるとは思わなかったのではないか。まるで、何かが憑依しているかのように見えるのは筆者だけだろうか。

今となっては、地上波ドラマの底力を感じさせる貴重な作品だと思わないでもない。

国会議員の適性と品格とは

「ラスト・チャンス！　～愛と勝利のアッセンブリー～」 二〇一五年　KBS

韓国のみならず、日本でも国会議員の不祥事が一般ニュースになることが多いが、その際にいつもいわれるのが、議員の適性及び品格だ。「国会議員のあるべき姿とは誰が決めるのか」ということで、「ラスト・チャンス！　～愛と勝利のアッセンブリー～」はその本質的な問いに答えた作品である。つまり、国会議員の適性と品格とは何か、ということである。

主役のチョン・ジェヨンは長い間映画を専門に活躍していた俳優だが、デビュー二十年目にして初めてのテレビドラマ出演で話題になった。

チョン・ジェヨンの持ち味は、どこにでもいそうな市井の人物を演じて毎日の生活の在り方を伝えるところにあり、今までは戦争映画における命令に忠実な軍人等がはまり役だった（例えば、「トンマッコルへようこそ」二〇〇五年　監督：パク・クァンヒョン）。

だが、本作により、ストライキを起こした溶接作業員が仲間の汚名を晴らすために、政界に打って出るという役も付け加わった。風貌からして、地方出身の愚直な作業員といった役柄は、作業服との抜群の相性もあって、「地」で演じているのではないかと思わせるほどだ。一目で労働者風とわかる地味な外観と風貌といい、赤い鉢巻がこれほど似合う役者も珍しい。まず配役の段階でドラマの成功は半分以上、保証されたといえるだろう。

一般的な政治ドラマでは、武骨で朴訥《ぼくとつ》、さらに実直で前時代的なキャラクターは主役に当てないものだが、本作は脚本家（チョン・ヒョンミン）が直々に指名したチョン・ジェヨンのキャラクターをもとに書き上げたもの。政治には限りなく素人である一般人を、魑魅魍魎《ちみもうりょう》が跋扈する政治の世界に放り込むことによって起こる波紋をドラマの眼目――つまり一番の狙い目としている。

ドラマ創作のセオリーとしては、周辺に主人公を利用しようとする人物と守る立場の側を配置すればいいわけで、裁判・病院に次ぐ第三のドラマの舞台ともいえる政治の世界は、こういった図式がそのまま当てはまる。

無学ゆえにストレートに感情を出してしまう主人公は持ち前の粘り腰で、従来の方法では想像もつかない方法で次々と政治の難局を突破する。そばにはいつも優秀な秘書官（ソン・ユナ）がいるのだが、彼女とは最後までなぜか恋愛関係にはならない。主人公が離婚しているという設定もあり、敢えて恋愛感情を希薄にしているようにも思える。それがかえって主人公の純真さを伝える好結果にもなっている。

本作が他の政治ドラマと一線を画しているのはこの点だ。従来の、女の絡んだ情欲と権謀策略が渦巻く政治ドラマとは微妙に違う印象を与えるのは、やはり「大きな声で、上からの目線で自説を主張しない」チョン・ジェヨンのキャラクターである。作品の最終的な印象及び評価は、やはり俳優の役割が大きいことを本作は見事に証明している。

最後の家族ドラマ

「月桂樹《ウォルゲス》洋服店の紳士たち～恋はオーダーメイド！～」 二〇一六年　KBS

「韓国地上波」最後の砦ともいえる「家族ドラマ」だが、最後の家族ドラマといってもいい作品が、偶然なのか各局から同時期に放送されている。

その特徴を述べながら、韓国「家族ドラマ」の限界と、なぜ古色蒼然の印象を与えるのか、の理由について考えてみたい。

「月桂樹洋服店の紳士たち～恋はオーダーメイド！～」は、KBS週末ドラマの最後の王道といっていい内容で、典型的な三世代の家族ドラマ「王《ワン》家の家族たち」（二〇一三～一四年　KBS）に続く、同路線の踏襲といえる。異色なのは、舞台が今時珍しい老舗のオーダーメイドスーツのテーラーであることぐらいで、日本だけでなく、韓国でもこういった昔ながらの職人の店は、時代の流れと共に消えていく運命にあるのか。

テーラーの主人であるマンソル（シン・グ適役）は眼の患いもあり、後を息子のドンジンに託そうとしているが、大手アパレル会社の社長令嬢と結婚したドンジンにその気はない。そこで、マンソルのかつての一番弟子で、今は不本意ながら市場でチキン屋を営んでいるサムドが、店を絶やさないようにするため、妻を説得して再建に専念しようとする。

そこに、結婚式で夫が逮捕された従業員のヨンシルとドンジンとの恋愛、ミュージシャン（チェ・ウォニョンのコメディ・リリーフは初めてではないか）とドンジンの姉との仲が交差し、ヨンシルの友人関係も入り乱れて、涙と笑いのハッピーエンドで終わる。

比較的安心して見ていられる分、それまでの韓国家族ドラマの集積という印象からは逃れられず、無限のマンネリ化を図らずも証明することとなった。この先にあるのは、俳優とドラマの舞台を変えたバリエーションだけである。皮肉にも、本作が最後の家族ドラマともなったのはそうした理由によるところが大きい。

珍しく家族内の子供の人数設定が少ないためか、その分登場人物たちの生活はきめ細かく描かれる。一番の拾い物は、「恋のスケッチ～応答せよ1988～」に続いて存在感抜群の、サムドの妻ラ・ミランだろう。市場のアジュマ（おばさん）から、家庭の主婦まで何でもこなせる独特の個性は、本作で一躍花開いた。

話題としては、ドンジン役のイ・ドンゴンとヨンシル役のチョ・ユニがドラマの縁で実生活でも結婚し、一九九〇年代から活躍してきたベテラン女優（年代は違うが、韓国の山岡久乃のような）キム・ヨンエの遺作となったことも相俟って、本作は忘れられない作品となったが、同時に家族ドラマの終焉を印象付けることにもなった。

そうした傾向は、家族ドラマのもう一つの原点ともいえる、再婚同士の子供たちの交流が見どころの「ドキドキ再婚ロマンス～子供が5人!?～」（二〇一六年　KBS）も同様である。家族ドラマの中でも、特に子供に焦点を当てているが、こうした作品も、シットコム（もともとはアメリカで生まれたシチュエーション・コメディのことだが、通常三十分枠の一話完結がほとんどで、長期シリーズ化されることが多い）のような家族ドラマの限界を象徴している。主役のアン・ジェウクとソ・ユジンが健闘しているだけに、パターンの踏襲が透けて見えるようだ。作品の出来としては佳作であっても、残念ながら、ドラマとしての未来を見出すことはできない。「適齢期惑々《ワクワク》ロマンス～お父さんが変!?～」（二〇一七年　KBS）も同様の傾向である。

家族ドラマの終焉

「これが人生！　ケ・セラ・セラ」二〇一六年　SBS

これまでの家族ドラマの流れを見ると、「これが人生！　ケ・セラ・セラ」は、おそらく最後の家族ドラマの典型的パターンとして挙げられるだろう。

SBS製作の最後の黄金メンバーともいえる布陣なのは、三世代家族ドラマに相応しく、脚本を往年の大御所キム・スヒョン（一九四三年生まれ。日本における向田邦子や橋田壽賀子のような存在）が手掛けているからだ。いってみれば韓国版「渡る世間は鬼ばかり」であり、以後これだけのキャストを揃えるのは難しいと思われる。

祖父母にはイ・スンジェとカン・プジャ。妻と息子に先立たれたアウトドアショップ経営の長男ノ・ジュヒョンは、亡くなった一人息子の嫁ソ・ジヘと暮らしている。日本料理店経営の次男ソン・スンファンには妻チョン・ジェスンと一人娘がいて、娘のシン・ソユルは恋人探しに奔走。三男の内科医ホン・ヨソプと妻キム・ヘスクには三人の子供がいて、末息子にチョン・ヘイン。さらにカン・プジャの妹ヤン・ヒギョン――と、韓国ドラマに少しでも触れたことがある視聴者なら、必ず一度は見たことのある俳優が総出演している。

俳優の層の厚さは相当なもので、特に、後に「よくおごってくれる綺麗なお姉さん」でブレイクするチョン・ヘイン、「愛の不時着」で準主役となったソ・ジへの出演作としても見逃せない。

三世代の家族が、家族の行事に合わせて何かと集まりドラマが生まれるという家族ドラマの王道だが、キャストが豪華な分、マンネリのパワーはあっても、新機軸を打ち出すのはやはり困難だったのではないかと思う。

オリジナルより洗練されたリメイク・ドラマ

「最後から二番目の恋〜beautiful days〜」二〇一六年　SBS

韓国ドラマの日本リメイクは、韓国版をなぞっているだけで、可もなく不可もなくの出来にしかならないのがほとんどだが、逆に、日本ドラマの韓国リメイクはことごとく成功している。原作にきめ細かい演出を付け加え、韓国俳優が演じることによって演技に深みが出て、違う魅力を際立たせるといっていいだろうか。「ドラマの彫りが深い」といった表現も当たっていると思う。例えば、「白い巨塔」の韓国リメイクはその成功例といえるだろう。

逆に、韓国ドラマを日本でリメイクすると、その「彫り」の浅さがすぐに露呈し、底の浅い、程度の低いものになる（私見では、「ボイス」の日本リメイクはその典型である）。韓国ドラマは常に微妙なアヤ（綾）が付随するだけに、日本の視聴者に日本と韓国のドラマ製作の差異を確実に感じさせることにもなってしまった。

演出・脚本の差もあるが、単に演じる俳優の年齢によるところも大きく、その世代の俳優人材の差でもある（例えば、四十前後の俳優は男女を問わず、日本のドラマではほとんど出番がない）。

日本ドラマの韓国リメイクの成功例として、「ロマンス」（二〇〇二年　MBC。「魔女の条件」一九九九年　TBSのリメイク 註-1）、「白い巨塔」（二〇〇七年　MBC）が挙げられるが、最近の韓国リメイクで比較的うまく仕上がったのが「最後から二番目の恋～beautiful days～」である。

日本版（二〇一二年　フジテレビ）の小泉今日子と中井貴一の役は、キム・ヒエ（撮影時、五十歳近くとはとても思えない美貌だ）とチ・ジニが演じている。俳優の実年齢もあって、主役二人は日本版より少し年長の設定となってしまったが、実はここが成功した一因ではないかと筆者は考えている。

日本人は総じて海外では実年齢より五歳から十歳は若く見えるためか、日本版の放送時の小泉今日子（四十六歳）、中井貴一（五十一歳）の年齢差にはあまり違和感はなく、あくまでも元アイドル小泉今日子主演による、「その後のトレンディ・トラマ」として見ることも可能だった。

韓国版は、放送時のキム・ヒエ（四十九歳）とチ・ジニ（四十五歳）の男女の逆年齢差による変型ラブ・コメとなり、日本版にはない要素——家庭のある大人の恋愛ドラマとしての魅力——をも引き出し、意外な佳作となった。

コメディ・リリーフとしての女性市長とバー経営者の恋愛も見どころの一つ。堅物の長男であるチ・ジニの過去（テレビドラマの監督助手）と現在の公務員生活とのギャップも面白く、他の兄弟も普通とはいい難いキャラクターが多い。キム・ヒエの女友達も、どこか韓国ドラマ的ではなく、テイストは限りなくアメリカ・ドラマ的である。

日本の原作では鎌倉となっている場所を、韓国版では架空の地方都市にしている。そうであっても、レストラン・スペースを併設しているチ・ジニの家族の住居はとても韓国の住環境とは思えない。「デスパレードな妻たち」「Sex and the City」の影響も若干あるだろうが、チ・ジニの仕事をいつも邪魔する敵役もそれほど極端に陰湿ではなく、日本の異色恋愛ドラマは、韓国版では中年の新しい恋愛ドラマとしてうまく移し替えられた。

ＪＴＢＣ製作のドラマといわれたら信じてしまうような、陽性の中年男女のラブ・コメとなったのは、やはり韓国側スタッフの技量をそのまま反映した結果である。

師弟関係から始まる、もう一つの愛

「ドクターズ～恋する気持ち」 二〇一六年　SBS

キム・レウォンは助演だったのかと思えるほど、新しい韓国ドラマのヒロインの登場で、パク・シネの出世作にして決定作となった。

筆者が最初に彼女を意識したのは「ソウル1945」（二〇〇六年　SBS）の主人公の子供時代の姉を演じていた頃だが、若手女優としては「美男《イケメン》ですね」（二〇〇九年　SBS）が最初のヒット作となり、イ・ミンホとの共演作「相続者たち」（二〇一三年　SBS）、イ・ジョンソクとの共演作「ピノキオ」（二〇一四～一五年　SBS）、映画「7番房の奇跡」（二〇一三年　監督：イ・ファンギョン）を経て、二十六歳になっての主演作が初の女医役「ドクターズ～恋する気持ち」で、そのキュートな魅力は本作で全開となる。

思春期から複雑な家庭環境で育ったヒロインは不良だった時代に、高校の教師で元医師のキム・レウォンと知り合い、医師を目指すようになる。十三年後、神経外科医となって赴任した病院で、キム・レウォンと再会する。祖父母の死と、かつての同級生との確執も入り混じり、ラブ・ロマンスながら医療業界の暗部をも描き出すストーリー展開――と一応はなっているが、本作はやはりパク・シネのためのドラマであり、その魅力を開花させるために作られたともいえるだろう。

年齢以上に大人びた印象を与えるパク・シネの容貌は、韓国女優の中でも得難い存在であり（日本人的な風貌にも親近感があり、極めて日本人向けの女優である）、キム・レウォンが共演というより脇役的な扱いに見えるのはそのためだ。

どういうわけか、これ以降は作品に恵まれず、待望のヒョンビンとの共演作「アルハンブラ宮殿の思い出」（二〇一八～一九年　ｔｖＮ）もパッとしなかった。彼女のキャラクターを活かしたドラマは、二〇二一年の「シーシュポス：The Myth」（二〇二一年　ＪＴＢＣ／Netflix）まで待たなければならなかった。

韓国弁護士ドラマの王道

「町の弁護士チョ・ドゥルホ──罪と罰──」二〇一六年　ＫＢＳ

二〇一〇年代、演技力に定評がある俳優の一人パク・シニャンは、医師・弁護士といった職業がまさにはまり役で、熱血とコミカルな部分がないまぜになった感情過多の部分さえ特長の一つと思える、他に類型を探すのが難しいタイプである。

日本でいうと関西の俳優のイメージである。静かな闘志を秘め、人間の英知と感情をフルに使って弁護に猪突猛進する。そういうタイプにピッタリな俳優はいそうでなかなかいない。庶民的なソン・ヒョンジュとは対照的な位置にいる俳優ともいえる。

パク・シニャンは一九六八年生まれ。ドラマ「銭の戦争」（二〇〇七年　SBS）の出演料訴訟問題のためか、以降、主演作品は少ない。「パリの恋人」（二〇〇四年　SBS）の大ヒットのイメージが強かったが（「銭の戦争」はほとんど韓国版「ナニワ金融道」である）、俳優としての本質は明らかに、その後の「サイン」（二〇一一年　SBS）、そして「町の弁護士チョ・ドゥルホ」にある。

世界的に有名な俳優学校の一つ、アメリカのアクターズ・スタジオ出身かと錯覚するような部分もあるが、アン・ソンギ、イ・ソンミン、カン・シニルの系譜につながる、演劇的な俳優の一人である。

これまで夥《おびただ》しい数の裁判・弁護士ドラマが製作されてきたが、パク・シニャンの作品だけ違うテイストを感じるのは、一つにはこの俳優の人間的な、日本の関西テイスト（まるで、ハンサムな「やしきたかじん」だ）を彷彿させるキャラクターによるところが大きい。

児童養護施設出身でありながら持ち前のバイタリティで弁護士となるが、ある事件をきっかけに弁護士からホームレスに転落してしまう。オープニングで、ホームレスの風体で現れるところからまず目を離せなくなる。弁護士に復帰してからも、様々な局面での意表を突く解決策は、シナリオによるところが大であっても、俳優によってその印象はずいぶん違ってくる。そのくらい、タイトル通り庶民の味方となった「町の弁護士」としての活躍ぶりはまさに全開で、手垢の付いた正義の味方的な神話を一瞬信じたくなるほどだ。

脇役の金貸し業パク・ウォンサンと、事務長ファン・ソクチョンとのコンビは傑作で、スパイ大作戦的な要素も加わる。好調な視聴率と続編製作決定の背景には、現在の韓国における汚職・収賄の忌避という民意の反映が大きいと思われる。

早々と製作された続編では、コ・ヒョンジョン（「砂時計」に出演したスター女優）を久々に相手役としてキャスティングしたが、残念ながら様々な欠点が目立ち、以後のシリーズ化は見送られた。

パク・シニャンの妻を演じたパク・ソルミの場合

本作は、出演俳優の人生を変えた歳月という観点からも見ることができる。

「冬のソナタ」放送以後の十五年の歳月は、作品自体の評価は変えなかったが、主演俳優たちの人生を大きく変えた。

「冬のソナタ」では嫉妬深い悪役的な立場（チェ・ジウと対照的な配役）で、お嬢様タイプの意地悪キャラクター、チェリンを演じたパク・ソルミ。適役であればあるほど、またその作品がヒットすればするほど、俳優にとって役柄のイメージは良くも悪くも固定してしまう。パク・ソルミの場合、それはどうやらマイナスに働いたようで、実は「冬のソナタ」以降見るべき作品はほとんどない。期待された大作「黄金のりんご」（二〇〇五～六年　KBS）でも、激動の時代を生き抜く四姉妹の長女という役は本人には全く不適役で、どう考えても家族のために自分を犠牲にして耐え忍ぶというタイプには見えない。

一番相応しいのは、勝手に家を飛び出して誰かと同棲しているような配役で、その意味で「冬のソナタ」のユン・ソクホ監督は、最初から彼女の女優としてのキャラクターを見抜いていたのかもしれない（一時期、日本の芸能プロと契約して、日本に活躍の場を求めたが、何の収穫のないまま終わってしまった）。

パク・ソルミは二〇一三年にハン・ジェソクと結婚・出産を経て、久しぶりに本作で主人公の別れた妻役を演じているが、これは「冬のソナタ」以来、初めて得た適役かもしれない。実年齢は三十代後半で、さすがに容姿には年月が加わっているが、ドラマの役柄としては最適の年齢である。かつての意地悪なイメージは影を潜め、離婚した後は一人娘の親権を勝ち取り、今も弁護士の職にある静謐なキャラクターに徹している。離婚する前の過去の回想は幸せな時間として描かれていて、それを完全に消し去るところまでいかない内的な葛藤をうまく演じている。

韓国でも、大ヒットドラマに出演したからといって決して順風満帆な俳優キャリアが保証されるわけではない。パク・ソルミにしても、この役を得るために実に十五年の歳月を要したことになる（厳しく見るなら、この役もパク・ソルミでなければならない必然性はない）。俳優としての存在感を示しながら適役を見つけていくのがいかに難しい作業か。この点からも、本作のパク・ソルミは極めて興味深いサンプルといえるだろう。

恋愛と不倫の境界線

「空港に行く道」二〇一六年　KBS

それまで地上波ではさほど扱われなかった「不倫」がテーマのドラマが、堂々と「水木」（韓国のテレビ放送スタイルは、日本のように毎週一回という形式ではなく、毎週、月火、水木、金土、と二話連続放送である）で放送されるのは珍しい。

「不倫」とはいっても、ドロドロの修羅場を伴うものではなく、どちらかというと静穏なタッチでドラマは最後まで進んでいく。大声で語らないドラマとでもいえばいいだろうか。毎回の展開も極めて自然で、気分はほとんどフランス映画である。

娘の預け先の寄宿舎（本作では留学先）でそれぞれの親が出会い、恋愛に発展していくのは、往年の名画「男と女」（一九六六年　監督：クロード・ルルーシュ）のパターンだが、それをうまく下敷きしている部分もある。「男と女」の映画スプリクターとテストレーサーの関係は、ここではキャビン・アテンダント（キム・ハヌル）と建築家（イ・サンユン）に代わっている

(異国での娘の突然死に茫然となっているイ・サンユンの演技は、このドラマの名場面だ)。

本作が印象的なのは、そんな傷付いた父親と母親が知り合って恋に発展していくまでのプロセスがひどくゆったりとしていることだ。これほどすべての展開が遅いドラマは韓国ドラマでは初めてではないか。その「スローラブ」には、性愛シーンもなければ、燃え上がるような恋愛を示唆するシーンもない。あるのは淡々としたお互いの想いだけで、ある意味、今時珍しいプラトニックラブともいえる。

「最後まで別れないこと」を約束として、密かな関係が続いていくが、キム・ハヌルの夫と身近な友人との浮気の発覚もあり、二人の秘密はふとしたことで、終息に向かっていく。

映画として企画された題材を、テレビドラマ用に全十六話に引き延ばしたような印象もある。ふんだんな海外ロケによる観光旅行的な映像に癒されるだけに、その分いわゆるドラマ性は希薄となる。そういうドラマを望んでいる視聴者層もいるのだろうが、従来の家族ドラマとは対極にあるドラマ世界であり、地上波では違和感がありすぎるのか、以後は製作されなくなった。

それにしても、デビュー時の「ハッピー・トゥギャザー」(一九九九年　SBS)、「ピアノ」(二〇〇一～〇二年　SBS)等のかつての青春スター女優の一人だったキム・ハヌル(一九七八年生まれ)はドラマ同様、美しく年を重ねていると思っていたら、本作では時折、表情に

「老い」を感じさせるショットもある。

本人は撮影時の年齢（三十八歳）を意識し、それに相応しい役柄としてこのドラマを選んだのか。それとも、年齢相応に見えることを厭わなかったのか。その辺は謎だが、次作の「風が吹く」（二〇一九年　JTBC）同様、女優が二十年間、その容姿を維持していくのは、作品選択と同様、周囲が考えている以上に難しい作業と思われる。

生放送番組への挑戦とその成否

「ウォンテッド～彼らの願い～」二〇一六年　SBS

地上波局製作とは思えないほどの斬新な発想によるドラマで、ケーブル局ドラマと勘違いしたほどだが、原点はおそらくアメリカ・ドラマ的な企画の延長線上にある。

ある誘拐事件を公開し、毎回「生のテレビ番組として放送しろ」という犯人側のミッションの裏には、明らかに「24 - TWENTY FOUR -」の同時進行ドキュメントの影響があると思われるが、そのアイデアを最大限に活かして、うまく韓国ドラマ・テイストに移し替えられている。

ドラマの構成はかなり複雑だが、脚本によってそれぞれのキャラクターはうまく書き分けられていて、その分完成度は高い。二〇一〇年代の地上波韓国ドラマベストテンに確実に食い込む作品だ。

ドラマの視点は少なくとも五つある。息子を誘拐された女優キム・アジュン、事件を追う刑事チ・ヒョヌ、誘拐追跡番組のプロデューサー、オム・テウン、番組製作を命じるテレビ局長イ・ムンシク、そして、視聴者代表ともいえる視点で、犯人を追うプロファイラー、キム・ソニョン。

それぞれの役を曲者俳優たちが見事に演じていて、演技には一瞬の隙もない。そのため、誘拐した真犯人とその意図は、ほとんど最後になるまでわからないというミステリ効果の高い作品となっている。筆者も最後が近付くにつれて、誘拐方法もだが、意外な犯人設定と様々な社会問題を背景にした理由に、思わず唸った記憶がある。これはプロット、そして脚本と俳優たちのアンサンブルによる見事な勝利である。

終わりのない復讐の果て

「偽りの雫」二〇一六年　ＭＢＣ

地上波で毎日放送される朝の日日ドラマだが、水準作ともいえる、典型的な作品として紹介しておきたい。全一二二話の長大な長さをあまり感じない作りで、最後まで気楽に楽しめる内容となっている。その根底にあるのは、一人の女性の壮大な復讐物語である。

ヒロイン、ウ・ヒジンはその一本気なキャラクターで、目的を達成するまであきらめない。そういう女性のそばには必ず見守る男がいる、ということで、韓国ドラマの「貴公子」と呼ばれるヒョン・ウソンが相手役。ストーリーは十分すぎるほど波瀾万丈に、テンポ良く進行していく。ストーリー紹介をしても仕方ないくらい、韓国ドラマの要素のすべてが凝縮されている。

ヒロインはある事件の罪の嫌疑をかけられて刑務所に収監されるが、そこで知り合った詐欺師の老女（ベテラン女優、イ・ヒョチュンの好演が目立つ。どういうわけかうりふたつの寝たきりのグループ会長に成りすますシーンは傑作だ）の助言もあり、出所後に再会して復讐の計画を立てていく。

このような展開は、女性役を男の俳優に置き換えるとよくある話にしかならない。だが、ヒロインが復讐相手の会社に入り、その機会を窺うプロセスは類型的ながら、それなりに面白く、戯画的に処理されているだけに気楽に見ていられる。

この毎日「気楽に見ていられる」という観点が韓国ドラマでは必要条件であり、少しでも退屈させる場面があってはならないのはもちろん、あまり深刻な場面続きでも視聴者はうんざりしてしまう。気楽に、それとなく面白く、テンポ良く、復讐計画が進行するという時間が続いていかないと、そもそも「日日ドラマ」は成立しない。

韓国の視聴者向けに作られたドラマだが、同じことは日本の視聴者にもいえるわけで、そうした興味が続かないと、レンタルDVDで三十巻以上を視聴し続けるのは至難の業である。

本作はその好サンプルともいえるもので、女性視聴者はヒロインを手助けする男の俳優目当てで見るのだろうが、筆者としては、ヒロイン、ウ・ヒジンのどこにでもいそうな健気なキャラクターに魅かれた。「人魚姫」に出演した時の我儘娘とは真反対のキャラクターなのも見物の一つだ。

過去と現在が交差する歴史ラブストーリー

「師任堂《サイムダン》、色の日記」二〇一七年　SBS

先述したように、イ・ヨンエが「チャングム」続編の依頼を断った後、代わりに提案されて引き受けたとされているのが、韓国の五万ウォン紙幣にも採用されている、良妻賢母の象徴でもある師任堂（以下、サイムダン）の物語である。

その一代記というより、少し趣向を変えて、現在ともつながる、時空を超えた恋愛をストーリーの根幹に取り入れているところが出色である。主要人物が過去と現在でダブルキャストとなる着想も非凡で、純粋な時代劇ではなく、また現代劇でもないという、異色のストーリー構成となっている。

物語は、美大で毎日指導教授に苦労させられている講師――主人公イ・ヨンエがある日記

（サイムダンの日記）を見つけるところから始まる。そこから時代を遡《さかのぼ》っていくというＳＦ感覚抜群の発端で、過去と現在を行き来しながらの歴史ミステリの要素もあり、飽きさせない。主人公の過去の恋との関わりも並行して描かれるという、極めて凝った内容だが、それほど違和感なく見ることができるのはやはり脚本の力である。

興味深いのは、絵のうまい少女だったサイムダンが、ある策略により将来を誓い合った相手と引き裂かれたあげく、意に染まぬ相手と結婚させられ、四人の子供の母となり、仕官の道の見えない夫との生活の中で、今でいう、ある種の起業として、「紙」作りを始めることだ。

当時から、「紙」が美術的な意味以外にも、一つの商品として流通していたのは興味深い史実だ。主婦となり絵の道は捨てたはずのサイムダンだったが、「紙」を作り出すまでの苦労、一大工芸施設的な場所を創設するまでのプロセスは見どころ満載で、特に、上質な「紙」を作り出す製法——秘法を、残された文献から解読する場面は極めてスリリング。ミステリ的な趣向もうまく盛り込んであり、さすが、イ・ヨンエを担ぎ出しただけのことはある。

他にも、主人公のかつての許嫁《いいなずけ》との三十年ぶりの再会、その相手ソン・スンホンとの道ならぬ恋や、王との確執も絡み、どのように終息するのか最後まで眼が離せない展開で、極めてクオリティの高い作品に仕上がっている。

出演したイ・ヨンエもさぞかし満足だったに違いないが、それだけに、次の出演作のハードルが上がってしまったことは否めない。経済的にも私生活も充実しているのか、五十歳（一九七一年生まれ）にもなって無理に出演する必要はないようで、近作の噂は聞こえてこない。

映画では、十四年ぶりに、「私を探して」（邦題「ブリング・ミー・ホーム　尋ね人」二〇二〇年　監督：キム・スンウ）に出演したが、もし、テレビドラマで次作の可能性があるのならば、当然、ケーブル局製作か、Netflix製作のドラマシリーズ辺りになる可能性が高い。単純に、ドラマシリーズ一話の出演料が、映画一本の出演料と同額であれば、本数の多い連続ドラマを選択するのは誰の眼にも明らかだ。

歌を忘れた金糸雀《カナリア》に歌を思い出させるには、そしてスター女優のプライドを満足させるには、それなりの条件と舞台が必要なのはいうまでもない。

と思っていたところに、先頃、四年ぶりの新作ドラマ「調査官ク・ギョンイ」（ＪＴＢＣ新土日ドラマ）に出演のニュースが報じられた。現代劇で保険調査官に扮する役柄とのことで、十月三十日放送開始となった（Netflixでも配信開始）。

仕組まれた完璧な罠からの脱出

「被告人」二〇一七年　ＳＢＳ

サスペンスドラマとして、ほぼ完成しているのは、主人公に張り巡らされた完璧ともいっていい罠——策略のためである。ここまで徹底していると、もはや冤罪を晴らす解決策はないのではないか——創作であってもそう思わせるところが秀逸だ。

筆者が今まで視聴した映画・ドラマの中でも一番の策略である。悪の仕掛けの方が、濡れ衣を着せられた主人公の検事——被告人を上回る設定はマズいのではないかと思ったほどで、ひょっとすると、悪の方から最初に考え付いたアイデアだったのかもしれない。

ある日、主人公が目覚めると、そこは刑務所で、自分に妻子殺しの罪が着せられていたというオープニングは、まさに現代の「変身」（カフカ）であり「悪夢」でもある。絶対絶命の状況下にありながらも、主人公はよくぞ希望を失わなかったものだが、創作とはいえ気味が悪いほど完璧な策略のリアリティは、製作側の意図を超えてしまったのではないかと思わせる。それほど罠の完成度は高く、希望も救いもない。

このままではドラマが進まなくなるためか、主人公はわずかな手がかりから、自身の無実と、自分を陥れた真犯人を暴こうとするが、犯人側による罠の完璧さには、それなりの理由がある。少しネタバレとなるが、真犯人は双子の兄を思いがけず殺してしまい、その兄と入れ替わる偽装によってすべての追及を逃れていたが、その偽装を検事である主人公に疑われ、一連の罠を仕掛けた構図となっている。

ここまで悪知恵の働く犯人の登場は、地上波ドラマでは久しくなかったと思われる。こうした傾向のドラマはこれまでもＳＢＳの得意ジャンルで（例えば、ソン・ヒョンジュ主演の二〇一二年の「追跡者 チェイサー」もその一つ）、ケーブル局ドラマとの違いを証明できる可能性はまだ残されているようだ。

尚、俳優では、熱演にもかかわらず、主演のチソンはおそらくミスキャストで、今まで脇役だった平凡な役の多い俳優の方が相応しかったように思える。ドラマの主役にはそれなりの知名度が必要だとしても、どうしてもチソンでは、内面の葛藤が表情から読み取りにくく、刑務所内にいても、どこか旅行気分的に見えるのは残念だ。

それより、犯人役のオム・ギジュンは韓国の高嶋政伸ともいえるような雰囲気で、平凡な役は元から似合わない。何かいつも腹に一物ある、粘着質的な、根に持つようなタイプがピッタリで、被害者役（最近の「胸部外科」〈二〇一八年　ＳＢＳ〉は意外な配役だった）は元からタイプではない。いずれにしても、本作は、脚本はもちろんだが、やはり「狂信的」で「エキセントリック」な役柄がはまったオム・ギジュンが最大の収穫である。

離島医療の現実と葛藤

「病院船～ずっと君のそばに～」二〇一七年　ＭＢＣ

それなりのキャリアをこなしてきたハ・ジウォン初の医師役だが、他の医療・病院ドラマと一線を画しているのは、人気バンドCNBLUEのカン・ミンヒョクが共演相手であることと、タイトル通り「病院船」による離島医療が舞台になっていることだ。

従来「病院船」とは、戦時中の医療船舶を意味する名称で、筆者も当初はそれを連想した。韓国でも同じ意味で使用されているのだろうか。原題通りであったとしても、メディカル・ヘリも含めた、離島だけでなく過疎地域の医療全体の意味を持たせたタイトルの方がよかったのではないか。

一種の医療ドラマのため、登場人物もそれなりに多い。中でも、病院船の事務長を演じる脇役の長いキム・グァンギュの存在感は、久しく忘れていた、眼に見えない苦労を背負っている人物像で、人生の哀愁を醸し出す演技は敢闘賞ものだと思う。

本作は、華やかなK-POPアイドルの主演作として見られるのだろうが、「病院船」の舞台に欠かせない人物もちゃんと配備されており、ドラマとして破綻のないような配慮が各場面に見受けられる。そういった側面から推察するのが韓国ドラマの正当な見方で、そこにはいつも新しい発見がある。

実年齢が十三歳違う二人の恋愛はさすがに無理があるところだが（ハ・ジウォンは一九七八年生まれ、カン・ミンヒョクは一九九一年生まれ）、ハ・ジウォンの決死の美容努力（?）の成果なのか、年齢不明に見えるのは、まさに「芸」と「美」の力といって差し支えない。

検事の表と裏の顔
「番人！　～もう一度、キミを守る～」　二〇一七年　ＭＢＣ

なんとも変わった設定によるドラマで、一言で内容を説明するのが難しいが、どこまでが製作側の計算だったのか不明なところが多い。

原題通りのタイトル「番人」は、何らかの悪からある人物を守ることなのだろうが、その陰のリーダーである検事キム・ヨングァンのキャラクターが今一つ不明なままなのは解せない。とはいえ、主役である検事の裏と表の顔と活躍を描くのが作品テーマなのであれば、検事を続けながら、得た情報で巨悪を斃《たお》すという設定は明快である。

事件に巻き込まれたシングル・マザーの刑事に扮するイ・シヨンとの出会いの経緯と、彼女を仲間のチームに引き込む理由は曖昧な部分が多いが、そうであっても最後まで見てしまうのは、キム・ヨングァンの独特のキャラクターのためだ。善人でも悪人でもない中間を演じられる俳優はそう多くない。国際スパイとかは適役だと思うが、まだそこまでの抜擢はないようだ。

前作「Ｄ－ＤＡＹ」（二〇一五年　ＪＴＢＣ　日本未公開）の医者役の奮闘ぶりが印象的だっただけに、本作での役柄の転身には驚かされたが、変幻自在の役が可能であるのなら、次作への期待は大きい。

過去の真実への旅

「魔女の法廷」　二〇一七年　KBS

チョン・リョウォンの女性検事ドラマと思っていたら、失踪した母親の消息を探すべく検事になった過去を持つ女性という側面の方が大きくなっていく。

元精神科医の新任検事ユン・ヒョンミンとの出会いにより、母親の失踪事件の捜査が少しずつ動き出す。女性検事の母親失踪事件と、自分の母親が関係しているという疑いを持ち始めるユン・ヒョンミンは、市長選に立候補するチョン・グァンリョルの存在を知り、過去の失踪事件は急展開を見せる。

女性検事が左遷された「女性・児童対策本部」の様々な性犯罪事件も同時進行するという、地上波では珍しい社会派ドラマの側面もある。

こういった前提がありながらも、表面的にはラブ・コメであり、ほとんどの視聴者はその興味で見るのだろう。そうであってもプロット・構成は奥深く（最後、身近に意外な協力者がいたことがわかるところも脚本の伏線の一つだ）、そこにこそ、韓国ドラマの底知れぬ魅力がある。

ユーモア・ミステリの傑作

「推理の女王1～2」二〇一七～一八年　KBS

意外な俳優同士の組み合わせだが、ストーリー展開も相当変わっている。それでも最後まで面白く見られたのは、男優と女優のコミカルな掛け合い漫才的な効果のためである。人気俳優クォン・サンウにとって転機になっただけでなく、「中年」の面影が少し感じられるチェ・ガンヒ（一九七七年生まれ、撮影時三十九歳）にとっても、間違いなく最高のカム・バック作となった。

配役二人が決定してから、それに合ったシノプシスを考えたのかと思わせるほどで、熱血刑事と推理マニアの主婦の刑事ドラマは意外に新鮮だ。事件の解決も、二人のコンビでないと考え付かないような構成になっていて、意外に凝った展開ながらコメディ部分もある奇妙な脚本がヒットの理由だと思う。

チェ・ガンヒの友人である「プッとび！ヨンエさん」のキム・ヒョンスクが脇役ながら適役で、毎回の「息抜き」になっているところは計算ずくだろう。

尚、シーズン2は可もなし不可もなしという内容で、ラブ・コメの異色作としてはここまでが限界だった。

「マイ・ヒーリング・ラブ～あした輝く私へ～」二〇一八年　MBC

地上波放送局が考える変型家族ドラマの典型で、こういったドラマはこれからも何度となく製作されていくのだろうが、その好サンプルの一つとして紹介したい。ヒロインを演じたソ・ユジンの個性が最良の形で発揮された作品である。

幼い頃、身元がわからないまま育ての母に引き取られ、年下の夫と結婚もした主人公は、持ち前の明るさと頑張りで毎日を忙しく過ごしている。そんな時、偶然、大手アパレルメーカーの御曹司と事故がもとで知り合う。ここまでは韓国ドラマの黄金パターンだが、これだけの設定では全八十話を持たせることは絶対にできない。

ストーリーの根本を成すのは、本当の家族を追い求めているヒロインと、一方で行方不明になった孫娘を探し続けているメーカーの創始者である祖母が、どこで巡り合って、いつお互いを知るのかという部分だが、もう一つ恋愛要素も絡んでくる。

メーカーの二代目と再婚した母親の連れ子である御曹司は離婚状態で、一人娘を引き取っている。そこに夫に裏切られた傷心のヒロインとの出会いがあり、二人は最接近する。一方、御曹司の母親には絶対隠し通さなければならない過去があった……。書いているだけでうんざりしそうな、典型的な変型家族ドラマである。

本質的には、結婚して働く女性のサクセス・ストーリーだが、一歩間違えるとマンネリに落ち込んでしまいそうな通俗性を救っているのは、やはり主役ソ・ユジンの、どんな逆境にもめげない、健気で明るいキャラクターである。それだけで、この長丁場を凌いだのだから、たいしたものである。原題の「私の愛の治療記」とはいい得て妙で、本当の家族愛を取り戻すには、このくらいの時間がかかるという意味として受け取りたい。

ソ・ユジンは一九八一年生まれで、製作時は三十七歳、本作の主婦役を演じるには最適の年齢で、他に代わりがいそうでいない女優だ。「ソウル1945」（二〇〇六年　KBS）とは違う、家族ドラマ以外の作品にも挑戦してほしいところだ。

韓国ドラマ・エッセンスを集大成した最後の愛憎劇
「かくれんぼ」二〇一八年　MBC

ケーブル局ドラマに席巻された二〇一〇年代後半、一番精彩を欠いていた地上波テレビ局はMBCだった。そんな愛憎劇の巣窟にして温床ともいえる、同局の伝統（?）を伝える代表作が週末ドラマに現れた。

但し、本作はおそらく地上波最後の愛憎劇になる可能性が高い。なぜなら、この先には同ジャンルの無限の繰り返ししかなく、マンネリの先には未来はないからだ。そうすると、このドラマに出演した俳優たちも、その内、無用の存在となるのだろうか。ケーブル局ドラマから声がかかることがないのは容易に想像がつく。

こういった愛憎劇は、数奇な運命に囚われた人生ドラマという言い方もできるが、見方を変えると「他人の人生を思うように勝手に作り変えている、都合のいいドラマ」でもある。

愛憎劇ドラマは、ある種の人生の変転として、見ている分には面白いのだろうが、常時見ている視聴者は何を考えているのか。「通俗で面白ければそれでいい」というのも一つの考え方だが、愛憎劇はそれとは少し異なり、「悲劇」の安易な使いまわしといった印象を受ける。

自分の人生に悲観した時、自分よりも悲惨な人生を送った人のことを知ると耐えられるという俗説があるが、ある種のコンプレックスの代替だとしても、何とも切ない安堵感ではある。誰もが人生の成功者ではない現実からすると、愛憎劇ドラマは自身の人生観を肯定する清涼剤の役目を果たしているのか。

復讐劇さえ一つの要素でしかない愛憎劇の数々は、最も極端な人生の変転を描いたジャンルであり、全く救いのない点においても無類だが、その定型例ともいえる本作の登場人物の誰一人に対しても、筆者は最後まで感情移入することができなかった。

韓国産の愛憎劇は明らかに韓国独自のドラマ形式であり、「恨」の文化のバリエーションとかいろいろな解釈があるようだが、筆者のような韓国ドラマファンでも、理解し難い作品の一つが本作だ。
誘拐された娘の代わりに養護施設から引き取った養女は、所詮財閥グループの政略結婚の道具でしかなく、身近にいた主人公の心の拠り所となる男の同棲相手が、実は誘拐された娘だったという設定は、ドラマでありながらも、ある種、人生を「弄《もてあそ》ぶ」ように見受けられ、感動とはほど遠い。こういったドラマばかり見続ける国の国民性はどういうものなのかという素朴な疑問もある。

本作も、毎週末の土曜日に一時間のドラマとして全四十八回放送された。総計五〇時間近くに及ぶ、日本の大河ドラマ一年間分と同等の長さである。

ただ一ついえるのは、おそらく人間であれば誰しもが持ちながら、普段は決して表に現れることのない感情に訴えているのだろう。普段現れない感情が姿を現す時、我々はもう一人の自分の存在に気が付く。そうした感情が、「思い」から「行動」に替わる時の代償行為を、愛憎劇は極端に、綿密に、正確に表現していると思われる。だから、それに気付いた視聴者は、毎回見なければ気が済まなくなる……のだろうか。

主役のヒロインは、愛憎劇と復讐劇の第一人者イ・ユリで、四年ぶりに同枠への登場となった。だが、こうした役柄を延々と続ける女優の心理とはどういうものなのか、外部からは全く想像がつかない。おそらく視聴者の大半は女性と思われるが、いかに物好きな筆者でも、「人魚姫」（二〇〇二〜〇三年　MBC）以来の、長大な長さの愛憎劇の視聴は本作で最後としたい。

「輝く星のターミナル」二〇一八年　SBS

人生の新しい扉（心）を開くのは誰か

作品テーマは一言でいえば、ドラマ内でも繰り返される「この世に偶然なんてない。どんな出来事にも理由がある。今日のこともきっと理由があるはず」に尽きる。これですべてをいい表すことができるといっても過言ではない。同時に「人生は計画通りいかないことがある」ということも。

古典的な「ボーイ・ミーツ・ガール」方式を用いた極めて現代的なパターンの作品で、その変型版としてもよくできている佳作だが、これが空港を舞台にしたラブ・コメというか、ロマンチック・コメディとして描かれるのは不意打ちだった。古典的なパターンを踏襲しているとはいっても、ドラマの根幹を成す様々な案件は結構複雑である。

両親の再婚によって一時は兄弟になったものの、両親はまた離婚し、兄との確執の中で不慮の大怪我を負ってしまった弟——主人公スヨン（イ・ジェフン。女性から見ると違うのかもしれないが、どうしてもそれほど魅力的な外見とは思えない）は、手足の一部の補強手術と装置装着によって、何とか日常生活ができるまでになったが、同時に心も閉ざしてしまう。

　だが、会社の仕事で新しく赴任した仁川《インチョン》空港で、天然で無垢そのものの無邪気なヒロイン――ヨルム（チェ・スビン好演）と出会い、一緒に仕事をする中で、少しずつ心が開かれていく。

　そんな時、険悪な仲となった兄と予期せぬ再会をする。兄と、過去に何かある女性上司、保安課長との三角関係もあり、一見単純そうなラブ・コメは知らず知らずのうちに、異質なヒューマン・ドラマへと変わっていく。

　空港を舞台にしたドラマは数あるが、主人公たちが、機長・キャビンアテンダント以外の空港警備・旅客サービス係という役で登場するのはこれが初めてではないか。

　実はスヨンとヨルムには、目に見えないつながりがある。

　スヨンには兄のせいで事故に遭い、不自由な肢体となってしまったトラウマがあり、兄にもその負い目がある。事故によって身についた能力に関する秘密が、スヨンの存在をさらに謎めいたものにしており、それが脚本上の枷《かせ》としてストーリー展開に不思議な効果を与えている。

　さらに、ヨルムの離婚した父親が、事故後、将来を悲観して自殺寸前まで思いつめたスヨンを止めた恩人であり、運命の重力は眼に見えない力で二人を引き寄せ、結び付ける。

　空港内の様々な事件、出来事、さらに人間群像までが、二人を導く裏の動きとなるドラマの空間作りは素晴らしい。スヨンの身体と心のハンデをも包み込むのは大きな愛の力だと知らせているかのようだ。そんな細部の充実も含んでいるところが非凡な着想で、そうしたエピソードを各所に織り交ぜながら物語は進んでいく。

最後まで飽きさせず、興味を継ぎ、全三十二話を持たせる構成力は並みではない。空港内の部署についても知られざる一面が多々あり、空港内の保安を担当する「保安チーム」は空港内に設置された部署で、警察ではないというのは興味深い事実だった。空港には、警察はもちろん、軍隊の出先機関的な部署が在駐していると思い込んでいたが、どこまでフィクションなのかはわからない。

配役も適材適所である。既にベテランの域に入ったキム・ジスは、自身の弟が障害ゆえに差別された過去の傷跡を背負っているためか、課の責任者としての存在感は抜群だ。また、意味不明な言動に終始する交通サービスチーム課長のチョン・ジェソンも得体のしれない雰囲気で各場面にアクセントを与えていて捨て難い。いつもは軽薄な役柄の多いパク・ヒョックォンが今回は主人公を助ける医師の役割を果たしていることもイメージの落差はあるものの、それなりに存在感を醸し出している。意外なのは、イ・ドンゴンが主役級ながら、どちらかといえば脇役的な扱いで、しかも悪役イメージの存在となっていることで、よく本人から文句が出なかったものだと思う。

回を追うにつれて、兄弟の和解の予感はあったが、予想通り、兄弟愛がすべてを救うということで、結局のところ、再婚同士の両親の都合に振り回された兄弟が再会し、お互いのわだかまりをなくしていく展開では仕方のない結末となった。悪党側の野望の全貌の解明も曖昧なまま終わり、本部長周辺の不信感も同期のチョン・ジェソンの説得による人情噺に終わってしまったのは、あまりにもご都合主義で少しシラケたことも確かだが、このようにしか終われないストーリーテリングの結果ともいえる。

主役二人のつかの間の別れと、一年後の奇跡の再会がハッピーエンドなのも同様で、メロドラマとしては異色作だっただけにもう一工夫欲しかったところだ（なぜ感動的な再会シーンで、イ・ジェフンの表情を映さないのかの理由は定かではない）。

いずれにしろ、地上波もこの路線を維持している限り、ケーブル局ドラマとの溝はそう簡単には埋まらないように思えるが、地上波でも限界のあるジャンルに果敢に挑戦するドラマはそれなりに製作されているようだ。

一例として、地上波の刑事ドラマでは、扱う事件（性犯罪、LGBT関連の事件）、犯人の特性（精神疾患等）にまだ制限があるが、そうした慣例を打ち破るべく、違う視点から生み出されたドラマが、次に取り上げる「ジャスティス－検法男女－1～2」である。

検視官の視点による異色刑事ドラマ

「ジャスティス－検法男女－1～2」二〇一八～一九年　MBC

映画から、テレビドラマに場を移したチョン・ジェヨンの待望のヒットシリーズで、監察医といった一見地味な役職のエキスパートという珍しい役に挑んでいる。結果は正解で、武骨で無口な役柄は、チョン・ジェヨンに最適である。

ぶっきらぼうな振る舞いは本作ではすべてプラスに働き、監察医ならではの着眼点が随所に発揮され、刑事ドラマにありがちな通常の事件解決に新たな視点を付け加えている。

かなり年齢差のある新人検事のチョン・ユミとのコンビも面白く、新しい相棒の誕生を予感させる。さらに、チョン・ジェヨンの部下であるコ・ギュピルは、今や「愛の不時着」はもちろん、ユニークな脇役として欠かせない存在となった。

そのコ・ギュピルが、検視現場でいつも早く結論を出す癖に対して、「物語を書くな！」（自分の勝手な思い込みで、安易な検視鑑定書を書くな、という意）と常に指導するところも、チョン・ジェヨンの監察医としてのキャリアが読み取れて、リアリティ抜群である。

検事側では、「愛の不時着」で悪役に転じたオ・マンソクの躍進が目覚ましく、シーズン2

でも重要な役を担い、その比重はシーズン3で明らかになるはずだ。部下役のキム・ヨンウンも進境著しく、次の活躍の場が楽しみでならない。

また、シーズン2から登場する重要なキーパーソン、ノ・ミヌは元K-POP出身でありながら、その不気味な存在感は捨て難く、本作全体を引き締める強烈なアクセントとなっている。

韓国版変型「クリミナル・マインド」ともいえる本作は、さらなるシリーズ化の期待大といっていい。

日本のマンガ原作の異色リメイク

「ザ・バンカー」二〇一九年　MBC

日本ドラマのリメイクは、ケーブル局の専門ジャンルと思われがちで、地上波では題材としてはあまり取り上げられない。

その意味において、日本のマンガ原作（『監査役 野崎修平』一九九八～二〇〇二年）で、銀行を舞台にしたドラマのリメイクは珍しい。政治ドラマでも、かわぐちかいじの『イーグル』を原案とした「プレジデント」（二〇一〇～一一年　KBS）ぐらいで、本作は、マンガ原作とは思えないほどの重厚な作品に仕上がっている。

理由としては、日本版ドラマ（「監査役 野崎修平」二〇一八年　WOWOW）の織田裕二とは全く違ったキャラクターのキム・サンジュンの存在感によるところが大きい。

日本マンガ原作の韓国ドラマが、山崎豊子の小説『華麗なる一族』顔負けの出来のドラマとなっているのは何とも皮肉だが、このリメイクドラマで明らかになった日本と韓国のドラマの大きな差異の一つは、主演俳優の外観である。

日本の俳優が実年齢より比較的若く見えることを考慮しても、織田裕二（一九六七年生まれ）とキム・サンジュン（一九六五年生まれ）では、二歳の年齢差以上の違いがあるように見える。

そこに演出と脚本のクオリティの差が加われば、出来栄えに違いが出るのは当然で、原作が日本のマンガ云々とは全く関係のない、別の次元の話となってしまう。

韓国ドラマファンとしては、日本原作ドラマの韓国リメイクはいつも期待が大きいが、次にあり得るのは松本清張原作の作品ではないかと思う。山崎豊子原作ドラマ（「白い巨塔」）に続く、韓国俳優による松本清張原作のリメイクは、必ずや韓国ドラマに新鮮な衝撃を与えてくれるはずだ（註 - 2）。

巨悪に挑む元教師の公務員
「チェックメイト！〜正義の番人〜」二〇一九年　MBC

韓国ドラマは、どんな主人公の仕事でも成立可能だろうが、今回ばかりは驚いた。元教師がある事件で学校を去り、公務員となるのも変わっているが、それが「労働監督官」なのはさらに異色である。

日本のマンガ原作ドラマ「ダンダリン　労働基準監督官」（二〇一三年　日本テレビ）をヒントにした可能性はあっても内容は全く違う。

かつての教え子による事件を、元生徒たちの力を借りて解決する設定は、やはり韓国ドラマ特有の発想だが、韓国ドラマらしさを伝えるのは、やはり俳優たちのキャラクターである。社会派ドラマでありながら、コメディ要素も絶妙にブレンドされ、それなりに楽しめる。

俳優陣も個性豊かで、主役のキム・ドンウクはガキ大将がそのまま大人になったような熱血教師。元教え子で「調査会社」という怪しい会社を経営するキム・ギョンナムは、近年、頭角を現した俳優の一人。「輝く星のターミナル」でもひときわ目立つ存在だったが、硬派・軟派・生真面目・悪役といずれも可能なキャラクターは貴重だ。さらにもう一人、主人公の上司である労働庁長のイ・ウォンジョンの硬軟合わせたコワモテのオーバーな演技は傑作で、本作の隠し味になっていることは誰が見ても明らかである。

国家の陰謀をめぐるスパイの暗躍

「Vagabond／バガボンド」二〇一九年　SBS

Netflixで配信されるドラマはすべてケーブル局製作のものと思いがちだが、地上波放送のドラマも放送されている。今のところ、その選別に狂いはない。最大公約数的な話題作を中心に選択しているようだが、選別条件は謎のままだ。一つ基準があるとしたら、やはりコンテンツのクオリティであり、それさえ満たせば、放送局がどこであろうと必要条件をクリアすればいいことになる。

その条件の一つに当てはまったと思われるジャンルがスパイアクションであり、近作で最もその規格に相応しい作品が、本作「Vagabond／バガボンド」だ。

SBSが地上波としては破格の二五〇億ウォンをかけ、海外ロケもふんだんに取り入れた大作であり、再編集すれば映画そのものだろう。クオリティはケーブル局製作ドラマと比べて何ら遜色はない。

主役二人のイ・スンギとペ・スジのコンビはもちろん、脇の重要な役柄には、武器ロビイストにイ・ギョンヨン、首相にムン・ソングン、大統領にペク・ユンシクと大物俳優を配し、ドラマ全体の格を引き上げている。

さらに、NIS（国家情報院）内にはシン・ソンロク、イ・ギョンヨンとこれまた個性派俳優をそろえ、敵役としては女武器商人にムン・ジョンヒ、雇われ女スナイパーにはパク・アインと、映画並みのキャスティングが組まれている。イ・ギヨンの連絡係となっている中華屋のキム・ソニョンも脇としては贅沢な配役であり、墜落事故の遺族の中には進境著しいコ・ギュピルまでいる。

これだけ粒揃いの俳優たちを再集することはかなり難しいと思われる。製作スタッフはSBSの総力を結集。演出（ユ・インシク）と脚本（チャン・ヨンチョル、チョン・ギョンスン）のコンビは、二〇一〇年の大作「ジャイアント」以来の陣容である。

ストーリーはこういう内容だ。

韓国政府の次期戦闘機採用をめぐり、激しい売り込み競争を繰り広げる航空機メーカー二社。その一社の代理人が、採用を勝ち取るために、ライバル会社の旅客機を墜落させ、信用を失墜させるテロを仕組むが、その乗客の中に、テコンドー国際試合に出場するためにたまたま乗り合わせていたイ・スンギの甥がいた。彼が残した機内映像から、イ・スンギは墜落の原因はテロと見抜き、NISのエージェント、ペ・スジと共に真相を追究しようとする。だが、二人の周辺はことごとく敵ばかりで、誰を信用していいかわからない。脚本はそうした極限状態をうまく書き込んでいて、毎回逆転に次ぐ逆転の連続で見せ場には事欠かない。

後半は、陰謀の黒幕と主人公側との対決の図式となるが、最後に明らかになる、真の首謀者の暗示は予想を超えるものだった。こうしたドラマ作りは国際スパイアクションの一つの定型でもあるが、意外性があるがゆえに、現実を考えると暗澹たる想いに囚われることも事実だ。抽象的な書き方になってしまうが、本作においては興趣を削ぐことになるので、最後のネタバレは控えたい。

Netflix配信によって本作は全世界で視聴されたわけだが、韓国はもちろん、中国・欧米・そして日本において、この政治的からくりはどう受け止められただろうか。日本も同様の状況なのだろうか。だとすると、どこか空しいストーリー展開と思わざるを得ない。

尚、全十六話の内、十三話辺りでとりあえずの結末を見る展開となっている。その後は、おそらく続編決定のためか、当初のストーリー展開を大幅に変更していると思われる。

通常であれば、すべての計画を直接指揮した黒幕の部下の自殺で終わるはずが（そうであっても、空しい結末なのだが）、さらにひとひねりして、自殺が未遂となり、一命をとりとめる。そして、大統領の刎頸《ふんけい》の友だった首相が大統領を裏切って大統領代行となり、本懐を遂げる――という結末で大団円と思いきや、さらにもう一つのどんでん返しが用意されている。

こうしないと続編に話がつながらないことはわかるが、ちょっとやりすぎの感もあり、どうもすっきりしない終わり方だ。

ただ、罠にはまり、孤立して下野した元大統領と主人公の間に不思議な関係ができて、続編の伏線となるところは予想外の展開で、期待を持たせるのに十分だが、まだ具体的な予定は公表されていない。

最後に、少し異論ともいえることを述べておきたい。

本作は、若い二人の男女を主役にしてベテランが脇を固めるという、いつものドラマ形式だが、ここまで全体の完成度が高いと、逆に、曲者コンビの首相と大統領の視点から描くドラマも同時に可能ではないかとさえ思える。そのくらい二人のコンビは出色だ。

特に、大統領役のペク・ユンシクは、今まで数多くの俳優が大統領を演じてきた中で、その胡散臭さ、無機質な表情、何を考えているのかわからない得体のなさ、少し笑うところの不気味さにおいて、最高の適役である。とにかく表情から全く真意・意図が読み取れないのは特筆に値する（視聴者にストーリーの先を読めなくする効果があることはいうまでもない）。こうした表情の演技は俳優の一つの方向性だが、ここまで徹底すると、もはや演技の域を超えているように感じられる（少し間延びした「菅直人」に似ているという噂は当たっている）。

ペク・ユンシクは、二〇〇五年の映画「ユゴ　大統領有故」（監督：イム・サンス）で、朴《パク》正《チョン》熙《ヒ》大統領を暗殺するＫＣＩＡ部長を演じている。今回は逆の配役ではあるものの、その存在感はまるでドキュメンタリーの登場人物のようだ。現在、韓国現代史の政治分野において、これだけのリアリティを感じさせる俳優は他にいない。それだけに、普通のドラマに出るとただの大根役者にしか見えないのも確かだ（二〇一四年の日本ドラマリメイク「のだめカンタービレ」〈KBS〉の世界的な指揮者役は大笑いだった）。

「軍人役者」という言い方があるが、その顰《ひそみ》に倣うなら、ペク・ユンシクはまさしく、現代有数の「政治家俳優」の一人である。地上波製作のドラマでさえ、これだけの俳優が脇に甘んじているのだから、韓国ドラマの奥深さはまだまだ無尽蔵といっていい。

第五章で扱うケーブル局製作ドラマや Netflix オリジナルのドラマにはさらなる特異な要素（企画・構想）が加味されている。そこにはもはやテレビドラマと映画の境界線はない。

プロ野球の裏方――球団職員たちにスポットを当てた異色人間ドラマ
「ストーブリーグ」二〇一九～二〇年　SBS

題材と視点の異色さからケーブル局製作のドラマと錯覚したほどだ。見方を変えれば、限りなくケーブル局ドラマを意識した地上波ドラマといっていい。ドラマ製作の発想を変えれば、新しいドラマ世界を作り出す可能性はまだ地上波ドラマにもあるということだろうか。

とにかく、野球にはさほど詳しくない、クールで策士でもある球団ゼネラル・マネージャー、ナムグン・ミンと、チーム思いでおせっかいで、それでいて少し純情なパク・ウンビン――視聴者の代表ともいえる存在でもある――との組み合わせが抜群だ。この異色な化学反応は間違いなく、ドラマ全体の出来に直結した。

ナムグン・ミンを見ていると、韓国ドラマは、キム・ヨングァンを始めとして、つくづく不思議なキャラクターの俳優を輩出したものだと思う。筆者は「ドクター・プリズナー」（二〇一九年　ＫＢＳ）で初めて彼を意識したのだが、「ストーブリーグ」では全く違うタイプを演じている。こういった配役が本来の役柄なのだろうか。本作の基本テイストにはアメリカ・ドラマ的な要素がかなり見受けられるだけでなく、ナムグン・ミンのクールな、極めてビジネス・ライクな言動はほとんどアメリカ映画である。

いうまでもなく、本作は世界的なベストセラーになった『マネー・ボール 奇跡のチームをつくった男』（原書は二〇〇三年　邦訳は二〇〇四年　ランダムハウス講談社）とその映画版「マネーボール」（二〇一一年　監督：ベネット・ミラー）をヒントにしていることは明らかだ（二〇一二年のクリント・イーストウッド主演「人生の特等席」の間接的な影響も感じられる）。

メジャーリーグ、オークランド・アスレチックスの実在のＧＭを主人公にした原作は、セイバーメトリクス（統計学的手法）の考えを世界中に広めたことでも知られている。映画版はブラッド・ピットがＧＭを演じていて、本作のナムグン・ミンと比較するのも一興だろう。

ヒントにした原作があるからといって、韓国ドラマ本来の水脈が完全に断たれているわけではない。今回はその不可思議な融合がドラマを特別な位置に押し上げたわけで、新しい視点による地上波ドラマの秀作が登場したことに違いはない。

脚本（イ・シンファ）はもともと、ＭＢＣの脚本公募の入選作だったが、スポーツドラマは当たらないといわれ宙に浮いていたのを、ＳＢＳの演出家チョン・ドンユンが注目してドラマ化した経緯がある。

ドラマの脇では、いつもながらのイ・ジュニョク（珍しく違う役柄を演じているが、人情に熱い朴訥なタイプが適役のためか、悪役は最初から似合わない。エージェント役の駆け引きなど論外である）、キム・スジンが固めていて、俳優の配役は最初から強固だ。他にもこれからの活躍が楽しみな俳優が勢揃いしている。

最下位野球チームの再生を描く発想はそれほど新しいものではないが、視点を選手より球団職員の仕事に据えたところが異色で、この着想は視聴者に新鮮な印象を与えたようだ。韓国内の高い視聴率も視聴者の支持をストレートに表したものだろう（何と、同時放映されていた裏番組は「愛の不時着」である）。

さらに異色なのは人間ドラマでありながら、韓国ドラマ定番の恋愛や裏切り、報復を中心にしなかったことで、そういった要素がなくてもドラマが成立することを見事に証明した。

プロ野球球団内の選手・コーチ・スカウト等が極めて人間臭い仕事であることも改めてクローズアップされた。人間ドラマの変型ともいえるが、野球チームの球団職員もチームの一員であり、選手はもちろん、スタッフの努力、協力、そして愛情がなければチームは成立しない。

大体、GMという役職が具体的にどういった仕事なのかはこのドラマで初めて明らかになったはずで、まさかGMが主役のドラマが作られるとは考えもしなかった。年俸交渉の場がドラマの場面として出てきたのも初めてで、普段はドラマの舞台とはならないところを細かく描くことによって別のリアリティを確保したともいえる。野球ドラマは常に野球場が舞台と決まっているわけではない。

それと、そんなに難しく構えなくても、単純に、野球を舞台にしたドラマは、良い意味でアメリカ映画的であり、映画「メジャーリーグ」同様、選手・監督側から描くだけでも十分ドラマとなるのだから、本作のように内部スタッフからのビジネス的な測面から見たものであっても、とにかく絶対に面白い！


前半の山場、即戦力となる選手を求めてアメリカにスカウトに渡った二人のコンビは、ことごとく有力な選手を他のスカウトに奪われるが、偶然、二人を案内した韓国人通訳ガイドが、かつてのメジャーリーグ選手であることを知る。様々な理由で、韓国には帰れないが、再度の挑戦を目指して練習していることを知り、その逆境を逆手にとって、外国人選手として契約し、韓国に一緒に帰還するが、兵役拒否のため、アメリカで選手として活動していたのかという一番恐れていた非難を浴びることになる。だが、ナムグン・ミンは既にそういった非難を想定していた。

新任GM（ナムグン・ミン）への秘密のミッションがチームの合理的な解散・廃部であることとは視聴者にはドラマ内で知らされているが、チームの選手・関係者には当然ながらまだ明らかにされていない。親会社の赤字対策のための合理化策である廃部を、優勝という一方の目的と同時にどのように画策していくか、その道のりがドラマの基本ストーリーなのだが、果たして、GMが常務と約束した、優勝して、即廃部という真反対の結末に向けてドラマはどのように終結していくのか。

視聴者は必ずしもそういった期待だけで本作を最後まで見続けたのではないと思うが、新しい統計戦力分析（セイバーメトリクス）スタッフをプロ野球経験者以外から採用することで、第六話辺りから、ドラマは俄然、違う展開となる。

応募してきた中に、チーム内の体罰と試合中の負傷で野球を諦め、車椅子生活となったナムグン・ミンの弟がいた。弟がそういう状態になったことに自分も責任があるとして、ナムグン・ミンは長い間、自責の念に駆られていた。弟は兄にはもちろん内緒で応募したため、当然ながら兄弟は面接で顔を合わせることになる。

面接で、「野球には数字で分析できない部分がある」という問いに対して、弟は「野球は最も数字で分析しやすいスポーツであり、サッカーやバスケはプレー中に仲間の影響を受けるが、野球は三振もヒットも一人で行う。だから、野球に戦力分析を導入しないのは健康に興味がないというのと同じことだ」という思いもよらぬ持論を展開していく。考えてみればその通りであり、データをもとにした真っ当な正論である。

黙って面接を受けた弟に対して、クールなはずのナムグン・ミンが、思わず人間的な弱みを見せるところがあるが、ここが韓国ドラマの真骨頂である。人間は誰しも心に何らかの傷を持っているのであり、それを克服する時、再び人間による、新しいドラマが生まれる。

弟は正式採用されるが、これで立ち直ったのは弟だけでなく兄も同様で、兄弟のトラウマは解消された。こういった視点を野球のスタッフの中で描く発想はやはり並みではなく、本作が思いがけない支持を得たのは決して偶然ではない。野球が題材であっても、人間が登場する限り、韓国ドラマは永遠に存在し続けることの証でもある。本作は日本でも可能なドラマ企画ではないのか。

本作はプロ野球チームのフロント・スタッフに焦点を当てているが、野球チームの経営の内実は一般の会社と何ら変わりはない。「組織は正義だけでは変わらない」とはドラマ内のキム・スジンのセリフだが、ドラマも同じように進行していく。そして、ナムグン・ミンは様々な理由でＧＭの職を解雇されるのだが、これはドラマにとっては結末へ向けての重要な伏線ともなっている。この辺りは独特の深謀遠慮も塗《まぶ》されており、ドラマはほとんどビジネス戦記の趣きさえ感じさせる。

　ドラマは後半、意外な変転を見せる。ナムグン・ミンが「自分に子供を抱く資格があるのか」と告白し、かつて子供を亡くしたつらい過去の暗示があり、ここで彼は初めて涙を見せる。別れた妻ともそんなことを話し合い、ほとんどアメリカ映画テイストに染まった異色の野球ビジネスドラマは、これ以降さらに不思議な変転を見せる。

　ナムグン・ミンの言動だけでなく、存在そのものが気に食わない常務の野心がコンプレックスの裏返しであることが、徐々に明らかになっていく。会長の息子への追従をナムグン・ミンに見られたことで、鬱憤の反動からか、常務は普段から苦々しく感じている会長の息子に怒りをぶちまけて殴り倒してしまう。思わず本音が態度として出たことになるが、このことで逆に叔父であるオーナーから、処分はしない代わりに、球団を廃部させるという言質を取られてしまう皮肉な展開となる。

後は、チームを優勝させて廃部というミッションを受けているナムグン・ミンとの当初の約束が履行されるかどうかを見届けるのが常務の役目となり、悪役のまま最後までその立場に居座る。ありとあらゆる難題——例えば海外キャンプの突然の中止等——をナムグン・ミンに突き付けるさまは、ドラマの中での試練・難関と承知はしていても、どこか個人的な復讐のように見えるのは脚本の計算のなせるわざなのか。

格下げされて、親会社の常務から球団社長になった腹いせから来る言動・人事は嫌がらせそのもので、常務役の俳優オ・ジョンセは適役であり、役者冥利に尽きるといっていい。視聴者から鼻持ちならない奴として見えれば見えるほど、役者としての存在感は増すわけで、これほどやりがいのある役柄はない。当然ながら、その分主役は引き立つことになり、ドラマ内にこういう存在は絶対に必要である。

さらに常務は、選手の薬物疑惑を逆手にとって、自分の球団の選手を噂で誹謗するために自ら処分を科し、戦力をトーンダウンさせ、自身のチームを最下位に貶めようとする策略を考え出すのだから恐れ入る。難癖の天才といってもいいが、ここまで徹底すると、これをあざといと見るかどうかで、ドラマの評価は二分されるだろう。

ナムグン・ミンがトレードの裏契約を告発し、親会社が別グループと提携することで、結果として野球チームは解散に追い込まれてしまうが、最後は予想外の結末となる。

チームの売却をＩＴ企業の若き経営者に持ち込み見事成功するが、その橋渡しと手助けをしたのは、意外にもあの仇敵の元常務だったこと（昨日の敵は今日の友というわけでもなく、和解したのでもないようだが）、そして、ナムグン・ミンには新しい球団買収先での雇用はなかったこと。雇用の道はなくても、ＧＭとして最後まで仕事をやり終えたのだから悔いはない、と最後に呟くのが印象的だ。

最後、チームは韓国リーグの優勝決定戦に出場するが、ナムグン・ミンは熱戦の途中経過を車のラジオで聴いている。また新しいプロスポーツ・チームのＧＭを打診されると、「やってみないとわかりませんが、頑張ります」といって、さらに視聴者に向かって「皆さんも同じでしょ」と問いかけたところで終わる。ほとんどアメリカ映画的なエンディングであり、安易な優勝等のハッピーエンドでないのもドラマの余韻を深くしている。

ここに至って、このドラマはプロ野球チームを舞台にしていながらも、その裏側を描く異色の人間ドラマであることがわかってくる。普段は見えないスタッフの努力・喜びがドラマ全体を通してあり、野球の奥深さを間接的に伝えるだけでなく、新しい人間ドラマをも生み出した。それだけに、視聴後の印象は清々しい。現在の人間ドラマは、このような舞台を用意しないと生まれないものなのか。

註‐1　「ロマンス」（二〇〇二年　ＭＢＣ）で描かれた、女教師と教え子の禁断の愛の物語は、一九六八年にパリであった実話をもとにした映画「愛のために死す」（一九七一年　監督：アンドレ・カイヤット）が原典といわれている。

註‐2　松本清張原作の韓国ドラマ化は様々な作品が想定されるが、中でも、新人女優の登竜門的作品といわれている「霧の旗」はその筆頭候補の一つだろう。日本では一九六五年（松竹　監督：山田洋次　主演：倍賞千恵子）の映画化以降、何度となくテレビドラマ化されているが、意外にも、既に韓国でテレビドラマ化されている事実があるという。『松本清張　映像の世界　霧にかけた夢』（二〇〇一年　林悦子　ワイズ出版）によると、一九八九年四月に韓国ＭＢＣの「ベストセラー劇場」枠内の放送で、好評だったらしい。ビデオ視聴も不可能で、主演俳優も不明だが、是非とも見てみたいものだ。

第五章

三大ケーブル局（tvN JTBC OCN）が生んだ第四次韓国ドラマブーム

ケーブル局製作ドラマの話題作　二〇一二～二〇年

ネット映像配信といった外部要因と共に、二〇一〇年代のケーブル局製作ドラマの転機となったのが二〇一二年からの「応答せよ」シリーズ（tvN）と、二〇一四年の「ミセン - 未生 -」（tvN）の二作品である。その斬新さは誰の眼にも明らかだった。前史のおさらいの意味でも、二作の特徴に触れておこう。

「応答せよ」シリーズ　シーズン1～3　二〇一二～一六年　tvN

「応答せよ」シリーズで顕著なのは、韓国ドラマが「新しい時代」に入ったことを実感せざるを得ないことだ。

同シリーズは、シーズン1が「1997」（二〇一二年放送）、シーズン2が「1994」（二〇一三年放送）、シーズン3が「1988」（二〇一五～一六年放送）で、いずれも過去から見る現在と未来という視点で、従来の青春ラブ・コメや家族ドラマの殻を完全に破った。

従来の家族ドラマに慣れた地上波の製作スタッフ、そして視聴者にとっては、本シリーズは考えもしなかった発想のドラマであり、近い過去を、少し早いノスタルジアで語ることによって、新しい家族ドラマの創出に成功した。

　誰が将来の婚約者なのかというプレゼント発表的な謎を、懸賞番組の正解のように最後まで取っておくという発想も斬新で、やはり、演出・脚本がバラエティ番組のスタッフでなければ考え付かないことだ。その結果、恋人探しゲームのような感覚で、ドラマは過去と未来を行き来しながら、結末に向かって進んでいく。これが一種の種明かし要素ともなり、最後まで視聴者の興味を引くことにつながった。

　シーズン１は一九九〇年代の釜山を舞台にした高校生たちの青春群像。ヒロインの家庭状況は上流階級の生活環境ではないにしても、かといって貧困層でもなく、父親は野球監督、母は専業主婦のためか中流以上に設定されている。「１９９７」というタイトルだが、韓国では誰もが記憶している一九九七年のＩＭＦ通貨危機がドラマ内に直接盛り込まれているわけではない。

　ここで描かれるのはそうした世相より、普通の高校生たちの日常である。主役はチョン・ウンジとソ・イングクという女性主導の強烈カップルだが、女一人に男四人というグループの基本構成はここで作られたもので、以後、同様の人数構成で俳優を代えて製作されていく（註 - 1）。

　男四人の内、ソ・イングク以外の俳優は、脇役として一度見たことがある程度の知名度の俳優を敢えて配役しているが、これは多人数が出演する群像劇を成立させるイロハで、一人でも著名な俳優が入ると全体のバランスが崩れてしまう。最初から無名俳優を使うドラマとして企画された意図は、この点でも明らかだ。さらに不特定多数の人数をスタジオ・会場に集めて開催される公開放送形式の変型と見ることもできる。参加する出場者、選ばれた参加者代表はもちろん一般の学生等である。ヒロインのチョン・ウンジがアイドルの追っかけという設定も、バラエティ番組の企画から考え出されたと思われる。

シーズン2の下宿生たちも苦学生といったイメージは最初からなく、下宿オーナーであるヒロインの父親はプロ野球のコーチであり、下宿は副業にすぎない。下宿自体もどこかの別荘のような造りと間取りで、いわゆる旧来の苦学生のための学生下宿とは程遠い、ある種恵まれた環境のように見える。

下宿生たちが通う大学も「延世《ヨンセ》大学」という実在の私学で（日本でいうと慶應義塾大に相当する）、ここで「一九九四年」という韓国の最初の好景気時代だった年代設定の意味が生きてくる。下宿生たちが呑むのも屋台ではなく、下宿内でみんなが集まってという具合で、夜間外出禁止令があった「暗い時代」の陰りは全く感じられない。

時折、時代の象徴であるテレビ番組「砂時計」（一九九五年　SBS）とか、一九九七年のIMF通貨危機も背景として出てくるが、どこか現実感の薄い描き方に終始していて、やはり、中心となるのは、ヒロインとなる下宿の娘と、その兄——実の兄ではないが、家族同様に育てられた経緯があり、長男を亡くしたヒロイン家族のトラウマとなっている——との「枷」がストーリーを貫くもう一つの縦糸となっている。

下宿夫婦の子供である二人に加えて、男女含めて五人の下宿生たちの毎日も絡んで進行していく。時々、表題の「一九九四年」から八年後の「二〇〇二年の結婚式」、そして二十年後の現在である「二〇一三年」を行き来しながら、久々にヒロインの新居で全員が再会するのだが、回を追うごとに徐々にその秘密——ヒロインの真の婚約者——が現れてくるという、凝った仕掛けとなっている。

ドラマ内の家族設定が最低限の範囲に絞られているのは、それまでドラマ環境ではあり得ないことで、シーズン1とシーズン2のヒロインの設定が、それぞれ歌手、バスケット選手の追っかけという設定は、間違いなくバラエティ公開番組の発想だ。場面の締めくくりや、どうしていいかわからない場面に何かが鳴くような効果音が入るのもバラエティ番組の常套手段であり、バラエティ・ショーの手法をそのままドラマに転用したともいえ、これはまさしくアイデアの勝利である。

シリーズは第三作まで続いたが、さらに続けるにはまた新しい発想が必要になるわけで、三作で打ち止めとしたのは賢明な判断だった。

もう一点、本シリーズ企画の非凡さは、有名な俳優を最初から必要としていないところにある。まず企画ありきで、後から出演俳優を決めていくパターンである。

但し、作品を固めるには、やはりそれなりのキャリアのある俳優が必要となるわけで、シリーズの特徴として挙げるべきは、1～3のヒロインの父親と母親役を同じ俳優が務めていることだ。父親役のソン・ドンイル、母親役のイ・イルファは、このシリーズで重要な脇役俳優としての知名度を決定的にした。

ソン・ドンイルは豪快で人情味のある父親役としては他にあまり類がなく、イ・イルファも庶民的な役から、上流階級までどんな階級も演じられる中堅女優である（在韓生活の長い知り合いによれば、特にシーズン2に顕著らしいのだが、ヒロイン家族内の会話は馬山出身でソウルに来た設定のためか、日常会話は当時の「純方言」入りの韓国語であり、それは喋り方の端々に出る遠慮なさに表れているという）。さらに、絶妙に相性のいい夫婦役から出てきた発想なのか、夫婦の晩年に、思わず子供ができてしまうエピソードも微笑ましい。

シーズン1のチョン・ウンジは元々歌手グループ（Apink）の出身で歌のうまさは当然ながら、演技も後の「トロットの恋人」（二〇一四年　KBS）でも証明されているように（「トロット」とは韓国演歌のこと）、自然に練れていて、とても歌手が本業とは思えない。追っかけ役も年季が入っていて、それでいて、将来の夫となる同級生とはうまくいかずいつも喧嘩ばかりしているが、そこがまた本作の魅力ともなっている。二人が同棲している時、妊娠がわかって、夫を袋叩きにするところは何度見ても面白い。腐れ縁の仲で結婚した若いカップルの本音が爆発しているようで見どころの一つだ。

シーズン2のアラは、大学生の役柄だが、共同生活の中での、血のつながらない兄との恋の芽生えという、複雑な女性ヒロインをうまく演じている。シリーズの中でも一番の容姿で、ドラマ内で二十歳から四十歳までを演じられる女優はそういるものではない。

主役カップルが、アラとチョンウの疑似兄妹のためか、本作は女一人に男四人という基本構成ではなく、主役の二人以外に、プラス女一人・男四人の変則的な構成となっているが、そうであっても、個性豊かな俳優が勢揃いしている。

どちらかというと、主役二人の印象は淡く、群集劇の中の存在となっているのは残念だが、主要な登場人物すべてが主役というドラマの基本コンセプトが一番活かされているのはこの第二作かもしれない。それだけに、下宿人それぞれのキャラクターが掘り下げられていて、コメディ度も本作が一番強い。

地方出身の二人、キム・ソンギュン（第三作では、何とラ・ミランの夫役！に扮している）とソン・ホジュンのコンビは常に笑いを誘う貴重な存在で、脇役とは本来、こうしたタイプをいう。さらに、K-POP出身のバロと内気な追っかけの女性ドヒの寡黙ともいえる無口なキャラクターの対比も捨て難い。

また、陽性の人物として登場する、野球選手のチルボン（ユ・ヨンソク）の名を決定的にした）はドラマ全体を貫く重要な役柄で、後半は野球部のエースであるチルボンと、ヒロインの兄のどちらがヒロインを射止めて結婚したかの興味で進行していく。回想シーンで新郎の顔が映らないように注意して撮影されているところは、ドラマの演出ではなく、間違いなく公開バラエティ番組の手法である。

それにしても、時代が進んでいく内に、ヒロインであるヨジョン（アラ）が徐々に美しくなっていく映像の積み重ねはドラマ内の時間進行の表現としても冴えている（韓国ドラマの新しいヒロインとして期待されていたが、以後はそれほどの決定作はないようだ。「賢い医師生活」に、主役級の人物のかつての恋人の女優ということで短い場面ながら出演している）。

しかしながら、シーズン2の一番の特色は、下宿人の中の誰がヒロイン、アラの将来の夫なのかという詮索よりも、朝の食事、夜の宴会と、下宿ならではの楽しい、そして懐かしい、何気ないやり取りの場面ではないかと思う。視聴後、余韻として残るのはそうした記憶である。

現在、韓国でも昔ながらの賄い付きの下宿は少なくなっているようで、特にシーズン2は、ある世代に向けてのノスタルジーが最初からコンセプトの中に取り入れられているのだろう。

そして、シーズン3「1988」だが、シリーズ集大成のためか、ヒロインはもちろん、後のスターとなる若手俳優のオンパレードだ。また、パク・ボゴムを筆頭にその親たちのキャラクターも同等に描かれていて、個性豊かな俳優が配置されている。シリーズ最高作と評価が高いのは、その効果といって差し支えない。

なにしろ、母親役がラ・ミラン、キム・ソニョンで、父親役に至っては、「刑務所のルールブック」のチェ・ムソン、「梨泰院クラス」のユ・ジェミョンという、今となっては豪華な布陣で、現在これだけの俳優を確保するのはおそらく困難である。その分、主役であるはずの女一人と男四人のコンセプトが少し希薄になっているのは仕方がない。

近過去へのノスタルジーを基本コンセプトとして製作されたシリーズだったが、第三作は主役たちの親の世代まで描くことによって、結果的に「家族ドラマ」の変型ともいえる傑作となった。

一九八八年ソウルオリンピック時という時代設定のためか、登場人物すべてがまだ幼い高校生である。だからヒロインは中心人物というより近所の同級生の中の一人であり、群像劇の中心といった印象は薄い。さらに、未来へのフラッシュバックならぬ「フラッシュフォワード」では、材料が十分に提出されていないだけでなく、配役された俳優のイメージの違いもあり、ヒロインの結婚相手は筆者には最終回までわからなかった。

それより、本作の眼目は、近所で同時期を過ごした幼馴染たちが最後に抱く、切ない情感にある。それぞれの家族の引っ越しは哀切の一言であり、決して未来が暗いわけではないが、家族をも含めた同級生たちが共有したかけがえのない時間は、単なる近所付き合いではなかった。そんな思い出を胸に秘めて次々と住み慣れた場所から順に去っていく場面が醸し出す寂寥《せきりょう》感、もの悲しさは、確かに家族単位の描写がないと絶対に得られない情感である。

家族関係以上に深い近所付き合いがあることを認識させたことでも、本作が新しい家族ドラマの発見と創出だったことは明らかだ。シーズンごとの設定の違いはあっても、シーズン3がシリーズ内でも一番完成度が高いのはそうした理由による。

シーズン1を全体のパイロット版とするなら、シーズン2はそのバリエーションとして場面を下宿内に限定し、シーズン3はその発展形にして完成形ともいえる。同じ街に住む幼《おさな》馴《な》染《じみ》たちとその家庭を中心とした初のオリンピックに沸く一九八八年の韓国下町の庶民の生活が実にうまく描かれていて、それぞれの家庭の描写も過剰なほどきめ細かい。

これで韓国の家族ドラマは旧来の呪縛から逃れたと思われたが、なぜか、同シリーズの番組スタッフはこういった変型の家族ドラマを作り続けることはなかった。理由はハッキリしている。新しい世代の視聴者が家族ドラマという形式そのものを要求しなくなったからである。

「ミセン - 未生 -」二〇一四年　tvN

「応答せよ」シリーズと同様、「ミセン - 未生 -」で描かれた商社の中の若者群像も、今までありそうでなかったドラマだった。

二作に共通するのは、集団の中の個人という設定である。その特徴は、例えば「応答せよ」シリーズでは、広義の意味での家族ドラマの範囲内に留まっていたが、異なる集団——会社の同期・大学の同級生・下宿生・近所の幼馴染同士等——によって舞台範囲をある程度制限しつつ、最も近い年代のノスタルジアを絡めることによって、新しい集団ドラマの創出に成功したことだ（このコンセプトはのちの「賢い医師生活」にまでつながっていく）。

「ミセン - 未生 -」は、集団ビジネス社会の中でもその縮図といえる「商社」を舞台にしている。商社という先鋭的な国際ビジネスを展開する会社の中では、新入社員はもちろん、社内の人間関係はもとより濃密であり、ある種閉鎖された空間となる。その中で、新入社員として自身の存在を印象付けるためにはどうすればいいか。

その回答の一つが同期入社の仲間たちの存在である。同期入社は自然とグループになり、それぞれの悩みを吐露し、社内の情報交換・人間関係の構築に終始するようになる。その際もあくまでも仲間の中の一人という設定を崩していない。

もう一人の主役は、主人公の上司である課長（イ・ソンミン）で、こうした変型の師弟関係も、ドラマ空間を芳醇なものにしている。新入社員の奮闘がテーマである以上、新人たちが次の段階――昇進するようになると、続編製作はやはりハードルが高くなる。安易に続編が作られなかったのは考え抜いた結果だろう。

こうしたドラマの原作がＷＥＢマンガなのも異色だが、商社の各部署に配属された新人たちの奮闘を、周囲の関連部署、上司との人間関係も含め、様々な角度からきめ細かく綿密に描写した作品に仕上がっている。商社の中での若者群像ともいえるが、主人公が挫折した元囲碁棋士という異色の過去も効果的に使用されている。

青春ドラマの「社会人編」ともいえる本作の最後には、それぞれに苦い結末が用意されている。これもまた人生ということなのだろう。同期たちとの二十年後の再会も、必ず見ごたえのあるドラマとなるのに違いない。

もう一つの夫婦と家族の形

「隣人の妻」 二〇一三年　ＪＴＢＣ

総合編成テレビ局として、最初に頭角を現したのは、中央日報のケーブル局「ＪＴＢＣ」である。その初期の秀作として、決定打となったのが、夫婦と家族のもう一つの形を引き出した「隣人の妻」だ。現在のＪＴＢＣドラマのカラーを作った作品であり、見逃せない要因が多く、改めてその特色を確認しておきたい。

現在、多様な世代が見ることを前提にした家族ドラマ以外の、特定の層の「ドラマ」を韓国で見るためには、ケーブル局が一番である。視聴者が自分の希望する特定の番組を見たいのであれば、選択は有料番組に直結するわけで、この方式を最良の形で実践しているともいえる。

ケーブル局製作のドラマの中でも特定の年代、四、五十代を想定した夫婦ドラマを数多く製作しているのがＪＴＢＣで、その中でも二〇一三年放送の本作は、その典型的な作品である。本作の登場で、従来の韓国ドラマに対するレッテルの一つは完全に切り替わった。

ドラマの本筋とは一見関係のないような、さりげないシーンがいつまでも心に残るのが、傑作の証拠と筆者は以前より考えているが、これは韓国ドラマでも例外ではなく、そんなシーンが満載の作品として「隣人の妻」は長く記憶されることだろう。

家庭ドラマでありながら、親子の日常と同じ比重で夫婦の性生活が扱われた作品は、韓国ドラマの中でおそらくこの作品が初めてではないか。主役に当たる、医師と広告代理店勤務の共稼ぎ夫婦には中学・高校の二人の子供がいる。夫婦の夜の「秘事」の次の日、朝食を母親が適当に作るのだが、食事中、子供たちは両親のよそよそしい態度から、昨夜のことをある程度勘付いている。これは見方によっては、少し危ない設定である。地上波放送では絶対あり得ない設定のドラマ場面ともいえる。

メインストーリーとしては、もう一組の夫婦と会社・家庭共々、不倫も含めて密接な関係となり、その経緯が中心となる、一種の不倫ドラマだが、二組の夫婦それぞれが親密な間柄になる設定はそう珍しいものではない。本作は、会社生活と夫婦生活がないまぜになっている展開が新鮮で、その点が共感を得たと思われる。

さりげない日常の中での見どころは、例えば、広告代理店勤務の母親（ヨム・ジョンア）と会社の同僚でもある、四十代の独身遊び人女性との友人関係だ。ある時、話があるといって、その友人を夜中に呼び出し、二人でドライブして愚痴をいいながら朝まで飲み明かすシーンは痛快の一言に尽きる。

このシーンは同回の半分近い時間を占めているが、どちらかといえば本筋にはあまり関係なく、大した意味があるわけではない。だが、同シーンへの視聴者の感情移入度合いは、そのまま視聴率（平均三％という視聴率は同局の最高記録。因みにケーブルの視聴率を三倍すると地上波と同等になるといわれている）に表れた。一見どうといったことのない、ストレス発散のシーンに、ドラマを見ている同年代の女性は最も共感したのではないか。これは家族視聴を前提とした地上波ドラマでは絶対に出てこない場面である。

ドラマは結局、二組の夫婦の違う夫と妻がホテルで不倫寸前まで行くが、一線は越えないで終わる。この辺が、ケーブル局であってもギリギリの線なのだろうが、何となく視聴者も安心感を得るといった具合で、いかにドラマ内に没入して見ていたかの証拠でもある。

本作の意外な好評で手ごたえを得たのか、同局では以後、この年代をターゲットにした作品を次々と製作していく。局の作品傾向までである程度決めてしまったようにも見える。すべての作品がそうではないにしても、本作が局のカラーの一部分を形作ったのは間違いない。

「悪」を斃すのはやはり「悪」

「バッドガイズ - 悪い奴ら -」　二〇一四年　OCN

ケーブル放送局の一つである「OCN」の特徴がよく表れている作品として、紹介しておきたいのが「バッドガイズ - 悪い奴ら -」である。

これは映画としても製作可能な企画内容である。再編集すれば、十分一本の映画として劇場公開可能な作品という意味もある。

「バッドガイズ」の基本コンセプトは、「悪い奴には悪い奴を」という古典的なアイデアで、古今東西の戦争映画・スパイ映画・犯罪映画で多用されたプロットである（例えば、「特攻大作戦」一九六七年　監督：ロバート・アルドリッチ）。収監中の犯罪者からそれぞれの専門ジャンルのエキスパートを集めて、難局・計画・作戦に対応し任務を遂行するというもので、「特攻大作戦」以外にも「ナバロンの要塞」「黄金の七人」「スパイ大作戦」等、枚挙にいとまがない。

本作は、チーム結成に、未解決事件の主犯である殺人鬼を捕まえるという現実の事件を当てはめたところに新味があった。

犯罪者を集めた刑事キム・サンジュンは「狂犬」と恐れられた、実の娘を殺された問題の多い刑事だ。集められたのは、ヤクザの幹部マ・ドンソク、殺し屋のチョ・ドンヒョク、サイコパスの連続殺人犯パク・ヘジンの三人の服役囚。捜査に協力すれば罪を減じるという取り決めで、チームが結成される。韓国ドラマではありそうであまりなかった着想で、本作はその試みの意図を忠実に映像化している。

配役も豪華で、刑事役は、いつも何を考えているかわからない冷徹なキム・サンジュンで、今までのキャリアでも一番ダークな役柄である。ヤクザの幹部マ・ドンソクはブレイク寸前のテレビドラマ出演。以後はほとんど映画出演が主となる以前の、貴重な作品である。凶暴で、無自覚でありながらそれなりに筋を通すヤクザを黙々と演じている。

チーム結成をキム・サンジュンに提案する警察庁長のカン・シニルもいつもながらの厳格さがあって貫禄十分だが、収穫だったのは、殺し屋を演じるチョ・ドンヒョクで、短髪にして演じた役柄により強い印象を残した。長いキャリアの中でも代表作となり、続編にも出演したが、残念ながら主役級ではなかった（かつての命の恩人であるミン・ジアに謝罪する場面は本作唯一の癒しの部分だと思う）。サイコパス役のパク・ヘジンも、後に「フォレスト」（二〇二〇年KBS）で主役を担う素地はここで養われたといっていいのではないか。

結成されたチームの監視役として、唯一ともいっていい女性刑事カン・イェウォンが登場するが、ストーリー全体にはあまり関与しない存在であり、本作はあくまでも男臭い、ダークサイドの刑事ドラマである。女性向けに作られていないどころか、恋愛要素も皆無なため、女性視聴者が感情移入するところは全くない。にもかかわらず続編が作られたのは、作品のクオリティの高さの証といっていいだろう。シーズン2だけでなく、以後もシリーズ化してほしい作品の一つだ。

「ラスト・ゲーム～最後に笑うのは誰だ?!～」二〇一五年　JTBC

二〇一〇年代からの韓国ドラマの企画素材の一つとして忘れてはならないのが、WEBマンガである。後にこの路線は「梨泰院クラス」にまで発展していくのだが、それ以前に作られた秀作として本作を欠かすことはできない。

描かれたのは、韓国地下経済の凄まじい実態である。ソウル駅のホームレスたちが落ちていた小金を集め、さらにそれを集金するという、「奪われた者たち」からすべてを奪う、ドラマ内でイ・ボムスがいうところの「命がけで作り上げたシステム」が支配する世界である。臓器売買を含めて、ここには法は存在しない。支配者イ・ボムスがすべてだ。

ここにすべてを失った元ファンド・マネージャー、ユン・ゲサンが登場し、どちらがその世界で頂点を極めるかがストーリーの根本となる。

アクション場面も、肉弾戦といった方が早いほどの肉と血の激しい争いであり、ヒエラルキー集団の支配者の部下には個性的なキャラクターが勢揃いしている。

いずれも一筋縄ではいかない人物ばかりだが、中でも異色なのが、ナンバー2で元ボクサーのパク・ウォンサンである。非情のようで人情味もあり、善人なのかどうか不明なところがまた魅力で、最終的にユン・ゲサンにボクシングを指導するところも、仮の師弟関係みたいで見どころ満載である。日本的な風貌も加わって、新しい韓国ドラマの脇役の誕生であり、その登場は必然でもあった。以後、様々な作品に独自の潤いを与えているのは既に我々が見ている通りだ。

主役の支配者フンサムを演じるイ・ボムスは「ジャイアント」（二〇一〇年　SBS）以来の話題作であり、健在ぶりを示したが、ユン・ゲサンの初の汚れ役ともいえる奮闘ぶりも特筆すべきだ。また、ユン・ゲサンを取り巻くホームレス集団が、後にユン・ゲサンの詐欺計画に一役買うところは、アメリカ映画のノリで楽しく見られるし、市民病院の看護師との淡い恋も殺伐としたドラマの中で一点の安らぎを与えている。

だが、最後はまさに邦題の通りで、「最後に笑うのは誰か」――この興味だけでも、絶対に見る価値がある。

兄弟愛から始まる真実の愛

「風船ガム」二〇一五年　tvN

韓国ドラマにあって日本のドラマにないのが、三、四十代の特定の年代を主役にした恋愛ドラマだ。現在、日本で一応の結婚適齢期とされている三十歳前後を対象にした「東京タラレバ娘」（二〇一七年　日本テレビ）はかなりの例外だったが、韓国ドラマは違う。

二〇一五年に放送され、視聴率的にはさほど振るわなかったにもかかわらず、三十代の女性を主人公にして確かな支持を得た作品が「風船ガム」で、主人公は「私の名前はキム・サムスン」（二〇〇五年　ＭＢＣ）にも出演したチョン・リョウォンだ。当時二十四歳だった彼女も、十年後のこの作品では三十四歳と、ドラマ内の設定年齢（三十三歳）とほとんど同じで、俳優の実年齢をうまく取り入れて発想されたドラマというべきだろう。

製作局はｔｖＮで、加入制の有料ケーブル放送特有の視聴者層に最も適合した内容となっている。

まず三十三、四歳の女性が主人公となると、韓国ドラマでなくても、恋愛はほとんど不倫と同義語になる。不倫と復讐ドラマは、日本ではまだ一般的な支持を得られておらず、かつての「昼メロ」がほとんど製作されていない現在では、世間的な許容枠は極めて狭い。

「風船ガム」には、日本のアラサーにも共感できる要素（三十歳を過ぎると恋愛に臆病になる等）が少なからずあり、俳優陣も充実している。密接な共感が得られるドラマ空間は、やはり韓国ドラマ特有の情感によるもので、中でも、重要な脇役として「ラスト・ゲーム～最後に笑うのは誰だ?!～」（二〇一五年　ＪＴＢＣ）とは正反対のキャラクターを演じるパク・ウォンサンの存在は見逃せない。

ストーリーは、親の再婚で兄妹のように育った男女が、年月を経て、女が不倫で悩んでいる頃に再会し、ある種予定調和のハッピーエンドで終わる。男女の関係はもちろん、すべての人生の「風船ガム」は破れてもまた膨らませばいいという意味が、そのまま題名になっている。

親密な幼馴染の男女が、長じてお互いの感情に気付くという経緯は恋愛ドラマのイロハだが、そこに至るまでの男女間の距離が近付く時間が、かつてないほどきめ細かく、微妙な感情の襞まで感じ取れるように丁寧に描かれている。遅咲きの恋の成就ほど充実感は大きいというが、その方程式はこの作品でも例外ではない。日本的な情感を感じる部分も多く、音楽の選曲も絶妙で、やさしく視聴者に語りかけてくれる曲が勢揃いしている。三十代の女性が深夜一人で見るのにこれほど相応しいドラマはない。

ソウル直撃地震下の人間模様

「D‐DAY」二〇一五年　JTBC

本作は、ソウル直下地震災害を背景にしたドラマだが、3・11の影響を危惧してか、日本での放映・DVD化はセル・レンタルとも見送られたようだ。海賊版等を利用しないと視聴不可能な作品だが、筆者は別の方法で視聴することができたので、少しその概要を伝えておきたい。

本作は、3・11がなければ日本でも当然放映されたであろう、災害現場に直面した医師たちの奮闘を描くヒューマンドラマの佳作で、現在のコロナ禍の医療体制と重複する場面もある。コロナ禍が終息に向かえば、日本で解禁される可能性は十分ある。

主人公ヘソン（キム・ヨングァン）は治療に熱心なあまり、少し型破りな言動を見せるキャラクターだ。このドラマの異色なところは、主人公を中心にドラマが進行していくものの、その大半が、同僚や医療スタッフによる献身的な治療実態に割かれていることだ。他の病院から別件で訪れていた女医との思いがけない恋愛も、病院長との軋轢も二の次のように扱われている。災害時の治療は通常の病院内の治療とはすべて勝手が違うこともあり、平時の病院ドラマとはかなり異なる、予想外の状況の連続である。

そんな中、奮闘する外科医ヘソンを演じるのが若手俳優の一人だったキム・ヨングァンで、自身にとっては初の主役で出世作となったが、日本未公開のためか、その後の「番人！　〜もう一度、キミを守る〜」（二〇一七年　MBC）辺りが代表作のように思われているのは何とも惜しい。治療はもちろん、それにまつわる俗事・妨害等、何事にも冷静に対処する役柄を演じられる俳優はそれほどいるわけではない。

本作を災害ドラマと位置付けるなら、地震災害時の消防の実態も二次ストーリーとして巧妙に取り入れられている。おなじみキム・サンホ演じる、人情味溢れる消防署救助班長の奮闘も見どころの一つで、自身の娘の絶体絶命状態への対処（負傷した娘の足を切断するかどうかの判断を迫られる場面）には考えさせられるところが多い。こんなシーンを筆頭に、無数の俳優たちの演技はそれぞれ印象深く、韓国俳優陣の層の厚さをいまさらながら思い知らされる。

本作の最大のテーマは、災害時の困難な医療状況を克服して、周囲の妨害にも負けず、何とか命を救おうとする主人公の不屈の意思である。「賢い医師生活」の災害版の先取りといってもいいが、その五年も前にこのようなドラマが作られていたことに心から敬服する。その意味では、本作の復権はこれからであり、それはそんなに遠い日ではないように思う。

過去からの「真実」の声

「シグナル」 二〇一六年　ｔｖＮ

本作は日本でリメイクされている（二〇一八年　関西テレビ製作／フジテレビ系放送）。日本のドラマとしては善戦している方で、最初に日本版リメイクを見た視聴者は、それなりに感心したことだろう。だが、その後にオリジナルである韓国版を見れば、その印象は完璧に覆されたのに違いない。そのくらい本作は、韓国ドラマの水準を確実に一段階以上、上げた作品であり、ｔｖＮ開局十周年記念に恥じない傑作だ。この作品から韓国ドラマを見始めた視聴者は、二〇二一年の現在まで韓国ドラマに対する興味をそのまま持続しているはずだ。

ドラマを貫く主題は「過去からの声」である。それが偶然なのか、必然なのかの「ＳＦ的な発想」の是非は実はどうでもいい。ドラマのコンセプトの中では大した問題ではない。本作の起点は、過去からの声によって、現在の事件が大きく動くことだ。ドラマの企画として、実に卓抜な着想である。過去の未解決の事件の真相を示唆する、壊れた警察無線からの声は一体何を意味するのか。現在の事件と呼応する点があることはなぜなのか。様々な疑問は事件が進展していく内に少しずつ明らかになる。加えて、担当の女性刑事の過去、そして現在とも重なり合う時に、決定的な事件が起こる。

この過程はスリリングであり、次回を待っている場合ではなく、一挙に視聴することが望ましい。この息詰まるような緊張感と展開は、二〇一〇年代の韓国ドラマではおそらく唯一無二である。

本作は、今まで映画を始めとして印象的な脇役の多かった主演のチョ・ジヌンの出世作であり、ベテラン、キム・ヘスにとっても代表作の一つともなった。一見地味な配役に見える主役二人は、このドラマでは、まさに必然ともいえる適役である。特に、チョ・ジヌンの愛嬌のある、少し哀愁を感じさせる演技はちょっとした仕草にも表れ、一見茫洋とした表情はいろいろな過去——人生を連想させるのに十分である。

ベテランのキム・ヘスは、映画「国家が破産する日」（二〇一八年　監督：チェ・グクヒ）でも健在ぶりを見せたが、テレビドラマは、出演本数は多いものの、「愛の群像」（一九九九年

ＭＢＣ）、「クッキ」（一九九九年　ＭＢＣ）以外にこれといった代表作があったわけではない。結果的に、本作への久々の出演は思いもかけない転機ともなった。

キム・ヘス扮する女性刑事スヒョンにはつらい過去がある。過去の未解決事件と、好意を抱いていた先輩刑事ジェハン（チョ・ジヌン）の失踪である。それから十五年、彼女はまだジェハンの行方を追い続けていた。未解決事件が時効を迎える寸前、新人プロファイラーであるヘヨン（イ・ジェフン）は旧式の警察無線から聞こえる過去からの声で未解決事件を解決するが、その声がジェハンであることを知る。ある時間に決まって声が聞こえることに気付いたヘヨンは、スヒョンと捜査を開始する。

時空を超えた斬新な設定に、未解決事件の真相とスヒョンとジェハンの過去の感情も絡み、ドラマは一瞬の隙もない緻密な構造で作られている。ラストシーンでは、筆者は心底、心が震えた。

ネタバレになるので詳述しないが、数多くの韓国ドラマを見てきた筆者も――それ以上の内外の映画・ドラマも含めた相当数の映像の中でも――それまでの伏線がことごとく判明するラストは予想していなかった。そういう結末を考え付いた脚本家キム・ウニ（以前にも「サイン」「ファントム」等のサスペンスの名作がある）の完全な勝利である。

これは小説でも可能なのだろうが、映像にすることでその効果はひときわ際立つのではないか。強烈なエンディングゆえに、余韻の深さも久しくないものだったが、期待の高かった続編はまだ作られていない。

残された時間の中で考える人生の意味

「記憶～愛する人へ～」二〇一六年　tvN

韓国ドラマの主役設定では、地味な印象の俳優の方が新しいキャラクターを演じるのに相応しいと考える傾向がある。特に企画を重視する、ケーブル局製作のドラマでは。人気俳優が派手な風体でキャッチーなキャラクターを演じるのは当たり前すぎるし、悪相の俳優が凶悪な役を演じるのもつまらない。そういった意味も含めて「記憶～愛する人へ～」は、これからの韓国ドラマのある方向性を示す作品だ。

主役を演じるイ・ソンミンは、今までは地味な脇役を長く続けてきた俳優の一人で、主役を演じたのは「ゴールデン・タイム」（二〇一二年　MBC）から。その時点で四十四歳という遅咲きだ。一見地味でどこにでもいると思われていた俳優のキャリアは「ミセン - 未生 - 」（二〇一四年　tvN）で大きく開花する。猛烈商社マンの人間臭い面を見せたこの作品は、イ・ソンミンという俳優をさらに印象付けることになり、本作でその評価は決定的になった。

「記憶〜愛する人へ〜」はテレビドラマとしてはかなり複雑な構造を持った作品である。むしろ、映画的といってもいい濃密さだ。

主人公の敏腕弁護士は、そのあまりにも強引な手法で違法すれすれのことまでこなすようになっている。その裏では、子供を不慮の事故で亡くし離婚・再婚して仕事に忙殺されながらも何とか幸せな家庭を築こうとしていた。そんな時、本人の体に異変が起こり（初期アルツハイマーの宣告）、同時に一見平穏だった家庭にも、弁護士としての業務にも亀裂が入る。ここで、入社以来、そんな上司の言動に幻滅して辞表を出そうとしていた部下ジュノ（２ＰＭ）が、主人公と最後まで行動を共にするドラマ内の重要な人物として登場する。

今や定番ともいえるＫ‐ＰＯＰメンバーの単独ドラマ進出については賛否両論もあるが、本作でもマイナスにはなっていない。

離婚した前妻とのトラウマも並行して描かれる中で、主人公は、記憶が完全になくなる前に何をすべきなのかを考えるようになる。症状が進んでいく残された時間の中で、主人公は最後の行動に出るが、これは誰にでも起こりうる人生の転機・岐路についての根源的な問いかけである。

脚本は、傑作「復活」（二〇〇六年　ＫＢＳ）、「魔王」（二〇〇七年　ＫＢＳ）を手掛けたキム・ジウで、韓国ドラマの水準をまた一つ上げた、期待通りの秀作となった。

囚人と看守の異色人間ドラマ

「刑務所のルールブック」 二〇一七〜一八年 tvN

韓国ドラマの特異性を伝える作品は数多いが、その中で一つの頂点ともいえる異色作が、この「刑務所のルールブック」だ。

原題は「賢い監房生活」（同シリーズの医師編が、いうまでもなく「賢い医師生活」である）で、「応答せよ」シリーズの後が、刑務所を舞台のドラマとは、最初そのニュースを聞いた時、相当面くらったものだ。それでも期待は裏切られなかった。よくぞ製作に踏み切ったものだと思う。

この後が「賢い医師生活」なのだから、同コンビは内容・反響共に、現在の韓国ドラマ最強の組み合わせである。作品の充実度も群を抜いており、韓国ドラマの枠を超えて、既に世界レベルの域に入っているといっても過言ではない。

今回の主な舞台はほぼ拘置所・刑務所内だが、場所が限定されるドラマになればなるほど、俳優はもちろんのこと、最後は脚本と演出が成否を決めることになる。地上波では絶対に企画されることがなかった着想で、内容を考えるとほとんど映画企画だが、全十六回という長い時間を必要とするドラマでないと、本作のテーマを伝えることはできなかっただろう。

題材の特殊性により、視聴者がほとんど男性と思われる点から敢えて外したものの、本来であれば、作品自体のクオリティからいっても、当然、「第六章　独占配信のケーブル局代表作ベスト3　徹底解析」の一つとして、別格で分析すべき作品である。

着想の斬新さでいえば、「愛の不時着」と同等であり、従来のドラマ作りの発想ではこういった内容は絶対に出てこない。そのイメージを変えるべく、いろいろと議論し尽くしたと思われるが、特長の一つとして、今までの刑務所を舞台にしたドラマのツボを敢えて外していることが挙げられる。

今までの夥しい映画（例えば「ミッドナイト・エクスプレス」一九七八年、「ショーシャンクの空に」一九九四年）等が物語っているように、犯罪者を収監する場所なので当然ではあるが、通常、刑務所は陰湿な、外界から隔離・遮断された閉鎖空間である。

刑務所を主体にしたドラマは、単純に「脱走」を目的としたもの、「報復」を意図したもの、冤罪による投獄の不条理を描くこと等、様々だが、刑務所そのものを舞台にするには、それなりの理由が必要になる。

まさか刑務所生活が我々の日常生活のように描かれるとは考えもしなかった、というのが正直な感想だ。刑務所が舞台であることを忘れてしまうこともあったくらいだ。本作は受刑者と刑務官をめぐる一種の人間ドラマであり、そのための場所として刑務所が選ばれた理由が徐々にわかってくる。

当然ながら、登場する人物――俳優は相当数が必要で、受刑者・刑務官・その周辺を含めて、本作では驚くべきことに常時四十人前後が入れ替わり出演している。病院ドラマ以上の数の俳優が必要となるが、俳優大国韓国には、その期待を見事に受け入れる、曲者揃いの個性的な俳優たちが待機している。

ある程度の俳優数を必要とするドラマの舞台としては、時代劇は定番にしても、それ以外の現代劇では、病院・学校・大企業、そして刑務所は最適といってもいい空間である。一本完結の映画より、それなりの回数を必要とする連続ドラマに向いている素材でもあり、韓国俳優陣の特性を最良の形で表現することが可能な場であることはいうまでもない。

また、ドラマ空間がほとんど刑務所内であるため、女性の登場はわずかであり、そもそも地上波ドラマ向きの素材ではない。韓国ドラマ史上、主要な配役で女性が三人（主人公の恋人・妹・母親、それ以外では、薬物依存者の母親と死亡した兵士の母親だけだ）しか登場しない作品は本作ぐらいではないか。

ドラマ放映時、一般的な知名度のあった俳優は、極端にいうと「応答せよ」シリーズのソン・ドンイルと、後に「賢い医師生活」で一挙に注目度の上がるチョン・ギョンホくらいだった。大半の俳優は一般的には無名であり、そのためか舞台出身俳優が多いが、それぞれの個性を際立たせるには刑務所という集団生活の場は絶好の舞台でもある。

中でも、刑務所で主人公と同房となる元締め役のミンチョルを演じるチェ・ムソンの独特の存在感は、長年の無名時代からのキャリアを積み重ねたもので、本作の出演俳優でもベスト3に入る演技だ。視聴者は俳優の持つ個性を確実に読み取ることができるだろう。

日本でも一九七〇年代であれば、新劇の俳優もしくは研究生総出演となったと思われるが、韓国ドラマの場合、ここに複数の個性派俳優を配置することで、俳優陣に一層奥行が出る仕掛けとなっている。その結果、期せずして、実に芳醇なドラマ空間が出現した。囚人たちの背後の人間ドラマを探るには、そして描くには、この方法しかなかったと断言してもいいくらいだ。一度しか使えないアイデアだとしても、この画期的な発想にはやはり敬意を表したい。

不本意な過剰防衛で一年服役することになった有名野球選手が、拘置所を経て刑務所で生活することによって、違う世界を見るという設定で話は進むが、主人公の視点はそのまま我々視聴者の眼でもある。刑務所を舞台にしていながら、一般社会の縮図であることも段々わかってくる。本作の出演俳優たちは、会社を舞台にしたドラマに置き換えても、そのまま同じ役を演じることだろう。違いは囚人服を着ているかどうかである。

さらに不思議なのは、刑務官の一人が主人公の以前からの友人（高校時代の野球仲間）であることだ。こうした設定のドラマは、韓国以外ではおそらく存在しないと思う。

では、なぜ囚人と刑務官がかつての友人同士という設定が必要だったのか、そして、このドラマが伝えたいテーマとは一体何なのか。

視聴している内にわかってきたのは――これは筆者だけの印象かもしれないが、ドラマの随所に、何となく「聖書」のメッセージ（箴言《しんげん》）――悔恨・原罪・贖罪・救済・献身・犠牲・寛容・博愛――を感じ取れるという点だ。

主人公が神から遣わされた、神の分身のように見えるのもそうした理由からなのか。そうした意図が科されているのだろうか。主人公は神の象徴なのか。拘置所・刑務所と現代の地獄めぐりを主人公に科していることには何か意味があるのか。神の配剤なのか。「汝の敵を愛せよ」といったテーマを彷彿させるような場面が多々あるのはなぜなのか――そういった数々の疑問が湧いてくる。

外部から来た一般人が、特殊な状況下の人間群像の中に様々な人生の一面を見るのが本作の真意だとしたら、その意図はある程度成功しているといえるだろう。だが、まだ謎はある。

主役であるジェヒョク（パク・ヘス）は、架空のドラマの中でも極めて不思議な存在である。一見無表情であり、刑務所内のすべての出来事の傍観者ともいえるような立場だが、無関心でありながらも、全く無関係ではない。感情をできるだけ表面に出さないようなタイプに見える。その役どころの真意がよくわからないまま、ドラマは淡々と進行していく。

ドラマの半分くらいのところで、ジェヒョクが拘置所、刑務所内の怪我がもとで選手生命に限界を感じ、引退声明を出す場面がある。かつて胃ガンを患い、知られざる苦闘の時期があったことも含め、もう野球はやりたくないと公然と宣言してしまう。

もう我慢する人生は終わりと、友人の刑務官にも本音を告げ、何か達観したような境地になった頃、同房のミンチョルの手下が出所し、入れ替わりに、軍隊で部下を殺害した容疑の大尉ジョンウ（チョン・ヘイン）が入所してくる。ここからドラマは新しい展開を迎えることになる（青春スターとして売り出し中のチョン・ヘインにとっては異色の役柄で、よく引き受けたものだと思う）。

大尉の事件には別の真実が隠されていることが徐々に明らかになっていくのだが、これはあくまでも別の事件であり、本筋とはあまり関係のない流れのように見える。だが、そうであっても、一人の囚人が収監されるようになった原因について実に丁寧に描かれていて、製作スタッフの最終目的は、囚人・看守たちそれぞれの人生の背後を探ることだったかのようだ。そのために刑務所を舞台にしたのか。それ以外に目論んでいたことはなかったのか。

大尉の入所前後の新しい展開から、本作は刑務所を舞台にした一種のシチュエーション・コメディのように見える部分もある。クイズ大会とか、木工班の班長を決める選挙とか、およそ刑務所らしくない行事であるが、その中で、主人公はことごとくボケ役のようにふるまい、至るところで、意外な笑いが生まれていく。

前述したように、ドラマの舞台を刑務所から病院に移し、医師に特化して製作されたのが、同シリーズ第二弾「賢い医師生活」である。だからなのか、本作はシリーズ全体のパイロット版のような性格も備えているところもあり、「応答せよ」シリーズの「1997」に当たるともいえる（本作で登場した俳優の何人かはここでの試験期間を経て、第二弾「賢い医師生活」にも再度、起用されている。「賢い医師生活」の主役の一人チョン・ギョンホを筆頭に、キム・ジュンハン、チョン・ムンソンも印象的な配役として随所に登場する）。

そうなると、シリーズ第三弾として想定される舞台は、例えば会社・企業となる可能性が高い。その時は「ミセン」とは全く違った、新しい世界が現れるのだろうか。

いずれにしろ、奇抜なストーリー設定でありながら、刑務所を舞台にした必然性も十分あり、人間性の回復を含んだ新しいブラック・コメディの側面もあるヒューマン・ドラマの出現といっていいだろう。

二十二年の収監を経て出所の近いチェ・ムソンに、存在すら知らなかった自身の娘が訪ねてくるエピソードも効果的で、回想に出てくる女性との短い生活も含めて、ある種の感動を呼び起こす。

ここに至って思うのは、本作の最終的なテーマは「大きな人間愛」ということだ。群像劇に相応しく、脇役の充実ぶりは先述した通りだが、中でもチェ・ムソンに続く立役者は、人間味溢れる刑務官ペン部長を演じるチョン・ウンインで、本作は代表作の一つになった。他にも群像劇に絶対に不可欠な人物が勢揃いしている（「第七章　個性派俳優の台頭とその条件」を参照のこと）。

ここで、付け加えておくと、刑務官という職業に対する考え方が、日本と韓国とでは大きく異なる。輸出に頼らざるを得ない、内需経済に限界のある韓国では、公務員は唯一安定した職業として、何年も浪人をして獲得する人生目標となっている。公務員の範囲は広く、検事・裁判官はともかく、一般公務員・警察・教師は一番競争率の高い職種であり、刑務官もその中に入る。極めて優秀な人材が集まる場であり、ドラマの中でも、その点は何度となく折に触れて紹介されている。

弟ユ大尉の冤罪を晴らすべく奮闘する兄チョン・ムンソンの努力も最後は報われるのだが、唯一不満があるのは――これは筆者の偏見と思ってもらって構わないが――、ジェヒョクが出所後、マウンドに立つ最後の場面のところだ。

観客席には、先に出所した仲間たちを含め刑務官たちも勢揃いし、声援を送って終わるのが通常のドラマのセオリーである。だが、ドラマは元恋人との抱擁で終わってしまう。本作は女性があまり登場しないこともあり、それだけに、最後は出演俳優のすべてが応援する観客として一堂に会する場面で締めてほしかった。キャスト・スタッフのエンドロールが流れる場面に、これほど合致するストップモーションの画面はないように思うのだが、どうだろうか。

独特の余韻を残す本作から得るものはあまりにも多い。群集劇の形式を借りて、人間ドラマの眼に見えない空白を埋めたともいえる。製作前に絶対に参考にしたと思われる（舞台は刑務所ではなく精神科病院だが）映画「カッコーの巣の上で」（一九七五年　監督：ミロス・フォアマン）とは全く違う視点による、閉鎖された世界を描くドラマであり、そこにもまだ可能性があることを証明した。そういう方向を確立した点でも、決して大げさな表現ではなく、従来の韓国ドラマのイメージを完全に変えた作品である。

タイムスリップの果ての愛

「愛の迷宮 - トンネル -」　二〇一七年　OCN

タイムスリップによる、もう一つの世界、人生の創出は、韓国ドラマの定番だが、「シグナル」とは違う設定による刑事ドラマが「愛の迷宮」である。

原題に「トンネル」とある通り、往年の「タイムトンネル」（一九六六〜六七年　米二〇世紀フォックス　製作：アーウィン・アレン）を彷彿させるようなプロットだ。

事件捜査中の刑事チェ・ジニョクが、あるトンネルを通ることによって三十年先の未来にタイムスリップするが、過去に戻れないことがわかると、三十年前に生まれた同姓同名の刑事として捜査チームの一員となるのが発端である。かつての後輩が昇進し過去の自分の役職になっており、その後輩はジニョクが以前の自分の先輩刑事に似ているように思う。

そんな中、過去に追っていた事件と酷似した事件が発生し、現在の捜査チームの刑事ユン・ヒョンミン、心理学教授イ・ユヨンも加わり、過去の事件との共通性を発見すると共に、その事件が未解決のままになっていることを知る。

俳優として印象深いのは、長年脇役の多かったチョ・ヒボンである。現在のチーム長であり、主人公のかつての後輩刑事を演じるのだが、人情味溢れる存在感で、本作以降は一挙に準主役級となった。また、映画「アトリエの春、昼下がりの裸婦」（二〇一四年　監督：チョ・グニュン）で鮮烈なデビューを果たした新人女優イ・ユヨンが、これまたミステリアスな配役で、本作全体に膨らみを持たせている。

時空が交差し、それぞれの時代の刑事が真犯人を追う筋は「シグナル」（二〇一六年　tvN）の設定を踏襲している部分もあるが、本作の異色な点は、最後に主人公が、過去に戻る決心をすることだ。決意の背後には、現在の恋愛より過去の自身の生活に戻りたいという意図があるにしても、この結末は意外だった。

「絶対に過去に戻れない」状況を最初に提示しているにもかかわらず、そうならないのは架空のドラマでも一種のルール違反だが、そう思わせないところが韓国ドラマのドラマ作法でもあるのだろう。何となく納得させられるから不思議でならないが、ひょっとするとあるかもしれない、人生のもう一つの結末と素直に受け取りたい。

クローン人間にまつわる闇の解明

「デュエル～愛しき者たち～」 二〇一七年　OCN

地上波では様々な制約があるため、いかに韓国ドラマであっても絶対に企画されるとは思えない内容である。逆にケーブル局では興味深い企画の一つとなるのか、この後に製作される

「パンドラ」（二〇一八年）同様、敢えてタブーに挑戦した野心作といっていい。

一言でいえば「危ない」企画である。表面的なテーマは、ある刑事の誘拐された娘の救出だが、裏のテーマは「臓器売買」と「クローン人間」という最先端医療のダークサイドである。この頃から、OCN製作のドラマには社会問題提起の視点が見受けられるようになる。こうした映画的な企画創出には、何か期するところがあったのか。

それにしても思うのは、韓国ドラマというより、極めてアメリカ・ドラマ的な題材であるということだ。刑事役のチョン・ジェヨンの熱演より、ヤン・セジョンの一人三役の方に興味が向くのは、「クローン人間」に対する世の中の関心の高さに影響された作りになっているからだと思う。

いずれにしろ、不気味な組織の実態が散見され、刑事たちの努力による事件解決にもかかわらず、視聴後の感想は重苦しい。気楽に見ることのできるシーンはほとんどないだけに、視聴率もそれほどではなかったようだが、こうしたジャンルにはこれからも果敢に挑戦してほしいところだ。

「ボイス～112の奇跡～　シーズン1～3」二〇一七～一九年　OCN

OCNのドラマの評価を決定付けたともいえるのが「ボイス～112の奇跡～」である。極論すれば、第四次韓ドラブームの中でのOCN製作のテレビドラマは「ボイス」にトドメをさすといっていい。OCNの歴代視聴率№1を記録した同局の代表的な作品であり、それは、ドラマとしてのクオリティの高さをそのまま表している。

サイコ・スリラーと形容せざるを得ない、特殊な犯罪世界を扱っているが、ストーリー展開のキーポイントは「聴覚」という特殊能力に特化したことだ。この着想が全く新しい犯罪ドラマを生み出した。

「三分で到着、五分で現場確認、十分で検挙」という犯罪現場のゴールデンタイム（事件解決までの所要時間）を死守しようとする「112通報センター」の職員たちの熾烈な奮闘と努力を描いたこのドラマは、声を手掛かりに事件を解決する「声による追跡スリラードラマ」ともいえる。このような視点による犯罪ドラマは、韓国だけでなく、世界でも初めてではないか。

シーズン1（二〇一七年　全十六話）、シーズン2「嫌悪の時代」（二〇一八年　全十二話）、シーズン3「共犯者たちの都市」（二〇一九年　全十六話）のうち、シーズン2で歴代最高視聴率を記録した。確実なファン層を基盤に韓国を代表するシーズン制のジャンルドラマとして、その地位を確立したといえるだろう。

尚、二〇一九年の時点で、アメリカ、ヨーロッパを含む計五十六カ国でテレビ放映及びDVD販売され、日本リメイクの「ボイス１１０緊急指令室」（二〇一九年七月～九月 全十話 日本テレビ）も高い視聴率を記録した（尚、続編も二〇二一年七月に製作・放送された。メインキャストはほとんど同じだったが、前作を上回る出来ではなかった）。

通報センターを舞台にしたドラマは、アメリカでも緊急通報ダイヤルの「９‐１‐１：ＬＡ救命最前線」（二〇一八～二〇年 20世紀フォックス）等があるが、特殊な「聴覚」能力をセンター長が備えている設定が斬新で、聴覚から得た情報を視覚――捜査に移し替えるという、通常ドラマになりにくい題材を見事映像化することに成功した。

俳優として挙げるべきは主役のイ・ハナで、本作まではソン・イェジン、カム・ウソンとの共演作「恋愛時代」（二〇〇六年 ＳＢＳ）でデビューした新人女優の一人にすぎなかったが、三十五歳にして初の大役を得た。それなりの年齢でありながら、クール・ビューティにして、一見線の細いような女優には少し任の大きい役柄だったにもかかわらず、チャン・ヒョクの共演もあって、そつのない佳作に仕上がった。彼女の健気で、どことなく女学生的な雰囲気も残る、スレていない容貌は捨てがたく、貴重である。

三十五歳で初の主役を演じるのは、韓国ドラマでも極めて珍しいケースである。犯罪ドラマの中で独特の存在感を醸し出す役目だが、このドラマの主役はやはりイ・ハナでなければならなかった。他の女優はまず考えられない（四十歳近くになっても続けられる主役のドラマはいかに韓国ドラマであっても稀少だが、四十歳代になってから他のジャンルでのイ・ハナ主演作を見たいのは筆者だけではないだろう）。

シーズン1は、捜査チーム内部のスパイの暗躍（最近あまり使われないプロットだが）や、犯人役のキム・ジェウクの存在感が作品の成功に大きく寄与しているが、緊急通報センターの重要性がクローズアップされただけでも、本作の意義は大いにある。

尚、ドラマの冒頭で「このセンターは架空のものです」という告知があるが、実際に「仁川112通報センター」は存在しており、告知の意図は不明だ。内部システムがドラマと違うのか、ドラマ内に社会問題を取り込むために敢えてそのような告知を入れているのか。

顕著な例として、シーズン2の第三話で、過去に性被害に遭った女子中学生と、軽罪で釈放された加害者が再度出会う場面があるが、事件解決後のラストシーンでは、今なお、携帯電話の着信メロディにさえ過敏に反応してしまう被害者のトラウマが端的に表現されているだけでなく、画面には類似事件の現状を伝える製作者側のコメントも付け加えられている（註 - 2）。

この部分はほとんどドキュメンタリー番組的な問題提起ともいえ、刑事ドラマ内でこうした処理がなされることは珍しいというより、通常あり得ない。我々視聴者は、そこに製作側の創作意図を読み取るべきだろう。地上波局のようにスポンサーの顔色を窺う必要のないケーブル局ならではの映像処理であり、その製作姿勢には拍手を送りたい。

シーズン2は、共演俳優をチャン・ヒョクからイ・ジヌクに替えて、新シリーズとして始まった（最新情報では、シーズン4の製作も発表された。通常、続編で終わることがほとんどの韓国ドラマの中では極めて珍しい）。イ・ハナは主演というより、イ・ジヌクとの共演のためか、主役を助ける助演のような「主役二人」体制になったのは残念だが、そうであっても見どころは満載だ。

特に、イ・ジヌクに同僚の刑事（実は腹違いの兄弟と後で明らかになるが）を殺されたと思い込んでいる強力班の係長ユ・スンモクは外観、言動からして、どう見ても本当の刑事のようで、ドラマの重要な助演の一人であり、シーズン3でも欠かせない存在となる。

シーズン2以降、イ・ジヌクがすべての事件のキーパーソンとして設定されている。すべての犯罪の原因がイ・ジヌクの過去に収斂されていくシナリオ構成が素晴らしいだけに、日本の視聴者にとっては、シーズン3が一部日本を舞台にしているのが気になるところだ。在日同胞が大阪で差別されていた過去が、真犯人の思考形成に大きく影響しているという設定のためだが、この辺りがどうも釈然としない。

脚本は、信じ難いことに、シーズン1〜3すべて、女性脚本家マ・ジンウォンによる単独執筆である。二〇一九年に韓国で出版された『ボイス - メイキングストーリー&シナリオ集』（ガヨン刊）によると、一九九四年、淑明女子大学独語独文学科卒業とあるから、一九七二〜七三年生まれと推察される。

グル&グリムメディア所属の脚本家であり、二〇〇四年「ラストダンスは私と一緒に」（SBS）で脚本家デビュー、二〇〇六年に映画「花嫁はギャングスター」を手掛けているが、やはり決定打は「ボイス」であり、一挙に注目された理由は、いうまでもなくこのヒットシリーズにある（註 - 3）。

異常性格の犯人（演じた俳優クォン・ユルは好演というより、その静かな狂気において、これまで韓国ドラマに登場した中でも突出した存在感だが、以後の作品でこの強烈な役柄から抜け出せるか）との対決がメインストーリーの根底にあるが、サブストーリーとして毎回、社会問題提起ともいえる要素が必ず含まれているのは特筆すべきで、その効果もあり、ドラマ本体の充実度はかなり高い。

犯人は最初から、自分では直接手を下さず、常に訳ありの第三者を使う。第一話の孤独感に囚われた自律神経失調症の爆弾犯人、第三話の軽罪で出所する小児愛症と性犯罪被害者、第五話の老年対象の詐欺犯と親子愛、イ・ジヌクと、相棒刑事の殺された兄との根源的な確執、そして、イ・ジヌクの隠された過去とトラウマともいえる疾患が絡み、ストーリーは結末まで眼を離せない。全くといっていいほど無駄な場面がなく、少し息苦しいほどだが、これも本作の特徴の一つなのだろう。

シーズン2の終わりに3への予告が入ることでもわかるように、2と3はほとんど連作で、前後編のように構想されている。2の謎のほとんどは引き継がれているが、3では、クォン・ユルさえも操る真の黒幕が姿を現すことになる。

黒幕の正体が判明することで、同時にイ・ジヌクの過去とトラウマの原因も明らかになるのだが、その真相は通常の予想を完全に覆し——ネタバレにならないよう詳述は避けるが——、ちょっと信じられないものだった。

敢えて曖昧な言い方をするならば、こういう風にしか終わらない終わり方としかいうしかない。なんともやりきれない結末で、視聴後の印象は重苦しく、空しいままだ。穿った見方をすれば、隠されたテーマは「永遠に理解されない魂の救済」ということなのか。

猟奇犯罪の犯人は、従来は個人（一人）がほとんどだが、真犯人が構築した組織は架空の存在であっても、到底理解できない構想によるもので、できることなら創作であってもこのような設定は描いてほしくなかった。

真犯人を演じたパク・ビョンウンは、無表情の不気味さにおいてクォン・ユルをはるかに凌駕し（「推理の女王」でプロファイラー役を演じていたのは皮肉としかいいようがない）、到底人間の思考とは思えない。脚本家がどのようにしてこのサイコパスを構想したのか定かではないが、本作はおそらく韓国ドラマ史上、超絶の位置にあるサイコ・ホラーである。

完成度の高い犯罪ドラマであると同時に、究極の人間ドラマでもあるだけに、普段は現れない人間の隠された部分を暴いているが、製作側の意図は結局どこにあったのか。現存する通報センターが現実的にはドラマのような体制（ゴールデン・タイム・システム）となっていないことへの警鐘なのか。そういう問いは広義のエンタメであるドラマには必要のないことなのか。何かやりきれないところが残る作品と筆者には思えてならない。

シーズン3のエピローグでは、再度クォン・ユルが登場し、武器を手にして去るところで終わる。その目的は何か。シーズン４への布石としては十分だが、ソン・スンホンが出演予定のシーズン4の内容はあまり詮索したくないのが正直なところだ。

闇の底への果てしない探求

「秘密の森～深い闇の向こうに～」二〇一七年　tvN

「ボイス」の好調に刺激されたのか、tvNでも同路線の一つとして企画されたのかと思われる犯罪ドラマだが、内容と出来は十分比肩しうる秀作である。

男女のコンビの定石はそのままだが、今回は、男の検事の設定がいささか変わっていて、「ボイス」の女性チーム長の特殊な聴力とは違い、幼少時の脳手術の後遺症なのか、無表情で無感情という韓国ドラマ初のキャラクターが登場する。無表情ゆえに臆することなく、上司の不正を問い質すという図式は通常のドラマではあり得ない設定だが、そこに製作側の意図が込められているように読める。

この検事がベテランの女性刑事と組む時、不思議な化学反応が起こるのが新機軸で、従来の刑事ドラマとはずいぶんと手触りが違う。検事役のチョ・スンウはそうした無表情を最後まで崩していないが、俳優としては終始感情を表に出さずに演じるのは非常にやりにくいことだろう。さらに寡黙な素振りも加わり、事件の調査は全く無駄がないが、それだけに視聴者の代表でもある女性刑事にも検事の行動は全く理解できない。

そう考えると、やはり主人公の無表情は一つのアイデアである。主役の表情――意図が読み取れないということはドラマの先も読めないことになり、通常、こうしたハンデはマイナスにしかならないが、本作はこれを敢えて逆手に取って、ドラマの結末を読み難くすることに成功した。それゆえにドラマへの興味は通常の作品より深くなる。脚本家がそこまで見抜いていたとしたら大したものである。

女性刑事役のペ・ドゥナにしてみると、そうした検事との捜査は不可解で不愉快なことばかりだが、それでも徐々に行動を共にするようになる。特にチョ・スンウが捜査に没頭するのは、上司たちへの不正告発の意志が裏にあるからで、一時はその中に取り込まれそうになった彼としては慎重に行動せざるを得ない（確かに、無表情という設定はこうした捜査には最も相応しい）。上司に従うようなふりをして、自身の昇進（一種の見せかけと思われるが）と事件解決・内部告発を同時に考えているのだから、当然どこかで綻《ほころ》びが出る。それを救うのがペ・ドゥナであり、コンビの捜査はうまくいくと思われたが……。

ドラマの背後にある、検察・警察の不正とチョ・スンウ、ペ・ドゥナたちとの対決は、悪と正義という単純な二項対立的なものではなく、もっと根深い暗示がある。こうした不正はドラマ内の設定としては別に珍しいものではない。事件の外観は、例えば松本清張の「深層海流」（一九六一年）の韓国現代版ともいえる。

メインストーリーとなる事件は一見単純な殺人事件で、たまたま浅からぬ因縁のあるチョ・スンウが遭遇しただけと思われたが、なかなかその全貌は明らかにならない。警察と検察それぞれの思惑と打算が交差する中、その片鱗が少しずつ見えてくるところに登場人物たちの作為と細工が絡むという、非常に綿密に組み立てられた脚本である。故意に話を延ばしているような意図は全く感じられない。

ドラマ内の捜査も、謎の核心に触れたかと思うと違う事件でまた逸れて、少しイライラさせられるところもあるが、こうした手法には視聴を途中で止めさせない計算が盛り込まれているように思う。

ドラマ運びとしては少しスローな印象だが、最後にこのテンポが事件の全体像を描写するために必要だったと気付く仕掛けになっており、誰が敵で味方なのかの判断が付かず、誰にも隠し事があり、全く予断を許さない、最後まで興味を引く脚本の構成力は見事だ。脚本家（イ・スヨンはこの作品で「二〇一八年百想芸術大賞」ドラマ部門の脚本賞を受賞した）デビュー作とは信じられない完成度である。

チョ・スンウの上司の次長検事は、この後「梨泰院クラス」で一挙に注目されるユ・ジェミヨンだが、この頃から悪役が多くなっており、本作でも魑魅魍魎をそのまま具現化したような、得体の知れない雰囲気は圧倒的だ。一見単純な悪の走狗《そうく》と思われていた優柔不断な役柄だが、ドラマ全体を構成する大きな要素であることが最後まで視聴すればわかる脚本構造となっている。

その存在感に比べると、いつもの小悪党を演じるイ・ジュニョク（同姓同名の俳優がいて紛らわしいが、違いはネットで確認してほしい。以下、同様）はやはり脇役でしかない。

主役のチョ・スンウはもちろんのこと、本作で注視すべきは、久々のペ・ドゥナで、かつての青春スター女優も、既に四十歳近く（一九七九年生まれ）となった。ここ十年は映画出演が多かったが、今回は「グロリア」（二〇一〇〜一一年　ＭＢＣ）以来、実に七年ぶりのドラマ出演である。ドラマ内では敢えてその年齢を隠そうとしていないのか、ノーメイクで、ファッションとは程遠いジャンパー姿や、変なヘアスタイルといい、昔ながらの捨て身の女優魂を強く感じさせる。

ストーリー展開の中のもう一つのポイントは、チョ・スンウの部下の新米女性検事シン・ヘソンと次長検事の妻ユン・セアで、キーパーソンとして最後まで重要な役目を果たしている。最初は存在理由がよくわからなかったが、最後まで視聴すればその理由は明らかだ。二人の役に対する脚本家の意図は周到な計算によるもので、そうでなければ、シン・ヘソン、ユン・セアが演じる意味はなく、二人の人物造形も出色である。

チョ・スンウとペ・ドゥナが罪を暴こうとする悪の対象は、タイトル通り底知れぬ闇の向こうにあり、検事と刑事では手の届かないところにいるようにも見える。事件の真相の告発は、まず警察署長の逮捕から始まるが、次の対象である検事長（次長検事から昇進）は大統領首席秘書官という地位にまで上り詰め、実質的に捜査対象外となってしまう。

架空のドラマであっても「大統領首席秘書官」（実際は、「政務首席秘書官」だが）という実在の役職を彷彿するような名称を使用して構わないのかどうかは不明だが、少なくとも本作では、その役職は「仮定」の設定ではない。こうした細部のリアリティはこの種のドラマには不可欠であり、「実在」に近い役職をドラマ内の事実としてうまく利用しているといえるだろう。

最終回までの四話は、文字通り、犯人と謎の解明となり、これ以上の分析はネタバレになるので伏せたい。事件ドラマとしてはミステリ要素が強く、かなり複雑な構成となっていることもあり、真相にはそれなりの意外性もある。真犯人の人物造形は考え抜かれたものであり、発覚するまでの経緯といい、極めて非凡な着想である。

我々視聴者は、謎解きの背後にある製作側の意図を読み取る必要がある。最後にチョ・スンウが、ドラマ内のテレビ番組出演で語る、検察の腐食構造の本質、悔恨の残る発言は限りなく重く、それをドラマでしか告発することができない韓国の現状の閉塞感にこそ思いを致すべきだろう。そういった主張にはまだ余地があったのか、十分な準備時間を経て、シーズン2ではまた新たな「悪」と対峙していくことになる。

「秘密の森　シーズン2」二〇二〇年　tvN

さらなる「深い闇」の果てに

シーズン2は、新しい赴任地に向かうチョ・スンウが濃霧の中、学生たちの溺死と何か関係あるらしい若いカップルと遭遇するところから始まる。単純な事件と思われたが、チョ・スンウはそれとなく背後を探るようになる。シーズン1同様、さりげない発端は後から重要な伏線となる。本作も例外ではなかった。

チョ・スンウの新しい赴任先は意外にも捜査構造改革チームで、警察と検察の間で「捜査権獲得」の対立が激化する最中、協議会のための検察側メンバーの一人として選出される。同チームには前作から因縁のあるイ・ジュニョクも加わり、チーム長のチェ・ムソンの存在とも相俟って、波乱含みの展開を予感させる。

さらに、対立する警察のチームの中にペ・ドゥナがいて、二人は再び顔を合わせることになる。同チームには旧知の相棒刑事の参加もあり、シーズン1と同じ陣容を一部含んでドラマはスタートする。

シーズン2は1同様、クライム・サスペンスとでもいうべき内容だが、ミステリ要素と組織構造の腐敗に対する告発意識はより強まっている。

シーズン2では、ドラマのタテ糸として警察と検察の捜査権をめぐる対立があり、ヨコ糸として、前作からの続きで、会長の後を継いでハンジョ・グループ新会長となった娘ユン・セアとその兄との、会長の座を競う闘いがある。さらに、その座を左右する株を保有する、ユン・セアと色恋の前歴を持つ新聞社オーナーの暗躍……。その交差するところに、シーズン1からのチョ・スンウとペ・ドゥナの信頼関係ゆえのせめぎ合いと、過去の未解決事件の真相が絡むという、非常に凝った構成となっている。

軽薄なイ・ジュニョクの画策とその後の変転、チョ・スンウの元上司である東部地方検察庁検事長パク・ソングンの敵か味方かわからない存在もドラマ時間をひたすら高揚させる一因であり、静謐なトーンでありながら全く飽きさせない。登場人物の会話一つ一つに伏線があり、少しでも見逃すとストーリー全体がわからなくなるほどの緻密な仕掛けで、脚本には全く揺らぎがない。

警察側のトップとして協議会に出席する警察庁情報部部長刑事チョン・ヘジンの全く本音を

出さない、一貫して冷徹な言動も見逃せないが、シーズン2で特筆すべきは、間違いなくチェ・ムソンである。

その得体の知れない存在感はドラマの闇をさらに深くしているといっていい。口数の少ない、何を考えているのかわからない表情だけでも他の俳優を完全に圧倒している。生の感触というか、コワモテの外観は、悪党はもちろん、特に要職にいる人物を演じる時に不気味さを発揮するタイプであり（たまに笑うと違和感はさらに増幅される）、その胡散臭いところといい、他の俳優による代替は考えられない（かつて、若山富三郎がＮＨＫドラマ「事件」で弁護士を演じた時と同じテイストを感じる）。第七章でも改めて詳述するが、チェ・ムソンなくして、シーズン2は成立しなかったといってもいい。

警察側のチョン・ヘジンも中心的な存在であり、二人は最後まで重要なキーパーソンとなるのだが、その内実は後半にならないとわからない。

これから後は、シーズン1同様、ネタバレ抜きで記述することは不可能であり、実際に視聴してもらうしかないが、イ・ジュニョクの失踪・拉致によって、未解決事件はもちろん、今まで表面に現れなかった事実が少しずつ見えてくる。

ドラマ冒頭の学生たちのささいな溺死事故が、実は、後半の検事失踪事件の真相とつながっていることが明らかになる、壮大な脚本構成はかなり高度な水準である。

さらに、チェ・ムソンとチョン・ヘジン二人の周辺に張り巡らされた謎と罠は、従来のミステリ・ドラマの脚本のセオリーを良い意味で覆すもので、その斬新な着想には感心させられた（うまくいい表せないのが心苦しいが、やはり、これから視聴する人のために興趣を削ぐことは避けたい）。

警察と検察の捜査の核心は何度も交差したり離れたりするが（これが脚本の妙なのだが）、淡々とした地道な捜査を積み重ねて真実に迫る手法は、往年の日本映画と松本清張作品を想起させるに十分であり、特に、「張込み」（一九五八年　松竹　監督：野村芳太郎　脚本：橋本忍）等のかつての日本映画の良質な部分が、今では韓国ドラマに着実に引き継がれているという事実は限りなく重い。

日韓のドラマのクオリティの差――企画・脚本・俳優――をそのまま表しているようで、筆者としても忸怩《じくじ》たる思いがある。

結末の虚しさと感慨もシーズン1とほぼ同じだが、であるならば、シーズン3も可能ということになる。シーズン1から2まで三年かかっているが、その理由のほとんどは脚本待ちらしく、それだけ時間をかけないとこれだけの脚本が仕上がらないことは確かにしても、シーズン2の余韻の醒めぬうちに、シーズン3を待ち望んでいるのは筆者だけではないだろう。

人生の意味を問い直す、心の触れ合いと癒し

「マイ・ディア・ミスター～私のおじさん～」二〇一八年 tvN

出だしは松本清張の小説のようでもあり、ヘンリー・スレッサーの短編も連想するが、現代のO・ヘンリーの再来とも思えるような物語がなぜ韓国ドラマで蘇ったのか。そういう素朴な疑問が最初にある。

最初は何の話かわからないまま、ドラマは淡々と進行する。派遣社員の若い女性ジアン（IU）は、建築会社での単調な事務作業の後、掛け持ちしている飲食業での皿洗いで客の食べ残しを持ち帰り、派遣先の建築会社からくすねたインスタント飲料と共にささやかな夕食を取る。そばには闇金会社の取り立て屋が利子を集金するためにいる——こうした絶望的な毎日が、実にきめ細かく描写される（ドラマ内の時季が冬のためなのか、ジアンの恰好はいつも「寒い」感じを与え、「人生の寒さに耐えている」というイメージも附与されているように見える。素足で履いているような使い古されたジアンのズックは「心の寒さ」をそのまま伝えているようだ）。

人生をほぼ棄てたような無口で無自覚なジアンの行動は会社内ではただの風景でしかない。ドラマ筋らしいものがあるのかないのか、どういう展開になるのか、最初は全くわからない。ドラマ

の導入としては極めて異質である。

ドラマが進むにつれて、ジアンが無為な日々を送っている理由の一つが、聾《ろう》障害で老人ホームにいる祖母のためであることがおぼろげながらわかってくる。そして、並行するもう一つのストーリー展開として、派遣先の建築会社の調査チーム部長ドンフン（イ・ソンギュン）の日常が描かれる。

大学の後輩が社長に就任して以来、ドンフンは設計チームから左遷されただけでなく、本人の知らないままに、社長と自分の妻（妻役のイ・ジアの美魔女的なセクシーさは見物の一つで、とても四十歳とは思えない）の浮気も進行している。

そんな時、社内抗争の中、ドンフンは賄賂を渡す相手として間違えられ、不正容疑で退職寸前まで追い込まれる。ジアンの偶然による機転で危うく難を免れるが、彼女は同時に、賄賂を贈った社長の策略を見抜いてしまう。ジアンは借金返済のため、ドンフンと反社長派常務の二人を同時に解雇できる証拠を掴むことを条件に社長と取引し、ドンフンの動向を探るため彼のスマホに細工をして盗聴を始める。

本作の画期的な着想は、ジアンの盗聴によってドンフンの日常が明らかになることだ。視聴者も、ジアンと同時に、ある人間の肉声を聴いていることになる。そのリアルな実況中継ともいえる「盗聴」はほとんど一種のドキュメンタリーである。
その効果を計算した巧妙な手法によるストーリー展開の中、ジアンはドンフンの全く異なる一面に触れ、本来の目的を離れ、彼を違う目で見るようになる。この辺りから、ジアンの過去——同居していた祖母のために殺人を犯し、後に正当防衛で無罪判決となったこと——も少しずつ明らかになる。

ドラマ内には様々な格言が出てくる。ジアン曰く、「裕福な人が幸せになるのは簡単」、さらにドンフンに向かって「まるで真面目な無期懲役囚みたい」という。独特の人生観から生じた言葉は、視聴者の心に重く突き刺さる。それはドンフンにとっても同様で、地獄のような人生を送ってきたジアンに、「現実が地獄なんだ。天国だと思ってたか。地獄にいるのには理由がある。罰を受けるためだ」と話す。その理由は問われても答えない。

だが、視聴者はドンフンがどれだけ毎日我慢しながら会社生活を続けているかを知っている。やりきれない現実の繰り返しは誰にとっても地獄のような毎日だ。そんな毎日の中に、境遇も立場も全く異なる、四十代と二十代という親子ほど違う年齢差の、本来であれば絶対に出会うことのなかった二人がいる。

二人の心の交流がドラマのテーマと推察できるが、やはり本作は十六話からなる時間がないと作り出すことができないものだ。「癒し」が熟成するまでの時間とでもいうのだろうか。映画の短い時間では表現しにくいこのドラマを見ていると、韓国ドラマの成熟ゆえの余裕さえ感じさせる。アメリカ映画でもフランス映画でも描けなかった世界であり、むしろ、小説の世界なのかもしれない。それでも韓国ドラマ独自の情感は隅々にまで行き渡っている。

韓国ドラマでは珍しいキャラクターも次々と登場する。ドンフンの弟の知り合いの女優が、その弟が長兄と清掃会社をするまで落ちぶれているのを見て、安心したとわざわざ本人に告げに来る。いったいどういう神経の持ち主なのだろう。「他人の不幸は蜜の味」ということなのか。ここまで剥き出しの感情を露わにしたドラマは初めて見た。

女優は自虐的な性格なのか、コンプレックスの裏返しなのか、それ以降、そのことを告げるために何度も顔を見せる。弟が彼女を無下に追い返せないのは、かつて自身の映画でその女優を起用したために、自分も女優も失敗してしまった負い目があるからだ。それにしても、女優が告白する「落ちぶれているところが好き」とは、相当屈折した心理である。

そんな末弟を長兄（長男役は、当初オ・ダルスの予定だったらしいが、パク・ホサンの方が人間的な弱さを強く感じさせて適役だったように思う）はからかうが、そういう兄も、もう何もないくらい落ちぶれた自分をさらに自虐的に笑うという、何ともやりきれない場面が何度も繰り返される。時折、情けないような表情を見せる長男は出色のキャラクターだ。

兄弟の描写は真ん中に育ったドンフンの存在を際立たせるための設定とも思えるが、兄と弟の存在がこのドラマに深い陰影を与えていることは確かだ（母親役のコ・ドゥシムはいつもながらの配役で好演ながらも、さすがに飽きる。こうした役を一体何度演じてきたことだろう）。

スタッフは黄金のタッグで、演出は「ミセン」「シグナル」のヒットメイカー、キム・ウォンソク、脚本は「90日、愛する時間」（二〇〇六〜〇七年　MBC）、「清譚洞《チョンダムドン》に住んでいます」（二〇一一〜一二年　JTBC）も手掛けたパク・ヘヨンによるものだ。

年齢等のプロフィールは非公開のようだが、人生の意味を問うようなプロットやストーリーテリングは男ではとても考え付かないものであり、やはり女性ならではの視線なのかと思う。そういった要素を含めて、人生の哀歓、その深淵を見せる脚本構成は並みのテクニックではない。

ドンフン役のイ・ソンギュンは「今週、妻が浮気します」（二〇一六年　JTBC）のような、浮気する妻の夫という役が多い。気が弱くて優柔不断でありながら、その分、人間味溢れるタイプで、内面の心理描写に定評のある俳優の一人だ。今回のような始終、寡黙な場面の多いドラマであればなおさらその個性が光る。

ＩＵが演じる派遣社員は、現在の韓国では少なくないことは容易に想像がつくものの、無表情で一切感情を出すことのないニヒルな言動は何かを象徴しているのか。ＩＵは、珍しくガールズ・グループ出身ではないＫ‐ＰＯＰシンガーで、二〇〇八年に歌手デビュー、二〇一五年に「プロデューサー」で新人スターの一人としてドラマデビューしたが、本作がドラマ出演の決定打となり、正当な評価も得た。

どこにでもいそうな若い女性を演じるにはまさに適役で、十分すぎるほどの条件を備えた存在だ。特に、ほとんど喋らないためか、その表情の眼力は相当なインパクトを視聴者に与える。韓国ドラマの女優層は若手の歌手でもあって実に水準が高い。

さらに、脇役として見逃せないのは、借金取り立てのために蛇のように執拗に付きまとう闇金会社の男グァンイルだ（偏執狂的な悪役を演じたチャン・ギヨンはこれからの有望株だ）。かつて同じ闇金業者だったらしい父親を、取り立て中にＩＵに殺された息子でもある。

金回りが良くなったＩＵをストーカーの如く追跡している時、偶然、彼女がドンフンと会っているところを目撃する。そこでまた奸計《かんけい》を企み、ここから新しい展開となる。ここまでが前半で、ドラマは後半に向かって激しい変転を見せる。

ドンフンはジアンのことを調べていく内に、ジアンを昔から知る、同じく派遣社員の老人からその境遇を聞く。母の借金で追い詰められジアンが殺人を犯したことを話した老人は一人語る。「罪を犯したことは確かですが、事実が必要でしょうか。だとすれば私があの娘のことを気にかけるのも不条理です。心は倫理通りにはいきません」

そう聞いたドンフンは義侠心に駆られたのか、闇金男グァンイルのところへ行き、借金はいくらかと訊いた後、ジアンの殺人の理由について「俺でも家族がそんな目に遭ったら殺す」といい、殴り合いの喧嘩となる。

盗聴していたジアンは自分のためにそこまでしてくれるドンフンの行動——その純粋な真情——に思わず号泣してしまう。ジアンは感情をほとんど表に出さないタイプだが、「自身の心の痛みを知るものは他人の痛みもわかる」とでもいうように。この辺りは、韓国ドラマ独特の情感と聖書のイメージ——贖罪と救済の交換——が見事に融合するところだ。

ドンフンにスリッパを贈る、ジアンの小さな感謝にも眼を配るべきであり、架空のドラマでありながら、我々視聴者はドラマのそうした場面の一つ一つに紛れもない人生の意味を見る。筆者が韓国ドラマを見続けている理由はまさにそこにある。

そうした社内外の事情があっても二人はひたすら寡黙である。無口であることで、お互いの心は通じ合っているようにも見える。ドラマ内で二人が当てもなく距離を置いてひたすら歩いていく様は、視聴者にいろんなことを考えさせるのに十分だ（たまに交わす会話には「人生の内力って何ですか」という哲学的な設問もある）。このドラマは総体的に静謐なトーンで統一されているところに特徴がある。

こうした印象的なシーンはやはり映像の力である。本作はある程度の時間を必要とする映像でしかなし得ない、表現できないドラマが確実にあることを直截に伝えている。

ドラマのもう一つの見どころは、会社を離れての地元の知り合いたちとの交遊関係で、狭い地域での濃密な人間関係が描かれる。ドンフンの知り合いはいずれも幼馴染だが、ことごとく事業、会社生活に失敗した男たちで、いわば夢を失くした者たちばかりだ。

そこに絵に描いたような溜まり場が開店する。女店主ジョンヒはかつてドンフンの親友と恋仲だったが、相手が僧侶となって姿を消し、その後、彼女も一時韓国を離れてしまう。どうしたわけか何年も経った後帰国して、自身の名を付けた店を開き（ジョンヒを演じるオ・ナラは「SKYキャッスル」の医者の妻より、ジョンヒのような遊び人風で、少し堕ちて人生に疲れた、過去のある女性の方が向いている）、その「ジョンヒの店」はドンフン兄弟・幼馴染・地元のサッカーチームの行きつけの場となる。

こういった溜まり場は、何度となく古今東西のドラマ・映画で現れた状況設定だが、本作では極めて効果的に扱われていて、ドラマにアクセントをつける重要な役目を果たしている。この店がないと、後半のドラマ内の時間をうまく進めることができなかっただろう。

例えば、ドンフンの顔の傷から喧嘩のことを知った兄弟・友人たちが一斉に集まるのもこの店だし、ドンフンの常務昇進を祝うために集まるのもこの店だ。兄弟はもちろん、幼馴染たちの行動は狭い街でのコミュニティ意識を深く感じさせる。

そうした交感意識の一つの表れとして、長男がなけなしの金を叩《はた》き、ある種の男気なのか、十分すぎるほどの規模でジアンの祖母の葬儀を律儀に執り行う場面がある。そうしたところにも、本作の隠された真意を読み取るべきと筆者は考える。

そうした日常と並行して、ドラマの後半は激しく動き出す。ドンフンの協力もあり、借金をすべて返し祖母を施設に入れることができたジアンだったが、まだ社長との密約――ドンフンに近付いて親しくなり、その不倫を常務昇格の失格要素としたい奸計――が残っていた。

社長のドンフンに対する敵意の裏には根深いコンプレックスがあることは、ジアンとの会話である程度わかるが、ドンフンの妻との浮気の真意も実はコンプレックスによるもので、そうした事実を含め、浮気を黙認しようとするドンフンの対応を知った妻は自分の行動を恥じる。だが、既に時遅しで、ドンフンも以前のような善人面ではない行動を取る。

ここからの展開は、夫婦間の在り方、ビジネス世界の駆け引きの場面に終始するのだが、様々な転機があっても、ドンフンはどうしても最後のふん切りがつかない。自分の主張を押し通すことは、母親、兄弟、そしてジアンの期待をすべて裏切ることになる。

また、ジアンにしてやられたことを知った社長はドンフンの常務昇進をありとあらゆる方法で阻止しようとするが、意外な結末に終わる。

ジアンは、ドンフンと弁護士でもある彼の妻の慫慂《しょうよう》で警察に自首し、すべての経緯を話すものの、社長は証拠がないことで最後までシラを切り通していた。だが、処分したと思っていた決定的な証拠である盗聴の録音が、グァンイルのジアンへの最後の義理か埋め合わせなのか、ドンフンに送られてきて、社長の証言が崩れ、逮捕と辞職が決まる。

その後、ジアンは従犯ながら執行猶予となり、会長の尽力で釜山の会社に就職する。一連の事件の責任を取る形で辞職したドンフンが同じチームメンバーと起業した会社で社長になった頃、偶然、新しい会社で過ごしているジアンと街で出会う。

最後まで視聴して筆者はこう思う。

ドラマの主題は人生の意味を問い直すことなのだろうが、「自分の思う通りに生きることだ」と出家した友人にいわれても、ドンフンは自分が取るべき道が何なのか結局のところわからない。その答えは実はあるようでない。それはジアンに関しても同様だが、「罪を憎んで、人を憎まず」という、いつもは空々しく感じる標語が、このドラマに限ってはそうは聞こえない、数少ない例外のような気がする。

ジアンは最後にドンフンと会い、これまでの経緯について感謝の言葉を述べるが、ドンフンも、自分もジアンと知り合うことで救われたと感謝を伝える。ここで、それまで全く無縁だった二人が出会った意味が明らかになる（いうまでもなく、最初から二人の間に「性」の関係はない）。

ドラマの題材の一つが二人の心の交流であることはほぼ見当が付くが、見方によっては、「魂の救済と再生」の物語ともいえる。最後に約束したように、二人は笑顔での再会を果たし、未来への微かな希望を感じさせてこの異色ドラマは幕を閉じる。

深い余韻の残る、韓国ドラマの良質な部分が最も理想的な形で具現化された秀作であり、一つの到達点でもある。人間関係の機微が隅々まで浸透しているだけでなく、そうした要素を集約したともいえる脚本構成は素晴らしい。癒しもだが、人生の深い哀歓を感じさせる点だけでも、世界水準の条件を満たしたドラマ作品といえるだろう。

我々視聴者はこの機会に、自身の人生のいろいろな意味（女優ユラと別れた末弟ギフンが、また映画の世界に戻ろうとするとか、出家したサンウォンがジョンヒに会いに来る等）を反芻《はんすう》すべきなのだろう。我々の平凡な日常、人生には必ず何らかのドラマ――心の交流――がある。そうした意識を伝えるのが真意だったとするならば、その意図は確実に果たされた。

数多い韓国ドラマの中でも、二〇一〇年代の奇跡的な作品であり、断言するまでもなく、日本では絶対に企画されない、そして、永遠に製作できないドラマがここにある。

尚、脚本家パク・ヘヨンは、この作品で、社団法人「韓国放送作家協会」が放送文化の質的向上と放送作家の創作意欲を高めるために制定した、二〇二一年で三十一回を迎える韓国放送作家賞（毎年その年に放送されたテレビ及びラジオのすべてのプログラムのうち純粋創作物を対象にドラマ・教養・芸能・ラジオ部門で各一人ずつを選定の上、授賞）の二〇一八年度ドラマ部門で受賞、さらに第五十五回「百想芸術大賞」テレビドラマ部門の脚本賞も受賞した。

有閑階級の受験戦争とその実態

「ＳＫＹキャッスル～上流階級の妻たち～」二〇一八～一九年　ＪＴＢＣ

学歴社会・教育社会の韓国でありながら、今までありそうでなかったドラマだ。これこそがケーブル局企画であり、製作局がＪＴＢＣであれば、内容は裏切られない、と誰もが思うに違いない。そして、期待通りの作品が出来上がった。受験戦争を舞台にした作品としてはおそらく決定打である。以後、同じ舞台を取り扱ったとしても、これ以上の作品はあり得ないといっていい。

受験戦争に備えるセレブ——有閑階級の派閥争いの観もあるが、人間ドラマというより、一種のホラードラマの側面もあるのが韓国ドラマらしいところだ。ドラマ内の人間臭さと、感情の思い入れの深さは尋常ではなく、極めて鋭角的であり、メリハリのある演劇的要素の連続でうんざりするところも少なくないが、そういった部分を含めての、韓国ドラマなのだろうと思う。そういう眼で見れば、本作は高度なオフ・ビート・ドラマというか、ブラック・コメディともいえる。

それにしても、この高級住宅街「ＳＫＹキャッスル」はどう見ても、およそ韓国とは思えない。どこか外国の街のようであるが、住んでいるのが紛れもない韓国人という点が既に異色の設定といっていい。

ドラマの主役は邦題にもあるように「妻たち」である。夫たちはドラマの端役にすぎない。そう考えると、主人公を演じるヨム・ジョンアはまさに実年齢四十五歳に相応しい、そのままの配役で、本人もその通りの人物ではないかと錯覚するほどだ。私見では、「隣人の妻」のヨム・ジョンアのキャラクターをそのまま成長させたように思われ、その延長線上にある企画にも見える。前作の子供たちもちょうど中高生であり、「隣人の妻」のその後、シーズン２ともいえる。

ＳＫＹとは、よく知られているように、ソウル大学・高麗大学・延世大学の頭文字を集約したもの。この最難関といわれる三大学への受験戦争がドラマの舞台であり、目的は三大学いずれかへの入学だが、最大の目的はいうまでもなく、韓国の東大ともいえる「ソウル大学」の、しかも医学部への入学である。ドラマは「ＳＫＹキャッスル」に住む四組の夫婦たちの、子供たちの合格までの時間を中心にしている。

住人たちはいずれも個性派揃いで、「Sex and the City」のテイストもある。その点は韓国ドラマ特有の女優たちの存在感でもれなくカバーされている。古くからの住人であるヨム・ジョンア（ハン・ソジン）、ユン・セア（ノ・スンへ）、オ・ナラ（チン・ジニ）、キム・ジョンナン（イ・ミョンジュ）、新住人イ・テラン（イ・スイム）たちによる個性派女優の演技対決ともいえ、見どころ満載である。さらにここに決定的な人物が登場する。

入試コーディネーターと称するキム・ソヒョンの登場は、ストーリー展開の中での真打ちであり、コーディネーターの作戦に住人の妻たちが一喜一憂するところは、新しいブラック・コメディというか異色サスペンスドラマの趣きもある。

本作が非地上波チャンネル歴代最高の視聴率を記録したのは、ケーブル局ドラマの特色をよく物語っている。というより、おそらくドラマ自体が、見方によっては有料教育番組の変型ドラマ番組なのである。ドラマ内容も入試実用番組といった方が早く、模擬練習的な性格を十分に備えているともいえ、そのように見た方が面白いことも確かだ。

脚本の妙として、三回目辺りで、四組夫婦の主役格の夫婦の妻（イ・ミョンジュ）がなぜか自殺してしまい、自殺した妻と共に職を辞した夫が去った家にイ・スイム夫婦が引っ越してくる。何のコネもないはずの夫婦がＳＫＹキャッスルに住み、ソジン（意識的な演技なのか、時折、少し育ちの悪さを感じさせる表情をするのは見逃せない）の夫の病院の上司に代わる存在となる。

どうやらその妻は、ソジンの知られたくない過去を知っているらしい（どころではなく、ソジンの過去は嘘で塗り固められ、虚飾に満ちていて、その悪縁は今にもつながっていることが少しずつ明らかになってくる）。

次々と謎が現れるが、自殺した妻の残されたパソコンから、その理由と原因（両親の合格への凄まじい重圧から、精神的に壊れてしまった息子の決別メッセージからくるショックによる自殺）を知ったソジンは、両親への復讐心をも合格の発奮材料として利用した入試コーディネーターと縁を切ることにする。

そんな不穏な空気の中、それぞれの夫婦の子供たちの受験戦争が静かに始まる。壮大な「虚栄の市」ともいえる韓国上流階級の世界への階段を一番早く上がるのは誰か。舞台建てといい、ソジンの隠したい過去といい、外観はほとんど往年の韓国ドラマの復活である。

ドラマ内の異常ともいえる家庭環境及び教育空間には不自然なところが多々ある。フィクションとして誇張している部分も当然あるのだろうが、入試コーディネーターの存在はもちろん、ＳＫＹキャッスルの住人たちが定期的に開いている読書会も、異常ともいえる世界を作り出している。

読書会の存在は興味深い。高校生の読書としてニーチェの本を題材に感想を述べ合うところは、国柄・階級・年齢・学力いずれを考慮しても、どこか少しおかしい。新しく入会した妻と息子が素朴な疑問を述べるが、それは読書会ではタブーだった。以後の大上段に構えた時代劇のような展開は、ほぼギャグの連続となる。

過剰な思い込みの教育熱に取り憑かれた両親たち――特に母親――はいずれも、虚栄心から来る過大な夢を子供たちに託そうとするあまり、日夜、常識では考えられない行動を取る。それは「教育」ではなく、ある種の「飼育」である。

興味深いことに、その結果、子供たちが人間として壊れていく様も、このドラマは注意深く見守っている。ドラマの製作意図として、登場する子供たちがそれぞれの両親の雛型として創作されているのは明らかだ。塾と勉強だけの生活はその子供たちが社会に出てからの将来を暗示してもいる。既に人間として「壊れてしまっている」両親たちの、人間感情を削ぎ落したような子供への教育指導を異常と見るかどうかで、本作の評価は大きく分かれるだろう。

ドラマの変転として重要なのは、一時は入試コーディネーターと縁を切ったはずのソジンが、娘からの要望と自らの焦りで、詫びを入れ、再度、娘を預けることだ。この時、コーディネーターからの「自殺して一家が崩壊した近所の家庭のように不幸になっても構わないか」という悪魔のささやきにも似た申し出に同意してしまう。

「悪」に頼ってでも結果を求めるこの母親は、既に普通の思考の持ち主ではない。信じ難い母親ソジンの決断だが、ここからドラマは次の局面に入る。

ドラマ内には、視聴者の「良識」の代弁者ともいえる人物イ・スイム（イ・テラン）が配置されている。イ・スイムにしてみれば、ＳＫＹキャッスルの住人の思考方法はすべて異常である。その浄化作用の役割として登場し、その視線を最後まで保持しているところが、一見キワモノ的なドラマに一瞬の救いを与えている。こういった役割の人物がいないとドラマはうまく動かない。

ソジンの夫には結婚する前に別れた恋人に隠し子がいて（ソジンがその恋人から今の夫を奪ったことは、過去のフラッシュバックでそれとなく暗示される）、それが娘イェソの同クラスのライバルのヘナとはなんとも皮肉で、実に巧妙な設定だ。韓国ドラマといえども、なかなかこういった悪縁はあるものではない。親同士の諍いの悪縁が子供にも波及する伏線は、韓国ドラマが最も得意とする作劇法の一つである。血の結び付きによる悪縁の醸造方法といっていい。

入試コーディネーターにも知られざる過去があった。交通事故を偽装し、夫を殺害したことで容疑者となるが釈放されるも、事故の際、天才少女だった娘のケイも障害を負ってしまう。その原罪と後悔から、現在の入試コーディネーターのシステムを作り上げたと推測されるが、その時、人間としてどこかが壊れてしまったのか。

コーディネーターの真意は最後まで隠されたままで、異常な入試テクニックの数々には説明のつかないことが多い。人が通常とは違うことを考え付くようになるにはそれなりの理由があるわけで、コーディネーターも例外ではなかった。

知られたくない過去があるのはイ・スイムにしても同じだ。かつて教育実習中に、生徒が自殺するのを食い止めることができなかった負い目があり、教師になる寸前でその道を断った。単なる悪意だけではなく、複雑な魂胆も孕《はら》んでいて、不気味としかいいようがない。そこをうまく利用して近付いてくる入試コーディネーターの奸計にはほとほと感心する。

中盤からドラマは、入試に合格する受験戦争より、それにまつわる親たちの人間関係が中心となって話が拡散していく。本作は疑いなく、野心を持った親同士の終わりのない壮大な心理戦であり、子供たちは単なる駒にすぎないところが空恐ろしいところだ。

イェソの同級生でライバルのヘナが、ソジンの夫が自分の父親であることを知った後、ある考えを持ってイェソの家庭に近付くのだが、同時にこのことは入試コーディネーターも知ることとなる。

ここからドラマは急展開し、何といってもハイライトは、住民同士の集まりでソジンの過去が暴かれ、自らもそれを認めてしまうことだ。隠し続けてきた過去が明らかになった時、その影響がイェソの成績にまで及び、自分の母親を軽蔑する図式となる脚本構成は凄まじいの一言に尽きる。

だが、これはまだ序の口で、並行してソジンの夫の野望も絡み、最終的に、コーディネーターとヘナの意図が偶然合致したのか、ヘナはイェソの妹の家庭教師として住み込みとなる。ライバルの同居にはもちろん、入試コーディネーターによるイェソのライバル心を煽る意図が隠されているのだが、これはソジンが「何もかも手に入れたと思っていた女が実はコンプレックスの塊だった」ことを知った上での計画であり、結末に向けての非情な計算が秘匿されていることにも眼を配るべきだろう。

後半の転機は、ハーバード大学在学中のはずのチャ教授の長女セリが帰国するが、セリのアメリカでの生活も虚飾と捏造のもとに作り上げられた「嘘」であることが、帰国してすぐに明らかになることだ。これも親の過剰な期待から来るプレッシャーの結果である。

「出来の悪い子供ほど可愛い」という格言は完全な嘘であり、やはり「出来の悪い子供は可愛くない」のである。そういう親の本音をこの韓国ドラマは如実に証明している（思春期の子供ほど、親の知らないところで勝手なことをしているわけで、知らないのは親ばかりである。「なーんも知らん親」とはよくぞいったものだ）。

そしてソジンが、ヘナが夫の子供だと気付くことによって、ヘナの存在もソジンの家庭に仕掛けられた時限爆弾となる。いつ爆発するかわからない緊張の中で成立しているソジンの家庭は様々な意図が交差する、異様な疑心暗鬼の現場となる。

ヘナは入試コーディネーター同様、ドラマ全体の重要なキーパーソンだが、自分が同居していることにコーディネーターの意図が入っていることにヘナは気付く。ヘナは思慮深く、既に大人並みの考え方をする高校生で、自身の要求をソジンに提案しながら、綿密にこれからの作戦を練る。この伏線をもとに、家庭内の空気はもちろん、同居する母親違いの姉妹となるイェソとの関係も微妙に変わっていく。

救いのない受験戦争の唯一の救済は、母親が自殺した息子ヨンジェと父親との縁が復活することだ。そこに一筋の光を見ると共に、入試コーディネーターによる受験思考操作のすべてをヨンジェから知らされたイ・スイムは驚愕する。自分のことをもとにした小説を書いてほしいとヨンジェにいわれても、正直なところ、どうしたらいいのかまだ判断が付かない。

イ・スイムからコーディネーターの本質を聞いたソジンは今度こそ、縁を切ろうとする。その際、コーディネーターに「他人の優秀な子供を教えることで自身の傷を癒している」と本質を衝くと、コーディネーターは初めて強く動揺する。だが、不可解なことにコーディネーターはこの後、イェソにすべての教科で満点を取らせるよう講師たちに命じる。

本作のユニークなところは、入試コーディネーターの真意が最後まで読めないことで、その役割は最終的に志望大学に入学させることだが、それだけでないのはドラマ内の不可解な行動が何よりもよく物語っている。受験合格と同時にその家庭を崩壊させるのが本来の目的なのかと思わせるほど、その行動は常識では測りがたいことばかりだ。

そこに親たちの欲目と虚栄心、さらにコンプレックスが混合され、ドラマの結末は全く見通せなかったが、ソジンによるコーディネーターの一方的な解雇によって、ドラマは結末に向かって大きく動き出す。

ソジンの家庭崩壊の前兆は、ヘナが自分の父親はイェソの父親だと思わず告げてしまうことから始まる。これはそれまで自分を押さえ付けてきたソジンへの仕返しでもあり、その後始末をソジンに押し付けるヘナの計画は完璧としかいいようがない。

これで、ソジンの家庭も、娘のハーバード留学の嘘がバレて崩壊寸前のチャ教授の家庭と同じような状態になる。だが、その分、イェソとコーディネーターの精神的な結び付きが深くなるのはまさに皮肉である。

イ・スイムは、コーディネーターとの対決で、その指導方針は「優秀な子供を壊すことで、障害のある娘を持つ自分を慰めているのでは」と指摘するが、コーディネーターは「私でなくても、誰でも親が変わらない限り避けて通れない、同じ結果となる」として、「私を雇った親たちに聞いてほしい、なぜそこまでソウル医大に拘るのか」、そして「私は来るように子供に強制していない。自ら生徒の方から来る。そうさせたのは母親だ」と反論される始末だ。

核心を衝いているだけに、イ・スイムは反論することができない。それは視聴していた親たちも同様で、イ・スイムは真相を暴くために小説を書くというが、果たして問題の根本的な解決となるのか。

この後、唐突に驚愕の事件があるのだが、説明するとどうしてもネタバレになってしまうので控える。犯人の意外性及びそのための細工等は脚本上必要な設定であっても、ドラマ内の出来事としては少し残酷すぎるような気がするのは筆者だけだろうか（尚、この事件の犯人捜しまでのプロセスは、かなり秀逸である)。

ここに至って、このドラマはもはや受験をテーマにした上流階級のドラマではなく、「人間」を描くドラマに変わっているのに気付く。

この辺りからドラマ内の空気は悪くなる一方で、意外な結末に向かっていく。

ドラマのストーリー展開、登場人物のキャラクターから推察すれば、イェソがライバルのヘナを貶めるのは極めてわかりやすい行動だが、人間性と倫理に欠けた行動は、端から見れば犯罪そのものである。さすがの母親ソジンもそのことに気付くが、時既に遅し。人間性の喪失さえも受験心理テクニックの一つとして考案したコーディネーターの受験洗脳計画、そして冤罪を仕立てる計画は既に常軌を大きく逸している。見方を変えれば「そこまでしなければならないのか」であり、この警鐘がおそらく本作の隠れたテーマの一つなのだろう。

考えてみれば、このドラマは過剰な教育熱によって、親子の人間性が壊れていく過程を描いた観察レポートともいえる。コーディネーターも、自慢の娘を壊してしまった罪悪感と喪失感を、他人の子供を壊し、家庭を崩壊させることで癒しているともいえる。

深刻なのは、親子を始めとして登場人物すべてが、自らが「人間として壊れている」ことを自覚していないことだ。この世には自身さえも気付かない、底知れぬ「人間精神の崩壊」が存在しているのか。それが「教育」の名のもとに正当化されている図式は滑稽といえば滑稽であり、悲劇といえば悲劇でしかない。

ドラマ内の俳優の演技が少し過剰で、大映ドラマ的であるだけに、本作は受験の不毛の本質を我々視聴者に深く考えさせるだけでなく、その不毛さの要因まで端的に教えてくれている。

いずれにしろ、受験という名の下《もと》に、親の虚栄心と悪意をここまで巧妙に扱った韓国ドラマも稀で、復讐と愛憎の韓国ドラマの変型と見ることも可能だろうが、韓国ドラマの結末としては、この後味は悪すぎる。ハッピーエンドは最初から想定しないにしても、あまりにも希望がない。

コーディネーターの真意は自ら述べるところによると、「裕福な者も私たちの手の中にある。子供を人質に親の魂まで操れる。泣くも笑うも私たち次第。入試の結果以外で責任を取る必要はない。それは、競争時代に親たちの魂を引きつける〝偶像〟だから」ということらしい。

だが、それがすべてなのか。貧困ゆえに進学できる学力がありながら断念した親とか、低学歴の親に限って、自分が果たせなかった夢を実現するために、子供に過大な期待をかけるとよくいわれるが、その極端な成功例がこのドラマで描かれた最終目的なのだろうか。受験コーディネーターにすべてを託すのもそのためなのか。韓国の受験戦争は日本とは違う土壌にあると理解した上で、本作もかなりデフォルメされたものであることは承知していたが、それにしても、である。

母親が異常な教育熱にとらわれていることは、ＳＫＹキャッスルのいずれの家庭も、またコーディネーターも同様で、その期待は押しなべて子供たちに凄まじいストレスと精神的な軋《きし》みをもたらすことになる。本作はその極端な例なのだろうが、それだけではない、何か目に見えない情感を伝えているようにも思われる。それが何なのかは視聴者それぞれが考えることなのだろう。

事件の真相は意外なところから明るみに出て予想外の結果となる。これについてもネタバレになるので書けないにしても、結末では若干の燭光ともいえる希望は見出せたのか。どうも筆者には、事件の親たちは当事者でありながら本当に改心しているようには見えない。結局のところ、本作の真意ともいえるテーマとは何だったのか。

ソジンは逮捕されたコーディネーターに会いに行く。面会でコーディネーターから「結果的にすべての原因はあなたにある」といわれ、それまでの経緯や間接的要因が詳細に説明される。ソジンが、ヘナを母親と夫との関係で傷付けたことは確かに思い当たるにしても、筆者には、コーディネーターの意見は一見正論のようだが、保身のための都合のいい言い訳にしか聞こえなかった。ソジンと立場が逆転していても、コーディネーターは同じことを述べただろう。自身のトラウマに気付かないまま、他人の家庭の崩壊を望む歪んだ考え方こそ異常という自覚がコーディネーターには全くない。「母親の利己的な母性が私を必要とした」というのも身勝手な論理のすり替えである。異常な考えの持ち主が他者の異常性を告発することほどグロテスクな図式はない。

だが、コーディネーターの最後の一言、「自分の子供以外の子が優秀なのは許せない。我が子の成功だけを願うのが母親の真の願いだ」という指摘は、ソジンの、そして世のすべての母親の願望の本質を衝いていることは確かだ。その意味ではソジンとコーディネーターは同じ種類の人間であり、一方が逮捕され、もう一方が面会に訪れるという図式に大した違いはない。運命が交差して、逆の立場になった可能性は大いにある。

だが、ソジンにしてみると、いまさら後悔しても遅い、すべてはとりかえしのつかないことばかりである。本作の製作意図が、受験生を持つすべての親への警鐘なのであれば、ソジンはその有り難くない代表ともいえるのだろう。

そして、進学を捨てて学校を退学する、自分たちの将来を見据えたウジュとイェソはこれからの可能性を秘めた若者の代表として造形されている。ただ、一人学校を去るウジュの後を、他の生徒たちが授業を放棄して追うシーンは少し予定調和的すぎるのではないか。

最後にソジン一家はＳＫＹキャッスルを去り、一見無難な結末となるが、受験対策にありとあらゆる極限状態を現出した異色ドラマを一見無難な、それまで狂気の世界の住人だった親たちが改心して過去の悪行を反省するような結末にすることに、筆者は基本的に賛同しない。収監されたコーディネーターの反省にしても同様で、こういったドラマの登場人物たちは、その執念ともいえる意思を最後まで貫徹すべきで、ドラマだからこそ、もっと大胆な結末を想定してもよかったのではないか。

だから、イ・スイムがかねてからの念願だった「ＳＫＹキャッスル」の本をヨンジェ親子に渡す場面とか、イ・スイムがコーディネーターの娘を連れてコーディネーターと面会する場面などは、たとえ「贖罪」の意図があったとしても、完全な蛇足である（もっというなら、最終回は全く必要ない）。筆者としては、最後は全員がＳＫＹキャッスルを去り、住人たちの関係も散り散りとなり、誰も住まない空しい廃墟となったところで終わるのが相応しい結末だったように思えてならないが、どうだろうか。

ところで、筆者は最後まで視聴して、舞台を医学部受験から政治の場に移せば、そのまま政治権力抗争のドラマとなることに気付いた。つまり、「上流階級の妻たち」ではなく、「国会議員の妻たち」であり、ドラマ自体が将来の権力を得るための闘争であるとすれば最終目的は

「受験合格」ではなく、「選挙当選」となる。そういった図式が透けて見えることは確かで、こういったドラマはどのように舞台を変えてみても、紛れもなく「韓国ドラマ」そのものであると思い至った。

なぜか本作は日本ではリメイクされなかった。その理由はある程度察しがつく。日本ではこのようなドラマは、もはや「創作」の設定を使ってまで描く必要はないからだ。受験が主体のドラマは、実は一部の限定された世界の話でしかない。単に、一般的に「受けない」から製作されなかっただけの話である。

日本では、富裕層には最初から小中高大一貫のコースはもとより、海外留学のような道筋が既に用意されているためか、「ドラゴン桜」再開の企画はあっても、「SKYキャッスル」のような、極端なモンスター・ペアレンツを主役にした受験ドラマが製作されることはあり得ない。

年下男ブームの頂点

「よくおごってくれる綺麗なお姉さん」二〇一八年　JTBC

韓国ドラマの年下ブームの嚆矢《こうし》はおそらく、「抱きしめたい〜ロマンスが必要〜」（二〇一四年　tvN）辺りからだと思われるが、その後、「愛の温度」（二〇一七年　SBS）を経て、辿りついたのが本作「よくおごってくれる綺麗なお姉さん」である。

今まで家族ドラマの中で、年上の相手と結婚する兄弟がいるケース――「恋のスケッチ〜応答せよ１９８８〜」（二〇一五〜一六年　ｔｖＮ）、「一緒に暮らしませんか？」（二〇一八年ＫＢＳ）など――はあったが、年上の女性と年下の男が主役の恋愛ドラマは珍しく、本作は年下ブームの頂点といっていい。

さらに、年上の女性に扮するのがトップ女優、ソン・イェジンである。実年齢に近い役柄でもあり、作品の成否はこれで決まったようなものだ。他の女優、例えばチェ・ジウ辺りだと作品の印象はずいぶんと違ったことだろう。それほどテレビ主演作の多くないソン・イェジンにとっても本作は代表作となった。

いわゆる年の差カップルの恋愛物語の決定打といっていいが、このドラマの背景には、意外にも会社内での女性の仕事の役割・パワハラ・セクハラ問題も織り込まれていて、問題提起も含んだ、新しいオフィスドラマの側面もある。ソン・イェジンのカフェ・チェーン加盟店舗管理という役職も異色であり、ＪＴＢＣの社会派ドラマの側面がよく表れた内容だ。

年下の恋人役で一挙に注目を集めたチョン・ヘインの職業が同じビルに入居しているゲーム会社の社員というのも二〇一〇年代に相応しい設定だ。ＩＴ関連の会社という設定も十分考えられただろう。

二人が出会う状況は、ソン・イェジンの友人の弟という身近な間柄の関係で、ちょっと当たり前すぎるところが難だが、その親近感の距離が縮まる時間が「恋」というわけだ。

チョン・ヘインは「刑務所のルールブック」（二〇一七～一八年　ｔｖＮ）に続く抜擢。企画内容から考えて少し童顔の若手俳優となると、やはり限られてくる。他の俳優だとずいぶん印象の違ったドラマとなったことは想像に難くない。少年のような外観でないと、年上の女性との恋愛ドラマはうまく機能しないわけで、やはり適役だったといわざるを得ない。

ドラマ内ではジナ――ソン・イェジンは三十五、六歳、ジュニ――チョン・ヘインは三十歳の設定である。一九八二年生まれのソン・イェジンと八八年生まれのチョン・ヘインの実年齢は六歳違いで、ドラマとほとんど同じだ。これ以上、年が離れすぎるとリアリティがなくなるのと、二、三歳の違いだと普通のカップルとなってしまうためか。ドラマでもこの辺りの年齢差が年上女性の上限になるのか。

年の差カップルの面白さは、年齢差から来る考え方のチグハグさにあるといわれている。年上の女性がやさしく窘《なだ》めるのに対して、年下の男がことごとく反発するという子供っぽい行動の組み合わせに魅力がある。視聴者は恋愛の変則的な疑似体験として興味深く見ているのであり、このドラマはそうした期待に見事に応えている。

だから、二人がお互いを意識するまでの経緯より、恋人となった後、周囲にわかってしまうまでの、どうってことのない毎日の時間に意味があり、そこに視聴者は魅かれるのだと思う。そういう時間がドラマ内にないと、視聴者の潜在的な願望を代替することは絶対にできない。

隠し通してきた二人の仲は徐々に知られてしまうが、ここからの周囲や両親の反応は、韓国の結婚観の一端が如実に窺えて、実に興味深い。ジナの母親は「後ろ指を指されるようなことをして、二人の恋愛がまかり通ると思う？　しかも弟のような子と。絶対に許さないから」と反対を貫き通すのだが、そうした偏見は今なお残存しているのか。法的には問題なく、日韓の文化の違いだとしても、周囲やジナの母親の反対の真意は、理解に苦しむところだ。

淡々と時間が流れていたドラマは後半に少し動きがある。妻の死後、再婚し他で家庭を持っていたジュニたちの父親が現れることだ。誰に相談していいかわからない姉が連絡したのだが、この場面での父親役のキム・チャンワン（一九五四年生まれ）の存在は重要である。

フォーク・グループ出身という異色の経歴を持つ、幅広い役柄を演じるベテラン俳優で、世の中の酸いも甘いも噛み分けたようなキャラクターは、ほとんどアメリカ映画である。韓国ドラマではなかなか登場しない役柄で、遊び人風な風体一つ取っても、今までの家族ドラマを見慣れた眼には新鮮に映る。

ともあれ、ジュニの父親の帰国は、ドラマの展開にある道筋を付けたことは間違いなく、後は二人の考え次第となるのだが、それでも結末までの経緯には意表を衝かれた。韓国、日本いずれも賛否両論だったようで、通常、ハッピーエンドでないのならば、後は、破局もしくは駆け落ちしかない。だが、二人はお互いの社内事情によるささいな諍いから、どういうわけか一時的に別れてしまう（私見では、この辺りに脚本側の戸惑いがあると思う）。

二年後、ジナの弟の結婚式で、二人は再会するが……。この後はネタバレになるので伏せておきたい。

将来への何らかの予感はあるものの、それまでの二人の行動は、ドラマの中であっても、所詮韓国社会に小さな波風を立てただけだったのか。どうにも釈然としない終わり方で、最後にもう一度違う展開となると思っていた筆者は少しシラケてしまった。視聴者に二人の将来を預けたような、納得できるような、できないような結末である。画期的な年下ブームを巻き起こした作品であることは確かだが、これ以降、同傾向の作品を作り出すのはかなり困難なような気がする。

新興宗教の底知れぬ深い闇

「パンドラ～小さな神の子供たち～」二〇一八年　OCN

「デュエル」に続く問題作であり、どのような角度からもハードルが高く、普通は手を出さない内容だが、製作スタッフは敢えてそのタブー（新興宗教）に挑戦した。

ある意味、危険な題材であり、映画の企画として考えるなら、筆者は、カルト・ムービーの古典といわれている「ウィッカーマン」（一九七三年　イギリス公開／一九九八年　日本公開　監督：ロビン・ハーディ）、その間接的なリメイクといわれる「シャッターアイランド」（二〇一〇年　監督：マーティン・スコセッシ）を想起したことを付け加えておこう。何らかのヒントを得ている可能性は大いにある。

主演のカン・ジファンはいつものように可もなし不可もなしの出来だが、刑事から一挙に転落してホームレスとなる発端はスリリングであり、映画的なオープニングでもある。

特殊能力の持ち主であるキム・オクビンは映画で名を挙げた女優で、映画「悪女」（二〇一七年　監督：チョン・ビョンギル）の強烈な印象がまだ生々しい時期の出演だが、その起用に見事に応えている。脇役としては、シム・ヒソプもだが、キム・オクビンの父親役のアン・ギルガンがいつもながらの朴訥な演技で心に残る。

それにしても、ストーリーは複雑で、宗教団体の集団大量殺戮から生き残った子供たちのその後、謎の宗教団体の牧師、財閥のオーナー、そして大統領候補も関与する、壮大な計画の全貌が少しずつ見えてくるという作劇術はテレビドラマというより、ほとんど映画である。再編集して一本の映画として公開しても、全く新しい作品として十分受け入れられるだろう。本作の脚本家（ハン・ウリ）は、映画でも十分勝負できる才能の持ち主であると見た。

型破りの検事と弁護士の強力タッグ

「無法弁護士〜最高のパートナー〜」二〇一八年　ｔｖＮ

意外にも韓国ドラマの王道を踏まえた、ケーブル局ドラマらしからぬタッチの作品だ。人間関係の微妙なアヤのつけ方は韓国ドラマ特有の情感である。

ストーリーの根幹を成す主人公の男女は、それぞれ検事・弁護士の役職にあるコンビだが、このドラマにはもう一つの縦糸がある。かつての事件に深く関与していながら、今は市長の地位を狙う元ヤクザのチェ・ミンスと、陰の大物である裁判官イ・ヘヨンとの確執で、二つのストーリーが並行しながらドラマは進んでいく。

二人のベテラン俳優の出演は本作を数多あるドラマのマンネリ化から救っているだけでなく、二人が登場する場面は明らかに、若い二人の軽いタッチの事件ドラマとは一線を画している。当然、視聴者層もその分広くなるわけで、特定の世代だけのドラマにならないように配慮しているようにも見える。

チェ・ミンスは韓国ドラマ不朽の名作「砂時計」（一九九五年　ＳＢＳ）にも出演した名優の一人。イ・ヘヨンは「マザー」（二〇一八年　ｔｖＮ）に続くドラマ出演である。それまでのキャリアからすると久々の登場で、その存在感は健在だった。筆者が彼女の存在を知ったのは「ファッション70's」（二〇〇五年　SBS）だったが、なかなかあのような女性の悪役はこなしきれないものである。

検事イ・ジュンギと、弁護士で今は事務長のソ・イェジとの定番通りの恋愛の道行きも面白く見ることができるが、配役の一人として特筆すべきは、イ・ジュンギの伯父で、組織のトップに扮するアン・ネサンである。かつての東映ヤクザ映画にもいたような、その重厚で静かな言動による演技には迫力と威厳があり、硬軟どちらの役もできる俳優だ。本作では特に印象的である。私見では、アン・ネサンが出演したドラマに駄作はない。

タイムスリップ形式の新しい夫婦像

「知ってるワイフ」二〇一八年　tvN

本作は一応ラブ・コメ風の体裁を取っているが、基本的には一種のファンタジードラマで、「ペギー・スーの結婚」（一九八六年　監督：フランシス・フォード・コッポラ）に代表される、一昔前のアメリカ映画的な発想でもある。

誰もが一度は考えるに違いない、もう一つの人生の在り方、「もし、あの時、あの場にいなかったら」「もし、あの時、あの女と出会っていなかったら」、そして「もし、あの時、他の女と結婚していたら」が現実に起こったらどうなるか、人生をやり直すことはできるのか。本作はそんな夢物語が実際に我が身に起こったある男の話である。そういう意図から考えると、原題タイトルは少し意味不明である。ワイフは「実は何もかも知っていた」ということなのか。

毎日、専業主婦である妻ウジンに何かにつけて文句をいわれている銀行員の夫ジュヒョクは、夫婦仲が危険水域に入っていることを自覚している。そんな時、大学時代に恋していた相手へウォンと偶然再会する。その後、ジュヒョクは知らない料金所を通って十二年前の大学時代にタイムスリップする。そして、ウジンではなくヘウォンと結婚し、全く違う人生を送ることになる。

ここまでは良かったのだが、このまま何もないとドラマは成立しなくなるわけで、違った相手と結婚した違う人生は、やはり思い描いていた理想の人生ではなかった。そんな家庭の中で、勤務先に異動でやってきた元の妻ウジンに吃驚《びっくり》するが、その内今まで気付かなかった彼女の魅力と、今まで隠れていたヘウォンの素顔に気付き、自ら選んだ別の人生の相手と歯車が合わなくなる。

元の妻との結婚について考え直す日々が続いている頃、遂に現在の妻とは決定的な亀裂ができてしまう。そんなジュヒョクをウジンは励ましてくれるが……。

最後は見てのお楽しみというところで、本作も例外なく、リメイクしやすいと思ったのか、実際に日本リメイクされたが、比較することにあまり意味はない。韓国版を知らずに見てある程度面白いのであれば、それで構わないが、こんな設定のドラマでさえ、日本ではリメイクでないと製作されないことだけは気付いてほしい。

配役としては、夫役のチソンより、断然、妻ウジン役のハン・ジミンである。かつての第一次韓国ドラマブーム初期の佳作「オールイン　運命の愛」（二〇〇三年　SBS）の子役が遂に主役を演じるようになった。その間の十五年の歳月を思わずにはいられない。

韓国初の大人向けミステリ・ドラマ

「ミスティ～愛の真実～」 二〇一八年　JTBC

最近十年に限っていうならば、これだけ最初から大人を対象として作られたドラマもないだろう。性愛シーンもそれなりにあり、本作は明らかに子供が見るドラマではない。あらかじめ大人を対象に作られたといっていいくらい充実した内容であり、大人のドラマというより、ある種のヒューマン・ドラマと受け取るべきなのだろう。ミステリ・ドラマとしての視点も十分で、最後に明かされる真犯人にはそれなりに意外性もある。

ストーリーはそれほど複雑ではない。ヒロインはニュース番組の人気キャスターで、同局の夜の看板ニュース番組に長年出演している。既婚だが、夫である元検事の弁護士との私生活はうまくいっていない。キャスターを続けるために堕胎したことがあり、それ以来夫婦仲は冷えたまま。薄氷を踏む思いで夫婦生活を続けているのが現状である。そうした状況を反映してか、本作には子供はほとんど登場しないし、家庭の匂いを感じさせる環境はほぼ排除されている。ここまで徹底したドラマも珍しい。

ヒロインには二つの秘密がある。一つは、十代の頃、不慮の事故で未必の故意により殺人を犯したが、同級生の男が庇い、なぜか罪を引き受けてくれた事実がある。その男（イム・テギョン）はまだ収監中である。もう一つは、今の夫と結婚する前に同棲していた恋人がいて、夫との結婚が具体化した時、その無名の男を捨てたことだ。

ある有名なプロゴルファーが韓国に凱旋することになり、キャスターの地位が危うくなりかけているヒロインはスクープ狙いのため、そのプロゴルファーに接近するが、図らずも彼が、かつて捨てた男だったことを知る。しかも、彼の妻はヒロインの同級生だった。そして、かつて罪を被った同級生の男が、同時期に出所してくる。

ドラマは、プロゴルファーが交通事故死した際の重要参考人として、ヒロインが警察に任意聴取のため訪れるところから始まる。担当した老練な刑事（ベテランのアン・ネサン好演）は事故に関して、ヒロインにもある不信感を持つ。ここから、すべてのストーリーが展開していく。

最初に、ドラマが成功した要点を挙げておくと、まず罪を被った男の存在である。罪を被った理由は最後に明らかにされるのだが、男の存在が、ミステリアスな本作にさらにミステリ的な味を付け加えている。出所後も、ヒロインの陰のボディガードとして、その安否に献身的に尽力するのはなぜなのか。この見えない意図の存在が最後までドラマ全体に緊張感を与え続けている。

「男」の存在に筆者が特に注目したのは、この男がいなくても、ドラマは成立したかもしれないが、なぜか男の存在が視聴者に妖しい謎と深い余韻を伝える不思議なアクセントとなっているからだ。メインストーリーと並行して、もう一つの謎を作っておくことはシナリオ作りの常套手段で、あまりにも伏線を交差させるとストーリーが複雑になるきらいがあるが、本作では申し分のないスパイスとなってドラマ全体に膨らみを与えている。

「男」の存在が謎めいている理由として考えるのは、「贖罪」としての、神のメッセージの表れの一形態——神の化身なのか、という疑問である。ヒロインの罪を被ったことは何を意味するのか、その根源的な問いかけが、最後までもう一つの謎となってストーリーを存命させ、緊張を持続させていると筆者は受け取った。

印象的なシーンが多いことも本作の特徴の一つだ。夫と結婚するまで、放送局の取材記者だったヒロインは、ある事件がきっかけで、検事である夫との個人的な付き合いが始まるのだが、その頃二人が普通の居酒屋で、将来の夢について話し合う場面がある。やるせない「幸せだった頃」の甘美な思い出として、出世してキャスターになった後にフラッシュバックし、抜群の効果を上げている。

また、友人の雑誌記者（キム・スジン）との本音を交えた情報交換も、ヒロインの人間味を伝える数少ないシーンとして見逃せないし、上司である報道局長との丁々発止のやり取りも興味深い。最終的にヒロインの味方となる――いつもは黒幕、悪役を演じることの多い――イ・ギョンヨン演じる報道局長の男気も心地よい印象を与える。

脇役の充実としては、長年、地味な役柄を演じてきた弁護士事務所の事務長イ・ジュニョクはこれ以降、単なる脇役から少し上の、重要なキーパーソンの準主役としても起用されるようになった（「風が吹く」二〇一九年　ＪＴＢＣ）。

ヒロインのキム・ナムジュは、「棚ぼたのあなた」（二〇一二年　ＫＢＳ）以来、結婚・出産を経て四十七歳の復帰作で、ベテランのニュース・キャスターという役柄はもちろん——実年齢に相応しい役はそうそうあるものではないが——、最適な作品との出会いでその期待に見事に応えた。

ドラマ内で彼女はほとんど笑うことはない。どうでもいい指摘かもしれないが、シナリオにそういう指示があったとしても、役作りとしては欠かせない仕草の一つだ。こういったささいな部分が俳優の価値を大きく左右するのはいうまでもない。

年齢に見合った趣味の良いファッションも見どころで、自身の意思の表れを主張するかのように毎回次々と衣装を変えるところは本作の特徴の一つである。ここまで衣装に重点を置いたドラマは最近では珍しい。キャスターとしての語り口もうまく、練習の賜物なのだろうが、本職キャスター顔負けの演技を最後まで貫き通し、結果的にキム・ナムジュの代表作となった。

かつての恋人だったプロゴルファー（コ・ジュン）とその妻（チョン・ヘジン）の関係も、実に細かく描写されている。夫の元の恋人であるキャスターとは同級生だったが、実はそんなに仲が良かったわけではないという事実もあり、その真意は後の重要な伏線ともなってくる。

そもそもこの夫婦自体がどこか変わっていて、相思相愛のようでそうでもないところもあり、そういった夫婦の不可思議な関係も作品に別の彩りを与えることに成功している。

夫役のチ・ジニの存在も例外ではない。ただの傍観者であるはずはなく、後半はヒロインの謎を独自に解明しようとして動き回るようになる。

そして、一見単純そうだったプロゴルファーの交通事故死が、本作の謎の本質を解明する要素となって収斂する結末を導き出す脚本の構成は見事だ。おそらく途中で、犯人の設定を変更したと思われるが、その分意外性もあり、少し無理強いしたところがあっても、一応水準作の範囲で収まっている。こうして、韓国ドラマの水準の高さを指し示す、見事な傑作がまた一つ登場した。

刑事ドラマの新機軸

「ウォッチャー〜不正捜査官たちの真実」二〇一九年　OCN

主役のハン・ソッキュは初期にはテレビドラマにも出演していたが、一九九五年より映画中心の活動となり、長らく映画俳優との印象が強かったものの、経済的な事情もあるのか、「根の深い木　世宗《セジョン》大王の誓い」（二〇一一年　SBS）から、積極的にテレビにも出演するようになった。そして、ヒットシリーズ「浪漫ドクターキム・サブ」（二〇一六〜一七年　SBS）を生み出した。これで韓国の俳優の大物クラスで、映画だけを出演作としているのは、男優ではアン・ソンギとソン・ガンホぐらいになってしまった。だが、本作はテレビドラマであろうとも、俳優ハン・ソッキュの存在を改めて証明することになった佳作である。

ハン・ソッキュの仕事は、警察内の不正を調査する監察官という、警察内部では当然嫌われている立場で、そのため調査はいつも困難を極める。

本作内での演技はおよそテレビドラマ的ではなく、映画での演技そのものである。少し疲れた感じの中年の役柄は年齢的（撮影時、五十五歳）にもちょうど良く、新境地の開拓に成功した。「ボイス」に続いて、製作局OCNらしさを感じさせる、極めて映画的な作品である。

監視チーム要員となったソ・ガンジュン、キム・ヒョンジュも加わり、過去の事件の意外な面が徐々に明らかになる過程はスリリングで、最後まで興味を引き続け、飽きさせない。シーズン2も当然、製作されるべきで、シリーズ化の予感も十分である。

夫婦の在り方　その最終章

「風が吹く」二〇一九年　JTBC

アルツハイマー型認知症の発症で、徐々に記憶が消えていく病状と診断された主人公の男は、愛する妻と娘のため、発病後に迷惑をかけないようにするため、わざとつれなくして協議離婚に持ち込もうとする。理由のわからない妻は、夫の心変わりと理解するしかなく、離婚前後に出産した娘を生きがいとして別の人生を歩もうとする。

ここまでが全体の前半で、後半は、夫の真意を知った妻は、夫の記憶が完全になくなるまで、娘との残された少ない時間を楽しい思い出として残そうとする。そうした娘とのやり取りは涙を誘わずにはいられないが、決して、「お涙頂戴的」なものではない。その努力には少し見続けるのがつらい場面が多いが、ＪＴＢＣならではの夫婦ドラマの秀作となっている。

韓国同様、超高齢化社会に突入した日本でもこれからあり得ることであり、その時、夫は、妻は何をすべきか、これは誰にも訪れる人生の命題ともいえる。誰にも、人生の最終的な意味は、理解できることもあれば、理解できないこともある。それも、また人生ということなのだろう。

タイトル（邦題は韓国原題と同じ）の「風が吹く」は意味深である。夫婦の間には、いつも何か風が吹いているが、それは夫婦が離婚しても、何か異変が起こっても、その風は「今までと変わらなく、吹いている」という意味が込められているのか。韓国のタイトルはいつもながら、ダブル・ミーニング以上に意味が深く、いろいろと考えさせる要素が多い。

主演のカム・ウソン、キム・ハヌルはそれぞれ年齢に相応しい演技に終始して、代表作の一つとなった。本作のもう一つの収穫は、主人公の友人夫婦である。特に、長い間脇役の多かったイ・ジュニョク初の準主役級の出演で、朴訥ながら、主人公を心配する友人役を無難に務め、以後も、同様の活躍が期待できる俳優となった。

また、本作の登場人物は極めて少ない。おそらく韓国ドラマ初ともいえるほどの十人以下の俳優数であり、ある意味、実験作ともいえる。当初は映画として考えられた企画だった可能性さえある。だが、あらゆるドラマの登場人物にはそれなりの必然性があるわけで、本作も例外ではない。友人が元々少ない主人公の周辺としてはそれほど違和感はない。

あるストーリーを成立させるために、登場人物の数が必要なのであれば、本作の発想は真反対である。必要最低限の俳優数でもドラマを作ることは可能な見本のようなものだ。だからなのか、一見単純そうに見えるストーリーを横道に逸らす複雑なキャラクターは本作には登場しない。主人公たちの人生の行く末だけにストーリーが限定されていることもあり、余計な夾《きょう》雑《ざつ》物は一切取り入れられていない。それでも、ドラマが成立することを本作は見事に証明したわけで、JTBCはまたしても新しいジャンルを切り開いた。

教師版「ミセン」の登場

「ブラックドッグ～新米教師コ・ハヌル～」二〇一九～二〇年　tvN

本作が日本の教師ドラマとは真逆の発想で作られていることは視聴すれば明らかだが、韓国ドラマの中でも特例として、長く記憶されるだろう。ケーブル局製作ドラマの未来をも暗示する重要な作品であり、少し深く分析していきたい。

ここには「青春学園シリーズ」「3年B組金八先生」等で描かれた日本特有の熱血教師による、生徒への過剰な感情の押し付けはほとんどない。一人の臨時採用の新米教師の奮闘記であり、一人の女性として、人間として、自立した考えを持ち得るまでの試行錯誤を丹念に描写することに徹している。

教師の仕事に正解はないといわれるが、製作側はその解答を視聴者に考えさせるという意図を最初から想定した上で、このドラマを製作していると思われる。教師を職業ドラマとして製作するのは韓国ドラマでも初めてだと思うが、脚本担当のパク・ジュヨンは実際に私立高校の教師をしていた前歴があり、放送時には現場の教師からも共感を得ていたという。筆者の予想通り、やはりドラマのリアリティは実際の現場体験から生まれたものだった。

本作を見る前に我々が認識しなければならないことは、何よりも、学校は紛れもなく一般会社組織の縮図であり、本作が「ミセン」の学校版といわれた理由はまさにそこにある。

それぞれの担当学年、各部内外の派閥闘争は日常茶飯事であり、主人公の新米教師は会社でいえばいわゆる新入社員になる。塾講師歴が長く、待望の学校教師になるも赴任先は私立受験高校で、臨時採用という立場である。会社でいうと中途入社に当たる。それゆえ、部内の授業・会議の調整能力は必要条件ではなく絶対条件であり、きめ細かい時間刻みのスケジュールの中で、教師としての能力も同時に試されるという厳しいビジネス空間でもある。新任としての試練も、通常の正規採用とは段違いで、毎日が混乱の連続で過ぎていく。

新米教師の波乱に満ちたこのドラマは、視聴者に一体何を伝えようとしているのか。

教師とは従来、人間修業の職種ともいわれる。教育そのものが本来そうした目的を保有しているのだが、本作は、決して一人の新米教師の奮闘ドラマではない。教師としてではなく、学校を舞台とした、いうなれば、一人の女性――人間の成長物語と見るべきだろう。

正規採用と臨時採用の教師とが混在した複雑な人間関係の中、分刻みの担当受け持ちスケジュールでありながらも、主人公独自の少し長い間のとり方、そしてドラマ全体のゆっくりとした流れは、視聴者にも同じことを考えさせる時間でもある。主人公と一緒に次々と起こる様々な問題を他人事ではなく、本人として対応するように視聴者にも見てほしい――そういった願いが込められているように思われる。

また、これは筆者だけが感じたことかもしれないが、本作の撮影・演出にはどこかドキュメンタリー的な感触がある。映画フィルム撮影のような、少しくすんだ色調、ロングを多用した撮影手法は、いずれも従来の韓国ドラマ特有の情感ではなく、どこか外国映画的な印象を感じる。登場人物たちがいずれも少し考えて喋る場面が多く、韓国ドラマとは思えないほど静謐で、距離を置いたスタイルで貫かれていて、この点はスタッフ側の意図なのだろうか。それとも、主人公を敢えてそうした風景の中に溶かし込むことによって、ドラマ的ではない、違う効果を狙ったのか。

主人公役のヒロイン、ソ・ヒョンジンはまたしても本作で女優としての地位を上げた。健気なヒロインにソ・ヒョンジンは最適であり、極めて魅力的で主役に相応しい。ドラマ全体の中では、どちらかといえば主役というより群像劇の中の重要な登場人物の一人と捉えた方がわかりやすく、視聴者代表の視点を仮託したような人物像――代弁者としてドラマの中にいる。いつも傍観者のごとく周りを観察し、発言も常に少なめで明言を避けるのは新米教師という設定だからではなく、視聴者に感情移入できる余地を作るためではないかと思われる。

それに比べて、異色の破天荒な学習指導パートナーの変人美人教師は単なる脇役にすぎないが、見方を変えれば、本作は学校を舞台にした一種の群像劇――常時、二十人前後の教師と同等数の生徒が必要となる――であり、出演する俳優も、「刑務所のルールブック」「賢い医師生活」同様、相当数が必要となる。

脇役としての俳優陣も充実しているが、筆者が印象深かった俳優としては、途中、定年退職していく老年の女性教師に扮し主人公の相談相手となるイェ・スジョンと、校長役のキム・ホンパを挙げたい。ある程度の初老に近い年齢設定でもあるが、なかなかこうした俳優はいないもので、作品全体のアクセントとしては見逃せない存在である。

本作の主人公以外の配役で特筆すべきは、いうまでもなくラ・ミランである。老練な進学部長という屈折した複雑なキャラクターをうまく演じている。上司として主人公に教示する「生徒を見捨てる教師は、他の場所でも教える資格はない」というテーゼは理想論でもあるが、本作の裏テーマの一つである。

たとえ新米であろうとも、教師としてそうした状況にならないために、生徒の進学希望をかなえるためにどのように注力すべきか。最終目的はソウル大への合格者確保だが、そのために、例えば、どうやって進学コースと普通コースの両立を実現すればいいのか。受験を題材にしたドラマのテーマには際限がない。そして、教師の役割についても。

主人公はかつて、高校の修学旅行中の事故の際、身をもって助けてくれた担任の教師に感銘を受け、自身も教師を目指し、塾の講師をしながら、正規教員の道を目指している。学校という組織の一員でありながらも、教師としての権限を生徒のために使うよう最大限の努力をする。その姿に、教師という職種に少し怠惰になっていた部長も徐々に考え方を変えていくようになる。この点が本作の最大の眼目であり、主人公と共に部長も、同部の他の教師も試行錯誤し、教師としても人間としても成長するところに重点が当てられている。

主人公のピンチの芽は至るところにある。コネ採用ではないかと疑いをかけられ孤立し（前半のもう一人の臨時採用教師チ・ヘウォンの嫌がらせのエピソードは全体として小さい問題として処理されている）、臨時採用が取り消されそうになる。それでも最後のチャンスを見付けるべく、打開の機会を窺っていく。その努力は徒労のようにも見えても、たとえ臨時採用であっても、最後までやり通さなければならないのか。そういった疑問は最初から付きまとう。本作のユニークなところは、その解決法が具体的に提示されないことだ。次々と締め付けてくるように襲ってくるピンチの連続は文字通り、主人公に与えられた試練なのだろう。

本作では、中間テスト・入試説明会・試験相談会にまつわる煩雑な作業を細かく描いている。ドラマとしてみるならば、そういったシーンは極めて退屈であり、現実の教育現場の忠実な再現であっても、少しうんざりすることは否めない。この辺りが、本作の唯一の「計算違い」かもしれないが、こういった場面がないとドラマのリアリティがなくなってしまうことも確かだ。

教師とは報酬を期待しない、厳粛な職業であるという倫理観は既に過去のものであることは繰り返すまでもない。考えてみれば、つくづく教師とは必要以上の、様々なことを要求される職業だと思わざるを得ない。教育そのものが元来そういう性格を含んだものともいえるが、使命感・責任・義務をすべて背負い込んでしまうと、生真面目な教師に限って、精神的に破綻してしまうことが多いという。

では、教師は自身に関わる業務を、適当にセーブしてこなしていくしかないのか。これは今に始まったことではない教育現場の根源的な問題点である。本作では、新米教師がどのように問題を解決していくかが最大の眼目となっている。

主人公は疑問を感じながらも誠実に様々な問題に対処しようとするが、期待した結果にはならず、常に解決にはほど遠い結果に終わる。余韻のかけらもない毎回のエンディングには深い後悔しか残らない。学校という組織の中での教師とはそもそもそういうものだという諦観《ていかん》が混在するところが、極めて今日的である。見方によってはこれほど希望というか、明るい展望の要素のないドラマも珍しい。

韓国ドラマ特有の陰湿な部分もないではないが、ある教師による特定のサイトへの書き込み等についても、そうした描写につきものの陰湿さはどちらかといえば影を潜め、ずいぶんアメリカ・ドラマ的になっている。この辺りも、情実の要素の多い韓国ドラマの中では、目先が変わって新鮮に映ったことだろう。

新米教師の主人公は二年目になり、新しい担任を受け持つが、特定の成績上位者で占められるグループに対するその他の生徒たちの反乱で、またしても自身の教師としての在り方に猛省を迫るトラブル――教え子の自主退学――に直面する。上司である進学部長の家庭内の悩みも並行して描かれるが、いつまで経っても教師の仕事に正解はなく、また終わりもない。

教師の「責任の限界」を感じる中、退学する生徒は、以前ラ・ミランとも確執のあった生徒だった（最後に和解する場面は必要ないと筆者は考える）。親も同意しているとのことで、マンガ家の道を選ぶのだが（その理由として、「早く社会に出て学びたい」とは韓国ならではだ）、主人公も生徒の話を聞いただけで、結局退学の意志を撤回させることはできない。

韓国特有の厳しい経済状況があっても、普通はここで思いとどまるように説得するのがこれまでのドラマセオリーだが、本作ではそうならない。むしろ新しい門出を祝うニュアンスさえある。教師がそこまで責任を持つ必要はないという意見もあるか、ここで新米教師は、相手を生徒というより一人の人間として扱っているのだろう。生徒もグレているのではなく、極めて考えのハッキリした性格の人物である。生徒自身が決めた将来を尊重しているためか、主人公に悔恨といった感情は見受けられない。さらに、その生徒が退学した後、主人公とラ・ミランが話す会話が重要である。

主人公は訊く。「私たちの責任とは何ですか」。それに対する答えは、「生徒の人生だもの、自分で決めなきゃ。息子の人生すら責任が持てない。親だってどうすることもできないの。しかたないわ。成功を祈るだけよ」。それに対して主人公は何もいうことができない。諦観だけではないが、それ以外の解答があるわけでもない。教師も生徒も、そして人生もそんなもの。案外、伝えたいメッセージの大意はこういうことだったのかもしれない。

また、生徒の退学が遠因となり、結果的に、主人公とラ・ミランの意見が通り、成績上位の生徒ばかりを集めた課外授業は廃止に追い込まれる。そうであっても、このトラウマが、主人公のこの後の教師生活にどのような影を落とすのかは、実のところわからない。何かを暗示する要素はドラマ内には見当たらない。

その点も含めて本作は、極めて「現実的なドラマ」なのだろうと思う。そんなことにいちいち構っていたら教師生活はやっていけない。だが同時に、それでいいのかと自問自答する自分がいる。そう考えるならば、教師とは限りなく、人間修練としての職業であり、人生の様々な面を否応なく見せてくれる場でもあるのだろう。教師でなくても、どんな人生にも正解はない。確かに、このドラマでは何一つ、最後まで解答を提示していない。その後は視聴者が考えること、ひょっとしたら、これがこのドラマの真のテーマなのか。

最終回「教師の道」は完璧な仕上がりで、最後を締めくくるに相応しい内容である。

主人公を救ってくれた教師の妻を気にかけて、主人公はそれ以降、折に触れて妻が経営する食堂を訪れていたが、母親の看病のため食堂を手放して故郷に帰る時の別れは「もう十三年も見守ってくれたのだから、十分よ」という妻の独白で端的に処理されている。この簡潔なエピソードは秀逸で、小さな余韻を残すのに十分である。

主人公にとって一番のサプライズは、ラ・ミランの突然の休職にある。臨時採用で教職に就いて以来、何かと目にかけてくれた上司がいなくなるとは。理由は夫の海外赴任に付いていくためだが、これは主人公のその後をも暗示しているのだろう。

人との付き合いにはいつか別れがあり、また新たに出会いもある（過ぎ去った縁と思っていた、前の学校を途中でやめた同僚との再会はその一つ）。主人公も教員採用試験を受け合格するが、勤務先は他の公立高校になってしまう。

最後に、主人公はラ・ミランのことを考えながら独白する。「なぜ私のためにあそこまでできたのだろう」とは感謝の言葉でもあるが、「先生、私は今でも楽しみながら、その答えを探しています」と締めくくることによって、自分もきっとラ・ミランのような教師になるという決意を秘めていると筆者は解釈した。深い余韻を残す見事な結末であり、人間ドラマの傑作と断言してもいい。日本の教育現場の教師にも見てほしい作品である。国柄が違っても得るところは少なくないはずだ。

また最後の場面で、ラ・ミランが主人公を導く役柄であると同時に、もう一人の主人公であることもわかる。本作は、ほとんどソ・ヒョンジンとラ・ミランの共演作といってもよく、師匠が弟子を鍛える、古典的な「教養主義小説」の骨格を持っていることにも気付くべきだろう。遅咲きの女優（一九七五年生まれ、デビューは二〇〇五年の映画「親切なクムジャさん」）ラ・ミランはもはや脇役ではない、立派な主演女優の一人である。

　尚、蛇足ながら、付け加えておきたいことがある。誰もが視聴中に気付いたと思われるが、ドラマ内では、ヒロインの恋愛は一切描かれることがない。ヒロインは教師を夢見て、塾講師を経てやっと臨時採用になり、既に二十代後半。いまさら恋愛でもないのだろうが、まだ恋愛を考えてもおかしくない年齢でもある。だが、本作で敢えてその要素を排したのは、製作側に明確な意図があったと思われる。

　教師という職種の毎日の業務を虚心に直視するためには、恋愛は余計な夾雑物でしかない。そういった要素はできるだけ排除することが、このドラマを限りなく真実に近付けていく最善の道ではないか。そういう強固な意図を、本作では十分感じ取ることができる。

　タイトルは、ペットショップで誰にも関心を持たれない、選ばれない不吉を意味する「黒い犬」から来ているらしい。「一度の失敗が永遠にレッテルとして貼られるこの社会で偏見によって疎外された誰かを意味する」と韓国版番組ホームページにはある。主人公も学校の中で同じような位置にあったが、決して負け犬ではないという逆説的な意味も込められているように思う。その意味において、本作の主人公は現代のブラックドッグでもある。タイトル自体が皮肉と思えるような印象を視聴者に与えたとしたら、本作の意図は十分成功したことになる。

崩壊した夫婦関係の果て

「夫婦の世界」二〇二〇年　ＪＴＢＣ

タイトルと内容から誰でもＪＴＢＣのドラマと考えるだろうが、韓国ドラマには珍しい、イギリスのドラマ「女医フォスター　夫の情事　私の決断」（シーズン１　二〇一五年／シーズン２　二〇一七年　ＢＢＣ）のリメイクである（註 - ４）。

韓国に移し替えても全く違和感がないのは、これまで述べてきたアメリカ・ドラマとの親和性と相通じるところがあるのと、韓国が舞台となっていることを意識しないほど、ある意味無国籍的な世界になっているからだ。

ただ、作品内で繰り広げられる、夫の不倫による愛憎劇の根幹は韓国ドラマそのものである。ケーブル局放送始まって以来の最大視聴率を記録した理由はまさにそこにある。韓国テイストに仕上げられたリメイクドラマは、どのような余韻を視聴者に与えたのか。本作は韓国ドラマのこれからの方向を指し示す、極めて重要な作品であり、一つの完成形ともいえるだろう。

妻役ソヌのキム・ヒエは「最後から二番目の恋」（二〇一六年　SBS）以来の久方ぶりの出演だ。キャリアに比べてテレビドラマ出演が少ない女優だが（キム・ヒエを最初に見たのは二〇〇三年のKBS「妻」だった）、今回は年齢相応の役に徹している。一九六七年生まれだから、ドラマ出演時は五十二歳、さすがに寄る年波には勝てないのか、夫の愛人――ダギョンと比べると、キム・ヒエにも老いが忍び寄っているのがわかる。

これはかなり残酷な役柄で、本人もスタッフもそこまで計算していたのか。だが、四十代の妻と、二十四歳の若い愛人の年の差が明確になる点は、ドラマ製作においては極めて意味のある、有効な設定である。

イギリス版の妻は三十七歳、夫は四十歳、一人息子は十三歳の設定だが、韓国リメイク版は、夫婦とも同い年で四十代、息子は同じ年齢（小学生高学年）となっているようだ。さすがにキム・ヒエの年齢で三十七歳を演じるのは無理なようで、できるだけ実年齢に合わせたのか。女医になって妊娠して結婚・出産という回想があるから、三十代の結婚という設定なのだろう（夫役のパク・ヘジュンは一九七六年生まれなので、実年齢でキム・ヒエの九歳年下となる）。

ドラマ内の見物の一つは、浮気の事実を突きつけられても全く動じない夫のテオである。演じるパク・ヘジュンは今まで様々な役をこなしてきたが（「マイ・ディア・ミスター～私のおじさん～」〈二〇一八年　tvN〉の出家した僧侶役と真逆の役柄なのがおかしい）、とにかく、妻の援助で事務所を構え、妻の稼ぎで一家が成立しているのにもかかわらず、浮気を反省しないどころか、妻と愛人それぞれに「君がいなくては生きていけない」ともっともらしく述べるところが真骨頂である。こうしたキャラクターでないと、こういったドラマの中では生きていけない。

また、テオが多用する「愛してる」という言葉は何と都合のいい、便利な言葉なのだろうと思い至る。自分の欲望のままにありとあらゆる嘘をつき、その場を何とか逃れようとするテオの小細工にはほとほと感心する。ここまで世間的にだらしない夫は、韓国ドラマの中でも久しくお目にかかれなかったキャラクターで、こういう人物がいないと主役のキム・ヒエは引き立たない。夫を演じるパク・ヘジョンは優柔不断で自己中心的であり、全体的に性格が不鮮明で、何を考えているのかわからないところは適役といっていい。

本作は結果的に、リメイクながら、往年の韓国愛憎ドラマの正統的な復活でもある。ソヌの復讐に念が入っているのは、夫の身勝手な浮気もあるが、周辺の友人、夫婦がそのことに感付いていながら、ソヌだけがその事実を知らなかったからだ。その組織的ともいえる裏切りにソヌは激しい復讐心を抱く。

イギリスには「さげすまれた女の恨みほど恐ろしいものはない」ということわざがあるそうで、言い方を変えれば、「女のプライドの問題」を指すのだろう。本作が異色なのはこの点で、誰が味方か敵かわからなくなり、こうした状況下で、ドラマの様相はさらに深化していく。愛憎ドロドロ・ドラマの始まりである。

他の脇役には謎が多い。なぜ、夫の友人たちが不倫相手との旅行に同行しているのかは不明だが、理由の一つとして、病院の同僚も含めて、どうやら周囲は一見完璧な家庭を築いているソヌの存在を以前から疎ましく思っていたことがわかってくる。また俳優もその意図に相応しい個性的なキャラクターが各方面に配置されている。

特に見逃せないのが、近年、「愛の不時着」「マイ・ディア・ミスター」と立て続けに印象的な役柄で、気が弱いのにそれでいてアクの強い性格の人物を演じる会計士のジェヒョク――キム・ヨンミンだ。今回も例外ではなく、クセのある小悪党役を見事にこなしている。一九七一年生まれで、既に五十歳だが、今後の活躍が期待される俳優の一人だ。

その妻でソヌの親しい友人――イェリム（パク・ソニョン）も、夫の浮気癖を承知していながら黙認しているが、折に触れて「妻にバレない浮気なんてこの世にはない。女の勘は鋭いのよ」と夫に対していうセリフは、ドラマに登場するすべての男への警告のようにも聞こえる。

脚本の構成も実に緻密できめ細かく、隅から隅まで作意が充満しているとでもいえばいいだろうか。ソヌの復讐の意識もまた同様で、夫への当てつけのような、夫の友人ジェヒョクとのホテルでの不倫もすべてソヌの策略である。

それにしても、ソヌの復讐は凄まじい。意を決したソヌは招待を受けている家に夫と一緒に車で向かう。着いたのは会長の妻の自宅で、会長夫妻の娘で夫の愛人でもあるダギョン（ハン・ソヒ）が実家に帰っていることを承知していながらの行動だった。

そして、会長夫妻、娘ダギョン、夫の前でソヌは、娘が夫と不倫して妊娠していることを日常会話のように告げる。おそらく筆者が今まで見た韓国ドラマの中でも最高の復讐方法で、背筋が凍るとはこのことだ。

復讐に彩られた「愛と狂気の狭間」で、ソヌは夫に最後通告を突きつけて離婚の意志を告げるが、夫も黙ってはいない。ソヌが尾行を依頼した患者ヒョンソのヒモのような恋人インギュと連れ立って病院に現れ、院長にソヌの精神鑑定と辞職を迫る。

ここからが急展開で、息子を奪われると考えたソヌは、息子を学校から連れ出して逃走。追ってきた夫を振り切り、最後の仕掛けに挑む。最愛の息子を殺したと夫に嘘をつくことで、夫が自分を殺そうとすることを見抜き、瀕死の怪我を負ったところを息子と近所のイェリムに意図的に見せることに成功する。これで夫は傷害罪となり、ソヌは息子の親権を勝ち取り、離婚は成立する。そして最後に、妊娠中の会長の娘と夫が車で去るところを目撃し、すべては終わったかに見えた、はずだった……。

それから、二年後、今度は雌伏《しふく》していた夫の逆襲が始まる。息子との接見禁止が解ける二年を待ってからの行動なのだろうか。この時点で、まだ全十六話の六話で、これからの展開が実はこのドラマの核心であることが徐々にわかってくる。

二年経って、かつて住んでいた街に戻ってきた元夫テオ夫婦は、かつての友人たちにパーティを開く旨の招待状を送る。その中の一通は息子宛てだった。招待状を送られた友人たちがパーティを完全に無視しないのは、ソヌへの敵意がまだ残っているからだ。ドラマの本質は夫の浮気だが、同時に、ソヌに対する周囲の嫉妬も大きな要素となっている。映画で成功したという触れ込みで凱旋したテオは、「まだこの街でやり残したことがある」と不気味な発言をし、間接的にソヌへの反撃を匂わせる。

実は、二年前の夫への復讐が完結する前、ソヌは夫の友人ジェヒョクとのホテルでの密会の際、新しく赴任する精神科医キム・ユンギにその場を見られている。これは重要な布石となっているのだが、このエピソードは残念ながら活かされていない。

また一見、人の良さそうな優等生的な外観のユンギがドラマの中盤で登場したのは、離婚後のソヌの心の支えとしての存在なのだろうが、新しい恋愛への予感より、ソヌの両親の死因についてのトラウマが今なお残存していることを暗示する精神科医としての役目が大きいと思われる。

離婚までは身勝手な夫の浮気だけが責められていたが、息子に対する愛情はテオもソヌも同等で、ソヌの方が息子を独占したいあまり、少し偏執狂的に描かれているようなフシがある。思春期で反抗期でもある中学生の息子は精神的にも微妙な時期だ。精神形成のほとんどはこの時期に培われるともいわれている。一方、離婚が一番多いのも両親が四十代、子供が中学生の時である。息子の親権を勝ち取ったものの、接見禁止が解ければ、父親と会う自由は息子と父親の裁量に任されている。後半の鍵となるのは間違いなく息子の取り合いだ。

不思議なのは、ソヌから聞いた夫への警戒心・忠告をダギョンがある程度受け入れることだ。ダギョンにも、テオの真意がよくわからない危惧があるのか。

興味深いのは、病院の理事長の妻が、かつて夫の浮気によって淋病に感染した事実を告げてくれた借りとして、ソヌに対して有形無形の協力者となることだ。風見鶏のように態度が変わる俗物の同僚の産婦人科医や隣人のジェヒョクの妻も巻き込んで、ダギョンの母親が結成した「女友会」にソヌが入会し、ドラマはさらに予想もつかない局面に入る。

ドラマ内には、夫婦の愛憎劇の他にもう一つ別のドラマが進行している。

刑務所に服役したヒョンソの恋人インギュは出所後、テオに雇われ、ソヌへの尾行・嫌がらせを行うが、その見返りの金額をめぐってテオといい争いになる。最後の金の受け渡しの場となる駅で、地方へ身を隠すヒョンソを見送ったソヌと遭遇し、様々な行き違いの中、インギュは誰かに突き落とされ転落死してしまう。その犯人が誰なのかは最後まで明らかにされない。

ここで注目せざるを得ないのが、再度登場する新任の精神科医ユンギである。偶然居合わせたという理由でソヌをその場から避難させるが、これが偶然なのかどうかは視聴者にも疑問として残る。さらに、もう一人の謎の人物――ダギョンの父親の依頼で動くテオの会社の社員――を登場させることによって、ドラマは複眼的な視点で進行していく。

ドラマを視聴しながら気付いたことがある。息子の親権を取り合う点において、テオとソヌは同じ種類の人間であるということだ。テオには一応純粋な父親愛があるのかもしれないが、ソヌの愛情はかなり独占欲が強いように描写されている。

見方を変えれば、偏執狂的な「自己愛性パーソナリティ障害」（自分が人より優れているという優越性を誇示し、傲慢であり、権力を求め続ける傾向のある精神病理。過大自己愛の持ち主で、劣っていると感じた人に対して高慢な態度をとるが、それだけに、脆弱で崩れやすい自尊心を抱えているという）の症状も窺え、テオもソヌも同じ疾患を保持しているのではないか。

息子から見ると、どちらも親からの一方的な押し付けの愛情でしかなく、やはりドラマ内で一番際立つのは、両親それぞれの息子に対する過剰ともいえる愛情の耽溺《たんでき》である。

　ドラマ内でソヌがテオにいう、「結婚とは何だったかというと、私にとっては錯覚だった。自分を守る塀、安定的な人生の基盤、誰も壊せないと信じていた。愛はその錯覚で、傷付くことで終わった」とは意味深なセリフだ。ドラマ全体を象徴するようなフレーズだが、ソヌの一方的な自己主張でもある。

　そうであっても、どういうわけか十二話で、二人はヨリを戻したのか、屈折した果ての愛情なのか、激しく抱き合ってしまう。

　だが、これは新たな悲劇の序章にすぎなかった。後で明らかになるが、その一部を目撃した息子はネットカフェで一夜を明かし、盗み、同級生との喧嘩など非行に走るようになる。離婚していても保護者として、子供に何かあれば夫婦は共に呼ばれる役目であることを再認識する。だが、子供の問題は二人の問題でもある。自分がこうなったのはすべて親のせいだという息子の言い分に二人は返答することができない。

　息子に憎まれ、父親と暮らしたいという息子の意志もあり、母親失格となったソヌは絶望に陥り、病院も辞職し、姿を消す。普通はここでドラマは終わるのだが、韓国ドラマはそうはならない。

失踪・自殺未遂の後、息子を引き取ったダギョンは、人生経験のなさのためか、息子に機械的に対処し、その抑圧に耐えられなくなった息子は、ソヌに助けを求める。迎えに行ったソヌと比べて不可解なのが、テオの態度である。元妻ソヌの存在が日増しに大きくなり、若い再婚相手ダギョンにはない母親の愛情を感じると、自分でもどうしていいのかわからなくなる。ダギョンも完璧な家庭を作るための最後のピースがテオの息子だったが、引き取ってみると他人の子供を育てる難しさを痛感することになる。

息子を引き取りに来たソヌから、離婚後、テオと寝たことを聞いたダギョンは深く動揺する。そして、ドラマは最終局面を迎える。

結局のところ、このドラマのキーワードは、最後にソヌがダギョンにいう、「夫婦とは何かしら。結婚なんて一瞬の気の迷いを運命と錯覚しただけ。子を成したという理由で、自分のすべてを捧げるほどの価値がある？　不幸を隠してまで。私もわからない。ただ一ついえるのは裏切る男とは家庭を築けないということ」に尽きる。

この言葉の裏には結婚、そして夫婦関係に対する理想的な願望がある。だから、ソヌにしてみれば、その理想像を壊す行為のすべて――浮気が絶対に許せないものに思えるのだろう。本作のすべてはその反発に根差しているともいえる。こうして壮大な夫婦の世界は幕を閉じるが、こうしたドラマはまたいつかどこかで必ず繰り返されるのだろう。

だが、最終話「許し」は何を意味するのか。すべてを失い、自殺しようとした夫を最後に「許す」のはどう考えても解せないし、夫がそれまでの仕打ちのすべてを後悔したとしても、こうした結末はやはりおかしい。

それと、何よりもドラマ内で提示されたいくつかの謎——インギュを転落死させた犯人（ダギョンの父親の指示によるものか、他に犯人がいるのかは最後まで明らかにされない）、同僚の精神科医ユンギの真の目的（最初はもっと多くの役目を果たす人物として構想されていたように思う。ソヌを陰で支える存在であるように見えるが、その実、正体不明なところもある。どちらとも取れる行動をしているのは、製作側の混乱を象徴している）——は明らかになっていない。

息子が何もいわずに姿を消すのも、親たちの過ちが許せないからだとしても、最後の展開としては不可解の一言であり、「そして一年後」はただの付け足しでしかない。息子はもちろん、テオもソヌも自分の人生は自分で選ぶものなのかもしれないが、いずれにしろ、ストーリー展開としては結末をいじくりすぎである。いつ帰ってくるかわからない息子の帰りを待ちわびる母親の姿はどこか惨めで見苦しい。最後に息子が帰ってきたような暗示は現実ではなく、ソヌの幻想と受け取るのが妥当だろうが、これで終わるのも安易なエンディングである。さらに、夫婦の問題に完全な加害者も被害者もいないというソヌの呟きもつまらない結論としか聞こえない。

途中からの視聴率高騰に引きずられたのか、意見を取り込みすぎたのか、結末には釈然としない部分が多く、近年にない意欲作であっただけに残念でならない。

いくらリメイクであっても、全十六話を不倫だけで持たせるのは元々無理がある（元のイギリス・ドラマは全十話である）。不倫だけではせいぜい六話前後が限界で、その後は必然的に別のストーリー展開が必要となる。そのため、隣人・友人・病院の同僚を織り交ぜながらドラマを作らざるを得なかったのか、結局は意味不明な、中途半端な結末で、当初の想定通りに終わらせることができなかった。また、いうまでもなく最終話は蛇足である。


結末をそのまま受け取るならば、本作も一種の変型家族ドラマであり、「夫婦の世界」の一つの形なのだろう。浮気がすべての愛憎劇の誘発剤であるかのような設定は、今まで何度となく繰り返されてきた韓国ドラマの基本パターンである。そうしたマクチャン・ドラマの理由付けに精神科的な要素を加味したのが本作の新味だったのだが（元のイギリス版もこの点が特色だったのだが）、愛憎劇のアクセントとして使われただけだったのは残念でならない。

本作の隠れたテーマの一つは「愛」への執着であり、いい換えれば、韓国ドラマ「夫婦の世界」は愛の執着を競うドラマでもある。それゆえに、限りなくアメリカ・ドラマに近付いているともいえるが、それ以上に、韓国ドラマにおける愛情の沼は、今なお想像もつかないほど深いのだろう。

それにしても、「夫婦の世界」（原題）とは絶妙なタイトルだ。当たり前のようなタイトルだからこそ、いろいろな意味に受け取れるのかもしれない。最後まで見た日韓の視聴者は、このタイトルをどのような意味として受け取ったのだろうか。

真の愛を探すヒーリング・ドラマが問うもの

「サイコだけど大丈夫」二〇二〇年　tvN

二〇一〇年代の韓国ドラマの傑作群は、二〇一八年前後の作品に集中していると思われるが、そのルネッサンス期を象徴するような佳作が二〇二〇年に現れた。ヒーリング・ドラマという点では「マイ・ディア・ミスター～私のおじさん～」とも共通し、そのイメージを少し踏襲している部分もあるが、大きく違うのは登場人物たちの過去及び現在の毎日の生活である。

自閉症の兄を持つ看護師ガンテ（キム・スヒョン）は少年時代から兄と二人きりで人生を過ごしている。そのためか、兄との生活以外のことを考えないようにしてきた。そこに、少女時代に同様の過去を持つ、「愛」を知らない童話作家ムニョン（ソ・イェジ）との出会いがあり、予想もつかないドラマが起こることになるのだが、筆者は、ドラマの真の主役は、実は自閉症の兄サンテ（オ・ジョンセ）ではないかと睨んでいる。

絵のうまい知的障害者という役柄は、日本では放浪画家・山下清的なイメージと重なるが、本作においては、感受性の強い少年のような、ある意味純粋な心を持つサンテには、ただの配役以上の意味が託されているように思われる。

演じるオ・ジョンセは、近年、「椿の花咲く頃」（二〇一九年　KBS）、「ストーブリーグ」（二〇一九〜二〇年　SBS）と存在感を高めてきた。日本の我々の周囲にもいそうな雰囲気を持つ俳優で、韓国ドラマでもあまり登場してこなかったタイプである。他に類型を見つけることが難しい。まず、敵なのか味方なのかわからない。また、何を考えているのかわからないところが何といっても画期的だった。本作での役柄はそれらとは全く異なる世界への挑戦だが、ある年齢の成人となった障害者という、困難な役どころをうまく演じている。本作で、いわゆる「性格俳優」としての位置を確立したといえるだろう。

またガンテの昔からの友人ジェス（カン・ギドゥン）の存在も見逃せない。単なる友情以上の縁で、常に行動を共にしてくれている。そこには、ガンテだけでは働きながら兄サンテの面倒を見ることができない事情もあり、頼りにせざるを得ないという本音もあるのだろう。少し頼りないものの、ドラマ内ではコメディ・リリーフ的な役割もあり、その存在は欠かせない。

こうした脇役の存在も含め、他にあまり類似のない世界を考え出した脚本家（チョ・ヨン）の才能も特筆されるべきだろう。

個人的な事情だが、障害者の子供を持つ父親として、筆者はドラマ内の設定であっても、兄サンテとの生活で仕事の範囲を余儀なく限定される、ガンテの生活全般の苦労は他人事とは思えなかった。障害者の子供を持つと、親の人生観は必然的に大きく変わる。家庭環境も大幅な変更を迫られることはいうまでもない。韓国ドラマが障害者を出演させる際に細心の注意を払っていることはこれまでの作品で理解しているが、保護者の毎日の生活の実態にここまで綿密に触れたドラマは今までなかった。

知的障害者の認定範囲は個人差が激しく、同じ「重度」の認定でも、実際に当人たちを目《ま》の当たりにすると、その個性の在り方は千差万別である。その点から見ると、サンテは知的障害の中でも、「こだわり」が極端なものの、パニック障害が起こらない限り（保護者同伴は欠かせないが）、ある程度の一般生活は可能な範囲である（一人で職業訓練校に通って、バイトまでこなしているのだから、軽度認定の知的障害と思われる）。では、そうした軽度の知的障害者をドラマ内の登場人物の一人として造形した意図とは何か。

ドラマ内での障害者への接し方・扱いは非常にデリケートだ。そうした細部にもドラマは踏み込んでいて、毎日の生活のリアリティを強く感じさせる。ガンテの過去のトラウマは、ドラマ内で徐々に明らかにされるが、そうした兄弟の精神的な負担にまで光を当てたところが、韓国ドラマでも異色中の異色である。

ドラマ全体を俯瞰すると、ハンデのあるサンテは見方を変えれば、本作において、ガンテの兄というだけの存在ではなく、ガンテとムニョンの——聖書でいうところの「守護天使」のような役割を担っているのではないかとも考えられる。そういった視点でドラマを見ていくと、ガンテとムニョンの出会いは決して偶然ではなく、孤独な魂の触れ合いというべき接近であり、ある種の楽園——サンテの世界——を構築するための重要な配役とも思えてくる。

こうした意図は、二人が意識して愛を育むところに必ずサンテの存在があることでも明らかだ。ドラマ内のストーリー展開が、ことごとくサンテを中心にした構成となっていることも注視すべきだろう。

ガンテとムニョンは、それぞれつらい幼少期を過ごし、お互い親の愛情を知らずに育ったという共通点がある。ガンテは、母親が障害のある兄サンテだけに愛情を注ぐあまり、母親の愛情を知らずに育ち、ムニョンは母親の愛情を過剰に受け、父親から怪物視され殺されそうになった過去を持つ。そして、歪んだ青春期を経て、愛を知らないまま童話作家となったという設定である。

その内、二人は同じタイプの人間であることを意識し始め、まだ本当の愛を知らない心の傷を癒すかのように、「愛」の真の意味を知るようになるが、ありとあらゆる困難と試練が二人を襲う。

本作で描かれるファンタジー世界は、すべてムニョンの絵本にルーツがある。各話のタイトルがムニョンの絵本のタイトルとなっていることからもわかるように、ムニョンの知られざる過去がドラマの進行と重複していくところに妙味がある。オリジナルな着想だが、こうした設定で十六話を持たせるのは驚異としかいいようがない。見方を変えて、短く編集すれば、十分に一篇の映画となる題材を敢えて十六話のドラマとして構想した意図はどこにあったのか。

脚本家のチョ・ヨンはスポーツ・ソウル紙の取材（二〇二〇年八月二十五日）に答えて、次のように述べている。

> 今回、最も重きを置いて取材した対象は自閉症の姉や兄を持つ弟妹たちでした。彼らの率直な話と経験が書かれた手記が、劇中のエピソードを作るのに本当に役に立ちました。「私の最大の願いは兄に一人でも友だちが出来ること」「母は自分が死んだあと、兄の次の保護者が必要だから私を生んだんじゃないか」（中略）など、一言一言が大きな響きで、

そのすべての話をドラマの中に反映させたかったのですが、十分に盛り込むことが出来なかったのが残念でした。このドラマがその方たちの迷惑にならないように、ただそれだけを気にしました。

脚本家は、自閉症のきょうだいを持つ家族等に取材はしたものの、そのすべてのエピソードを脚本に取り入れることはできなかったようだ。この辺りは、さすがの韓国ドラマでも限界があったのかもしれない。

それでも自閉症の子供を持つ家族・きょうだいにまで光を当てた功績は大きい。そうした周囲の理解があってこそ、家族たちの努力も少しは癒されるのだが、そうした問題提起をこれ以上広げるのはやはりドラマ内の展開としてはないものねだりだろう。

どういうわけか、ドラマは中間の第八話から少し間延びしていく。

ガンテが、ムニョンのアドバイス（サンテの保護から離れて自立するべきという提案）をどの程度受け取ったのかは疑問だが、兄サンテの保護者役から解放されて、自分の時間を持つことを自覚したからなのか、ムニョンと積極的に過ごすようになる。この時間が必要だったのかどうかは最後まで視聴しないとわからないが、この件でガンテがサンテに嘘をつくことで、二人の仲に決定的な亀裂が入る。

そして、サンテはかつて湖で溺れかけた時、ガンテが自分を助けずに逃げたということを責め立てる（結局は助けに戻って、逆に自分が溺れかけ、幼い日のムニョンに助けられたのだが）。他人に知られたくないガンテのトラウマであり、これが負い目となって、ガンテはサンテの面倒を一生見ることを誓うのだが、サンテはその件をガンテが勤める病院内で公表し、二人の仲は一時、不穏になる。

湖の一件が、二人をいつまでも従来の関係のままにしているとムニョンは見抜き、ガンテに忠告するのだが、諍いの後、逆に二人はお互いに「自分を捨てないでくれ」と兄弟の絆を強くすることになり、ドラマはこのまま終わると思われた……が。

実は、本作にはまだ解明されていない謎があった。かつてサンテとガンテの母親が殺されたのだが、唯一の目撃者であるサンテは、なぜかその時のことを話そうとしない。事件時の「蝶」にまつわる嫌な思い出によって記憶の再生をためらっているためだ。犯人は見つからないままドラマは進行している。ある程度見当はつくものの、この謎の解明が、ドラマを最後まで視聴させる要因ともなっているのはいうまでもない。

サンテとの生活も、ムニョンとの出会いのどちらも捨てられないガンテは、サンテに「もう三十五歳の大人なのだから、自分の友だちであるムニョンとも友だちになれるはず」という手を思いつき、三人で新しい生活を始めようとする。

それと並行してガンテの勤務先の病院長は、ガンテと共に様々な手法で、母親が殺された時のサンテの記憶を蘇らせようとする。その事実は驚愕ともいえるもので、犯人の正体も「蝶」の意味もすべて、明らかになる（完全なネタバレになるので伏せる）。後は、ガンテがこの事実をどのように自分の中で折り合いをつけて克服していくかがテーマとなる。

ドラマ内の教訓の一つは、第十五話「仲のいい兄弟」にそのまま表れている。ガンテが話す童話（ある兄弟が、お互いに知られないように夜中にそれぞれの家に米を置いてくることを繰り返す話）の教訓は、サンテの解釈によれば「仲のいい兄弟は一緒に暮らせば無駄足を踏まない」ということになる。そこでサンテの出した結論は、「三人は家族」という提案だった。それによって、いつも三人でいることの理由ができる。

サンテは念願の挿絵画家デビューをムニョンとの合作の絵本で果たす。絵本にはドラマのこれまでのプロセスが含まれていて、その朗読は結末を締めくくるのに相応しく、ここで絵本と現実の世界が一体となる。需要なキーワードとなる「蝶」も、サイコのことではなく、「魂の治癒」という隠された主題の一つであることが最後に明らかになる。

三人でいるより一人で絵の仕事に専念したいサンテは、ガンテの将来も考えて「自分の人生は自分のもの」とお互いの自立を告げ、これまでの感謝を述べて、このドラマは終わる。ガンテとムニョン二人による絵本の朗読で終わるところも感動的で、三人は遂に、最後にそれぞれの本当の素顔を取り戻す（だから、これ以降の描写はハッキリいって蛇足である）。

ドラマを通して注視したいのは、ガンテとサンテの二人の固い結び付きだが、同時に、両親亡き後、兄弟に障害者がいる場合、どちらかが——ある意味自分の人生を犠牲にせざるを得ない——保護者的な役割になるという根源的な問題を突き付けてもいる。母親がいても大変なのに、母親の死後、ガンテは一人でサンテの面倒を見続けてきた。永遠に逃れられない、そのジレンマを当事者以外に伝えることは難しい。

さらに、障害者の子供を持つ親の場合、自分たちが子供より先に亡くなる運命があるがゆえに悩みは尽きない。それでも人は生きていかなければならないわけで、ガンテも同じ、いや、それ以上の悩みを抱き続けている。

そうした問題についての筆者の見解は、一風変わった童話作家（ムニョンは、明らかに「自己愛性パーソナリティ障害」である）との出会いの中のファンタジーとして描くことによって、敢えて、障害者との生活にまつわる現実感を希薄にしているのだと思う。そうした効果（曖昧さ）もあってか、ドラマ自体に障害児を持つ家庭が抱える問題についての明確なメッセージが込められているかどうかは筆者にはわからなかった。だが、そんなことは本作にとって、それほど大きな問題ではない。

結論からいうと、視聴後の感想は決して不快なものではなかった。それより本作で、知的障害者を登場させる必然性はどこにあったのかと筆者は視聴しながら考えていた。一つ想起したのは、ガンテの勤務先は、すべてサンテと何らかの関係のある障害者施設・介護施設・精神科病院で、ドラマもこうした施設を中心に進んでいくのだが、こうした舞台設定自体にドラマが一般社会とは違う世界——一種のファンタジーであることを意識させる目論見があったのではないかということだ。そして、ドラマ全体が壮大なファンタジーであることを証明するために、ドラマ全体を見渡すイノセント（守護天使といい換えてもいいが）の象徴として、サンテの存在が必要だったのではないかと筆者は考えている。

最後に、筆者はどのように考えても、タイトルの意味することが理解できなかった。韓国では「サイコ」という表現ですべて理解されたのだろうか。筆者は、「ちょっと変わっているタイプ——変人だけど、大丈夫」というニュアンスで受け取っているが、「サイコ」という用語が「サイコパス」（精神病質者）のような意味で使われないように願いたいものだ（尚、最新情報として、本作は二〇二一年九月二十九日、アメリカの「第四十九回インターナショナルエミーアワーズ」のTVムービー／ミニシリーズ部門の最終候補となった。発表は十一月二十二日である）。

アメリカ・ドラマのリメイク

日本のドラマのリメイクによって、韓国ドラマの知られざる魅力がまた一つ明らかになったが、アメリカ・ドラマの韓国リメイクもそれなりに善戦しているといっていいだろう。作品によっては、本家のアメリカ版とは違う魅力を感じさせるものも少なくない。私見では、アメリカ・ドラマのリメイクに最も相応しく、親和性が高いのは韓国ドラマである。その中から代表的な作品を見てみよう。

「グッドワイフ〜彼女の決断〜」二〇一六年　ｔｖＮ

いうまでもなく、二〇〇九年から始まり、シーズン7まで続いたＣＢＳのヒット作である。韓国版は、その中のシーズン1〜2辺りまでのストーリーを再構成して全十六話にまとめているようだ。アメリカ版のエピソードが豊富なことから、もう少し続けることも可能だったのではと思えるくらいで、韓国版シーズン2が製作されなかったのは理解できない。

筆者は常々、韓国ドラマの特性が最も活かせるドラマジャンルは、病院・医学関係、会社等のビジネス世界関連、そして、法廷・弁護士の世界だと捉えている。純韓国産の法廷・弁護士ドラマは今までも数多く作られているものの、女性弁護士が主人公のドラマはこれが初めてではないか。そういった設定にはアメリカ・ドラマのリメイクという手順が必要だったのかもしれないが、そんなに堅苦しく考えなくても、リメイクであることをあまり感じさせない上出来の仕上がりである。

日本版リメイクについて触れておくと、相対的に落胆を通り越した有様で、いかに常盤貴子が実年齢四十六歳（放送時）で役に相応しい女優年齢になっていたとしても、演技云々より、どこか必要以上に若く見えることでまず損をしている。また、共同経営者が賀来千香子では興醒めとしかいいようがない。誰が考えても余貴美子辺りが適役で、小泉孝太郎が善戦していただけに残念だった。水原希子は明らかにミスキャストである。

それに引き換え、韓国版の成功の要因は間違いなく、女性の主役アリシア（ジュリアナ・マルグリーズ　シーズン1放送時、四十三歳）役にチョン・ドヨンを起用したことだ。実年齢も、偶然なのかアメリカ版主役女優と同じ四十三歳で、アメリカ版と比肩しうるクオリティの韓国女優というとやはりチョン・ドヨンしかいない。年齢的には少し幼く見えるが、二人の子持ちの主婦という役柄もチョン・ドヨンに相応しく、アメリカ版と同様の、同僚ユン・ゲサンとのホテルの不倫もどこか品の良さを感じさせて洒落ている。

尚、韓国版では弁護士事務所経営者のキム・ソヒョン（女弁護士役がこれほど似合う女優もいない）とユン・ゲサンを姉弟の設定にしているが、この意図だけよくわからない。アメリカ版のウィル（ジョシュ・チャールズ）とダイアン（クリスティーン・バランスキー）と同じ、共同経営者という設定でも本質的な違いはなく、筆者にはストーリー上の必要性はあまり感じられなかった。

夫役のユ・ジテが適役で、アメリカ・ドラマティストがよく似合うのは意外だった。チョン・ドヨンとの夫婦役も相性抜群で、夫婦仲がうまくいかなくなる過程も自然な流れとして処理されている。

尚、韓国版の宣伝用写真として、アメリカ版と同様に主な人物が一堂に会して撮影されているが、なんら遜色ないのが収穫だった。これは長年、韓国ドラマとアメリカ・ドラマを並行して見ていないと絶対に感得できない感覚であり、この写真は韓国ドラマに対する視聴と理解の深度を測る踏み絵でもある。

「クリミナル・マインド：KOREA」　二〇一七年　tvN

「クリミナル・マインド：FBI行動分析課」（二〇〇五～一九年　シーズン1～15　CBS）の韓国版リメイクは、「グッド・ワイフ」同様、適宜二、三のエピソードをもとに、各話のメインストーリーをまとめているようだ。

リーダーのソン・ヒョンジュと部下のイ・ジュンギの配役で、ある程度の成功は約束されていたともいえる。こうしたリメイクにはある程度のシリーズ化が必要で、二人とも適役なだけに続編が作られなかったのは惜しい。特筆すべきは犯人役のキム・ウォネの不気味な存在感で、元々善人から悪党まで独特の雰囲気を醸し出す、役の幅の広い役者だが、今回も強い印象を残している。

「サバイバー：60日間の大統領」二〇一九年　tvN

キーファー・サザーランド主演の「サバイバー：宿命の大統領」（二〇一六〜一九年　ABC）のリメイクだ。こうした政治サスペンスも韓国ドラマの得意分野であり、臨時大統領代行が突如成立するドラマ設定は韓国でも十分可能であることを見事に証明した。

さらにアメリカ版では、対立国は仮名で描かれていたが、韓国版は、現況の朝鮮半島の危機を取り入れざるを得ないこともあり、極めてアクチュアルな時事的な内容にうまく移し替えられている。この点が成功の第一点であり、単なるリメイク以上の意味があった。

アメリカ版とは別の面白さがある理由として、現実問題として、韓国と北朝鮮との緊張関係が今も続いていることがある。政治ドラマを成立させる絶対条件を十分すぎるほど備えているといえるだろう。その前提から成立しているドラマは、たとえフィクションであろうとも想定以上のリアリティを保有しているといえるわけで、ここから無限のストーリー展開が可能となる。

そういった土壌の上で成立しているドラマの出来は、主演俳優によって大きく左右される。大統領役のチ・ジニ（元大学教授という知的な肩書も含めて、まさに適役で代役は考えられない）を筆頭に、官邸のそれぞれの役職者は人間味溢れる韓国俳優たちの独擅場だ。

まず、官邸テロで亡くなる前大統領を演じるキム・ガプスは、特別出演ながら、長年のキャリアを象徴する重厚な演技であり、政策室長はベテランのホ・ジュノが久々の登場で抜群の存在感を示している。周辺にも印象的な脇役が多く、異色なところでは、大統領スピーチを手掛ける報道官（イ・ムセン）が脱北出身者という設定もある。

大統領の臨時代行に周囲の眼は厳しく、好意的なスタッフは少ない。大勢は臨時代行に懐疑的であり、一介の大学教授で環境長官に任命されて日の浅い身には毎日の時間が緊張とトラブルの連続である。最初の戦争開始の一触即発の危機が去った後、チ・ジニの足が震えているところは、この種のドラマには不可欠であり、そういった小さな描写の積み重ねがドラマ全体を支えるリアリティとなっている。合同参謀議長を演じたチェ・ジェソンが実際の軍人かと見間違えるほどの迫力で強烈な印象を残すのもそうした一例である。

ドラマは大筋では、アメリカ版を踏襲した内容で進行していくが、カン・ハンナ扮するテロ対策分析官の調査も同時進行で描かれる。官邸内部の動きとテロ調査の進行がシンクロし、その点が交差する時、ある事実が明らかになるという極めてスリリングな展開となっている。

登場人物もその状況を支えるべく、多彩な俳優が適材適所に配置されている。野党代表のペ・ジョンオク（意外にも適役だった）は女性代表として現実をうまく模倣していて目が離せないし、大統領候補として出馬する元ソウル市長のアン・ネサンは持ち前の特徴ある曲者の演技でこれも見物の一つだ（彼の秘書も少しズレたキャラクターで非常に面白い）。

官邸テロ唯一の生存者で後に大統領選に出馬するイ・ジュニョクは、厳しく見るならば可もなし不可もなしで、もう少し癖のある俳優でもよかったのではないか。

前述の政策室長ホ・ジュノ以外の周辺スタッフで目を引くのは、秘書室長のソン・ソックで、本作の印象的な役柄で名を上げた俳優だ。「スーツ〜運命の選択〜」（二〇一八年　KBS）辺りで知られたのが最初だったが、「最高の離婚」（二〇一八年　KBS）に加え、近作映画「犯罪都市2」でのマ・ドンソクとの共演でも注目されている（知的な弁護士とか、ビジネスマン、政界のスタッフ役がピッタリだ。近作「D．P．」の風見鶏的な大尉の役も好演である）。

アクターズ・スタジオ直系のような、非常にアメリカ・ドラマ的な俳優といえるところが多く、大統領を説得する際の身振り手振りにその片鱗が窺える。アメリカとのハーフと紹介されても信じただろう。実は、ある製造メーカーの経営者という別の顔もあるらしく、役柄のビジネスマン的な部分はそのためかと思わせる。

秘書官チェ・ユニョン、国家安全保障室長パク・チョンソンなどの側近グループを中心にドラマは進んでいくが、臨時大統領代行を中心とした官邸の体制がどうにか整いつつある時、テロの現場から一人の生存者（イ・ジュニョク）が発見され、ストーリーは最初の転換点を迎える。

これ以降はアメリカ版の主要な部分の踏襲が多くなるが、アメリカ版のシーズンⅠ～Ⅲ、全五十三話（シーズンⅢはテレビ放送ではなく、ネットフリックス独占の配信放送となった）のストーリーを韓国版は十六話に短縮していることもあり、最後の黒幕――ＶＩＰの正体が発覚するまでのエピソードはかなり単純化されている。

だが、犯人グループの狙撃犯一人がまだ捕まっていないのは、ＶＩＰの正体が判明してもテロの全面解決にはなっていないわけで、最後に狙撃犯が、日本語でこれからの行動を連絡しながら空港から出国する場面があるのは（なぜ日本語なのかの説明はドラマ内では一切ない）、シーズン２への期待を持たせているのか。

また、アメリカ版でドラマの転換点となった妻の交通事故死は、韓国版では取り入れられていないし、当然ながら、その死を乗り越えて大統領職を続けていくエピソードの前にドラマは終わってしまう。どちらかといえば韓国版はアメリカ版に比べて家族の描写が少なく、淡い印象を受ける。もちろん、すべてのエピソードを置き換えることには無理があり、逆に正しいリメイクとはいえない。

筆者が考えるに、大まかな設定を踏襲しただけで、国際的な政治危機が朝鮮半島危機に置き換えられていることでもわかるように、韓国版としてアレンジした部分がかなりあり、その点が韓国版のオリジナリティを示しているように見受けられる。

最後に、かつてのスタッフたちが集合して、次の大統領選への出馬を懇願する場面の後、チ・ジニが決意を新たにしたような、そうでないようなニュアンスを含んだ表情で終わるところをズルいと見るか、賢明と受け取るかの判断は視聴者に委ねられている。だが、ドラマとしては、いかに韓国ドラマであろうとも、ここで終わっておくのが正しい。韓国ドラマにとって、政界ドラマの無限のバリエーションはいつでも可能なのだから。

註 - 1　放送時から指摘されていたことだが、「応答せよ」シリーズの主要人物設定には一つの共通パターンがあり、大体、ヒロイン一人に対して、男四人という組み合わせを踏襲している。シーズン1と3はほぼそのパターンで、シーズン2が五人＋二人という変則パターンとなっているが、この組み合わせから大きく外れることはなく、同シリーズの演出家と脚本家のアイデア（構成テクニックといってもいいが）と思われる。その傾向は後の「賢い医師生活」でも継承されていて、同作をシリーズの完成形と見ることもできる。この組み合わせのドラマを見ていると、登場人物のキャラクター付けと共に、連続ドラマの中で過不足なくそれぞれの人物描写を振り分けるには最適な人数でもあるようで、韓国ドラマ作りの「黄金律」の一つなのかもしれない。

註‐2　現実の事件に材を取った問題提起は他の回でも順次挿入されていて、シーズン3の第四話「ピノキオの歌」では、『グルーミング犯罪』（詐欺犯罪等において、被害者と信頼関係を築いた上で犯行に及ぶのが特徴で、愛情に飢えた青少年が特に狙われる犯罪を指す）を罰する法律は残念ながら不十分で、性犯罪を守る法律だけではグルーミング性犯罪に対応するのは難しい。子供を手なづけて性的に搾取するグルーミングに関する法整備が急がれる」と意見を投げかけている。また、イ・ジヌクの過去を描く回では、最後に「子役の出演シーンには心理的な配慮をしています」という旨のテロップが入り、細心の注意が払われていることが窺える。

註‐3　「ボイス」シーズン3の二〇一九年六月三十日の最終視聴率は平均5・5パーセント、最高6・3パーセントを記録した。二〇一七年「ボイス」シーズン1の最高視聴率だった5・6パーセント、二〇一八年九月のOCNの最高視聴率であり「ボイス」シーズン2の最高視聴率だった7・1パーセント（ニールセンコリア、全国基準）の人気に続き、韓国を代表するシーズン制ドラマジャンルの名声を確立した。

「ボイス」はどのように始まったのか。前出の『メイキングストーリー&シナリオ集』から、脚本家マ・ジンウォンのコメントの一部を少し紹介してみよう。

呉《オ・》原《ウォン》 春《チュン》事件（二〇一二年四月一日に発生した「水原バラバラ殺人事件」のこと）のニュースを見て、112通報センターについて関心が生まれた。もし通報センターでもう少し早く対処していれば、少なくとも大事な生命を救うことができたはずだ。なぜゴールデンタイムを扱うドラマは多いのに、犯罪事件のゴールデンタイムを扱ったドラマはないのだろうか？　考えれば考えるほどこういった話が必要だと切実な気持ちになっていた最中、仁川地方警察庁の広報係長の紹介で仁川警察庁112通報センターを見学する機会に恵まれた。

通報電話が最もたくさん来るという週末の夜、了解を得て到着した仁川警察庁112通報センターの救助を求める通報者たちの無線から聞こえてくる声はどれも恐怖と緊迫感に満ちていて詳細までは聞き取れなかった。「もしも、もっとよく聞くことができるなら、危険を目の前にした人を早く助け、犯人も早くつかまえることができるのでは？」という気がして「ボイス」というドラマとボイス・プロファイラーのカン・グォンジュのイメージが少しずつ出てきた。

112通報センターを舞台に、新しい素材、声で糸口をつかむ特別な聴力のボイスプロファイラーとベテラン刑事が仮想のチームを作り「三分で出動、五分で到着、十分で検挙」というゴールデンタイムの中で人を助ける話の設定を立て、ちょうどその時シノプシスが完成し、「声（原題）」というタイトルをつけた。

脚本家として3シーズン続けて執筆することも楽な経験ではなかったが、三人の監督と仕事をすることもまた得難い特別な経験となり、キム・ホンソン監督（シーズン1）、イ・スンヨン監督（シーズン2）、ナム・ギフン監督（シーズン3）と会い、独特で個性の強い「ボイス」シリーズとなった。

シリーズ全体については、二〇一七年に放送された「ボイス」シーズン1が財閥系企業の代表である連続殺人鬼を法で裁く「正義の具現、勧善懲悪」に忠実な正統派アクションスリラーだったとすれば、二〇一八年に放送された「ボイス」シーズン2「嫌悪の時代」は、現代社会に潜在した嫌悪心理を利用して犯罪を犯す使命型サイコパスとゲームを展開する心理サスペンス・スリラーを目指した。二〇一九年に放映された「ボイス」シーズン3「共犯者たちの都市」は、「サイバー犯罪、精神疾患犯罪」を象徴するためにホラージャンル的ディテールを加えた。3シーズンすべて、現実の犯罪が、どんなジャンルを浮き彫りにしているのか、という着想から生まれたものである。

註‐4　もとのイギリス・ドラマ「女医フォスター　夫の情事　私の決断」は、全十話で、ほとんどのエピソードは韓国版でも踏襲されているものの、韓国版ではイギリス版にはない新任の神経科医を登場させている。また、イギリス版では主人公ジェマの自殺的行為を止めるのはその精神科医ではなく、相談を持ち掛けた長年の付き合いである先輩の医師であり、結局ジェマは自殺せず、意を決して夫との直接対決に立ち向かい、最初の復讐を果たす。その場面は韓国版同様、凄まじい（夫と浮気相手の実家に行くように仕組み、相手の両親――弟もいる――の前で、夫と娘の不倫を暴露するところで前半が終わる）。その前後のプロセスを韓国版は引き延ばしているわけだが、その点も含めて、日本人の眼で見ると、総じて韓国版の方が人間関係、感情のアヤの付け方が濃密で、自ずと韓国ドラマ的になっているのは致し方ない。それより、イギリスでこういった復讐ドラマが製作されていたことが意外だった。こういった題材（復讐）は、アメリカ・ドラマ「リベンジ」同様、今や世界共通のテーマなのか。

第六章

ネット独占配信のケーブル局代表作ベスト3　徹底解析

「愛の不時着」「梨泰院クラス」「賢い医師生活」

二〇〇〇年代初頭の韓国ドラマの主題は極端にいえば、時代劇・現代史ドラマ・家族ドラマ以外は、いわゆるメロドラマ的内容がほとんどで、通俗の果てに情感があり、人生がある、という図式だったが、その先に何があるのかという試行錯誤の結果は、この章で分析する三作品にある程度集約されているといっていい。

第四次ブームを巻き起こした契機、そして原動力となったのは、いうまでもなく「愛の不時着」「梨泰院クラス」、そして「賢い医師生活」の三作品といっていい。評価・人気とも衆目の一致するところで、特に「愛の不時着」の評価には、韓国・日本であまり違いがなかったのは特筆すべきことだ。現在、韓国ドラマに対して日本人が感じ取る情感は、アメリカ・ドラマを視聴して得る感覚と何ら違いはない。

究極の恋愛ドラマ

「愛の不時着」　二〇一九〜二〇年　tvN

「愛の不時着」は「冬のソナタ」に続く、おそらく韓国ドラマ史上、究極の恋愛ドラマの一つといっていい。夥しい製作本数を誇る韓国ドラマの中で特別な位置を占めているのには明確な理由がある。それは、韓国財閥の若き令嬢が、運命のいたずらとでもいうべき事故で北朝鮮に不時着してしまうことだ。昔から、「恋愛は二人を取り巻く困難が多ければ多いほど燃え上がる」というように、その困難を北朝鮮と韓国の分断に設定したことが決定的だった。

偶然から生まれた恋愛ドラマとはいえ、不時着したところが北朝鮮で、ヒロインの相手が北朝鮮の兵士という設定を一体誰が考えたのだろうと思う。誰もが考えそうで、その実、誰もが考えなかった、韓国ドラマ唯一無二の稀有《けう》な着想である。一度しか使えないアイデア（だから、「愛の不時着パートⅡ」はあり得ない）を考えた瞬間、すべてが決まってしまったともいえる。誰にも絶対に崩すことのできない強固で大きな壁、この独創がすべてを占めているわけで、以後のストーリーはすべてそこから拡大解釈したものと考えて差し支えない。

「愛の不時着」は第二の「冬のソナタ」といわれてはいるが、「冬のソナタ」の困難は出生の秘密と記憶喪失による「異母兄妹かもしれない二人の禁断の愛」であり、「愛の不時着」の困難に比べれば比較にすらならない。

「もし、～が～だったとしたら」といったような、最初のワンアイデアがすべてを決めてしまうドラマはアメリカ・ドラマでも山ほどある（最近では、「ジ・アメリカンズ　極秘潜入スパイ」「チャック」などはその典型）。そうであってもやはりこの着想は素晴らしい。韓国から北朝鮮に偶然来てしまうというシチュエーションは、二〇二〇年代の現代ＳＦといえる要素もあるわけで、やはり韓国でないと考え付かないアイデアである。「ベルリンの壁」崩壊よりあり得ない状況下の恋愛が、架空の創作設定の中であっても、現実に存在するとは！

従来の韓国ドラマで、北朝鮮と韓国の国籍を超えた恋愛物語はおそらく、総合編成チャンネル「TV朝鮮」の開局記念ドラマ「約束の恋人」（二〇一二年　原題：韓半島）が最初だと思われる。これは北朝鮮・韓国の国境周辺にある石油共同開発プラントに関わった、韓国側の開発チーム責任者ファン・ジョンミンと北朝鮮側の責任研究者キム・ジョンウンが開発事業中に恋愛関係となり、お決まりの悲喜劇の展開になるのだが、当時はこの辺が限界だった。

それからほぼ十年、「愛の不時着」はこれとは全く違う視点で作り上げられている。それぞれの国の考え方の違いは当然ではあるが、「約束の恋人」と異なり、「国境を超えた恋愛」を最上のテーマとして挙げたところが画期的で、年月の差を感じないではいられない。

だが、果たしてそれだけだろうか。本作「愛の不時着」の意義と価値はどこにあるのか。

最初は、以上のような国を超えた禁断の愛をテーマに、主役にヒョンビン、ソン・イェジンと美男美女を配役した恋愛ストーリーというアイデアだけで製作されたドラマだったのかもしれない。

もう一つの脇役カップルを登場させる必然性をうまく織り込んでいくストーリー展開も見事で、全体の骨組みとしてのシナリオ構成はほぼ完璧である。完璧なシナリオが完成すれば、後は俳優の配役の問題だけである。

俳優の問題に触れる前に一つ。「愛の不時着」放送時から、日韓双方で指摘されていたことだが、「愛の不時着」製作及び、主役のヒョンビンとソン・イェジン起用のヒントになったのではないかといわれている映画が二つある。

一つはヒョンビン主演の「コンフィデンシャル／共助」（二〇一七年　監督：キム・ソンフン）である。北朝鮮の刑事であるヒョンビンが、国際紙幣偽造集団を追って韓国に潜入し、韓国の刑事（ユ・ヘジン）と初の南北共同捜査が始まるストーリーで、北朝鮮からの人間の入韓という配役は既に試みられている。

もう一つは「ザ・ネゴシエーション」（二〇一八年　監督：イ・ジョンソク）である。ソウル市警のネゴシエーターであるソン・イェジンと、彼女と対峙する国際的な武器販売組織のリーダーで犯人がヒョンビン（初の悪役でもある）という組み合わせで初共演している。

この二つの映画が、「愛の不時着」のコンセプトやキャスティングと全く無縁とはいい難い。ヒントの一つとして取り入れた要素が散見できることは確かで、北朝鮮の諜報機関員と韓国の刑事との共同捜査を逆に考えてアレンジすれば（チャン・ドンゴン主演の「V・I・P・修羅の獣たち」〈二〇一七年　監督：パク・フンジョン〉はその一例）、韓国の人間が北朝鮮に潜入するストーリーも当然考えられる。それを恋愛ドラマとするならば、どういった設定が考えられるか。さらに、相手の女性は誰が相応しいのか。

そう考えていくと、ヒントはもう一つある。運命のいたずらによって、それまでの境遇が一瞬にして変わるというプロットは、過去に「潮風のいたずら」（一九八七年　アメリカ映画）、その韓国版リメイク「ファンタスティック・カップル」（二〇〇六年　MBC）といったロマンティック・コメディのネタの一つとして映画・ドラマで多用されている（ヒロインはいずれも事故で記憶喪失という設定）。本作もそこから連想した一種のバリエーションともいえる。

以上の推測をもとにすると、俳優ヒョンビンの新作として生まれたドラマ企画ではなく、このようなアイデアに当てはまる俳優は誰か、ということで、二つの映画をヒントにして考え出された企画と見るのが妥当ではないか。

韓流第一世代――一九七〇年生まれのイ・ビョンホン、一九七二年生まれのペ・ヨンジュンに続く、第二世代にあたる一九八二年生まれのヒョンビン（同年生まれは、チュ・ジフン、イ・ジュンギ）がドラマで注目されたのは、「私の名前はキム・サムスン」（二〇〇五年　MB

C）からだ。それ以降のヒットというと、「シークレット・ガーデン」（二〇一〇〜一一年　SBS）ぐらいで、この後兵役で入隊する（二〇一一〜一二年）。復帰後の「ジキルとハイドに恋した私」（二〇一五年　SBS）は明らかにミスキャストで芳しい出来ではなかった。

このように考えていくと、ヒョンビンにとって「愛の不時着」は「私の名前はキム・サムスン」「シークレット・ガーデン」以来久々の、そして最大のヒット作である。

では、そのヒットの理由とは何か。

北朝鮮の兵士は、韓国の兵士に比べて、無感情・無機質・寡黙というイメージがある。そこからドラマのヒョンビンのキャラクターが作られたかどうかは不明だが、少なくとも、どちらかといえば寡黙で、不器用で武骨な、そして任務に忠実で、正直で実直すぎるがゆえに融通の利かない性格はヒョンビンの俳優としての資質にピッタリだったに違いない。短髪で、軍服が意外に似合うのもうれしい誤算だっただろう。

こうしたキャラクターは必然的に、恋愛に対しては、不器用で臆病な態度として表れる。この時点で、ドラマの主人公の大体のキャラクターはほぼ決定したのではないか。

通して見ると気付くが、ヒョンビンは主役でありながら、驚くほどセリフの量が少なく、おそらくソン・イェジンの半分くらいである。そういう寡黙なキャラクター設定を活かしたかのように、敢えてぎこちなくいい含めるように話すセリフには相当な説得力が滲み出る。

相手を見つめて顔のアップになるシーン等の、言葉より態度・表情で演技するところに最大限の魅力を発揮する俳優で——知人の女性ファンはあの眼で見つめられたらもうダメといっていた——、女性の視聴者はまずそこに魅かれたのだと思う。

これにはもちろんハンサムという絶対的な容貌が不可欠だが、日本でこのドラマが受け入れられた最大の要因は、北朝鮮と韓国の分断の中の恋愛という表面的なテーマではなく、ヒョンビンのソン・イェジンに対する、ひたむきな献身的ともいえる愛情にある。そのためには二国の壁があっても、何があっても、思いを貫き通すという古典的ともいえるストレートさが、日本人女性（だけではないが）の共感を生んだのだと考えられる。

そんなヒョンビンの愛を素直に受け入れる相手役に相応しい女優は誰か。ソン・イェジン起用に至る理由は、先述の初共演作の映画が大きく作用していることは間違いない。他にも、ある程度の年齢の大人の女優で、ヒョンビンと同い年（一九八二年生まれ）という条件に合わせるならば、一番の候補である（男女の対等な関係を国籍以上に強調するのであれば、年齢はドラマ作りの絶対条件となる）。

ヒロインはわがままな令嬢であり若き経営者でもあるが、恋愛に対しては一見奔放のようで、真の恋愛の経験はないという、少し屈折したキャラクターが付加されている（だから恋愛に対してはひたむきで一途である）。行動は慎重というのもヒョンビンと共通する性格付けだ。何回かの別れ際での、ヒョンビンに対するソン・イェジンの余韻を残す、思いつめた表情はこのドラマのいくつかの見どころの一つである。

一九八二年生まれのソン・イェジンは二〇〇〇年に映画デビュー、二〇〇一年にテレビドラマデビューしている。初期のテレビドラマの出世作は「夏の香り」（二〇〇三年　ＫＢＳ）だが、代表作はどちらかというと映画に多い。「ラブストーリー」（二〇〇三年　監督：クァク・ジェヨン）、「私の頭の中の消しゴム」（二〇〇四年　監督：イ・ジェハン）、ペ・ヨンジュンと共演した「四月の雪」（二〇〇五年　監督：ホ・ジノ）と目白押しで、毎年ほぼ一本出演しており、テレビドラマはその合間といった印象が強い。スター女優としてテレビ出演作は意外に少ない方で、厳選しているともいえる。その意味でも、「愛の不時着」は満を持しての出演でもあった。

二人の国境を超えた恋愛物語のストーリー展開は、まず韓国からの想定外の訪問者を周囲に知られずに韓国に戻すことが前半の大前提となる。その間にソン・イェジンが北朝鮮の農村の生活の実態を知り、韓国では考えもしなかった格差を新鮮なショックとして受け止め、そのギャップをギャグと共に描いていく。だからといって、恋愛感情はともかく、ソン・イェジンには北朝鮮にとどまる意思は毛頭ない。これが第二の前提である。

事件発端の後の、北朝鮮兵士の協力による「脱北」が前半の基本テーマだが、二、三回決行するものの失敗してしまうのは、そうしないとストーリーがここで終わってしまうからで、それでもここまでで全十六話の半分くらいである。

そして、ヒョンビンとソン・イェジンのカップルと対比させる目的で作られたのが、ソ・ジヘとキム・ジョンヒョンの組み合わせだ。二組のストーリーを、北と南で交互に複合させることで、後半の新しいストーリーが増幅されて展開していくことになる。

インサイド・ストーリーともいえるこの組み合わせは、ストーリーの副次的なものであるにもかかわらず、男がソン・イェジンの元恋人の一人、女はヒョンビンの元婚約者と、奇縁を巧妙に織り交ぜて決して無関係ではないような展開にしているところが韓国ドラマトゥルギーの非凡なところだ。この辺りで、こうしたドラマに馴染みのない日本の凡庸な視聴者でも、日本と韓国のドラマとのクオリティの決定的な差に気付くことだろう。

「愛の不時着」は一応北朝鮮と韓国という国家体制の違う国の恋人たちの恋愛ドラマという観点がメインテーマになっているが、その設定を外すと、実はよくある韓国ドラマの踏襲ともいえるシーンが多いことも事実だ。

韓国財閥の家庭のシーンになると、このドラマは明瞭にダレるところが多くなる。「冬のソナタ」の完成度に比べて格段に差が出るのはこの点だ。平壌の庶民生活と特権階級の実態の格差はそれなりに新鮮なカルチャーショックでもあったが、特権階級の生活描写は、ランクを少し下げた韓国の財閥と似たようなものだ。類型的でありながら、その悲喜劇（ソ・ジへの母親の成金趣味等）が見どころの一つとなっているのはかなり計算された効果である。

見逃せないのは、脇の配役の充実で、ヒョンビンが住んでいる村の住人のアジュマ三人（キム・ソニョン、キム・ジョンナン、チャン・ソヨン）は現在の韓国ドラマ女性脇役のベスト3ともいえる女優たちである。それぞれが実にうまく配役に溶け込んで、コメディ・リリーフの役も兼ねるなど、陰の立役者となっているところも注視したい。

また、それと対応するかのような、ヒョンビンの部下四人の人物造形――キャラクターも見逃せない。役の振り分け方も見事で、ノリやすい性格のヤン・ギョンウォン、韓国ドラマ通のユ・スビン、常に冷静なイ・シニョン、最年少で気弱なキャラクターのタン・ジュンサンと、集団ドラマのツボを押さえている。

こういった脇役の充実も「愛の不時着」の完成度を強固にしている。

他の俳優で見逃せないのが、この恋愛ドラマに一本筋を通している党内派閥闘争の不正の元締めであり、最愛の兄を死に追いやったヒョンビンの仇敵、オ・マンソクの存在である。最近では「ジャスティス—検法男女—」（二〇一八年　MBC）で好漢の検事を演じていただけに、悪役転身は意外な印象を受けるが、役者としてはここがステップボードなのだろう。

問題はラストシーンで、それぞれの国に帰った二人がどこで再び出会うのか。脚本担当も相当考えたに違いない。最後は、最初偶然会った場所で、再び偶然（?）出会うという無難な線に落ち着いている。そうするしかなかったともいえるが、「恋愛ドラマの最後はハッピーエンド」という鉄則に倣うなら、最も相応しいラストである。

以上、述べた本作の見どころの要点を考えると、北朝鮮と韓国の歴史関係を熟知しているかどうかによって見方が変わる要素は多々あっても、また、そんな関係を知らずに俳優目当てだけで見たとしても、日本で支持されたのはどこか不思議な気もする。

また、今はNetflixの配信視聴だけだが、これからレンタル等の可能性があるとするならば、そのうねりはさらに大きくなり、その時に初めてこのドラマの真の日本の視聴者層が現れるのだと思う（敢えて、ソフト化しないとの噂もある）。

その層が、「冬のソナタ」と全く同じであることも、ある程度予想が付いている。新しい日本の韓国ドラマの視聴者層の多くは、本作を北朝鮮・韓国といった要素ではなく、スイスも含めた海外旅行的な視点で見ているフシもある。その根底にあるのは、やはり昔ながらの正統的恋愛ドラマの復活だからである。

いろいろと述べてきたが、いまさらながら思うのは、「愛の不時着」が成功したのは、またその功績は、最初の画期的なアイデアもあるが、本来、「メロドラマ・恋愛ドラマの主役は、美男美女でなければならない」という、常識ともいえる不変の論理を再認識させたこと、これに尽きる。「愛の不時着」は何よりもまず、基本的に、通俗の代名詞――「メロドラマ」そのものなのである。

ヒョンビンとペ・ヨンジュンは前述したように活躍した年代が若干違うので単純比較はできないが、「愛の不時着」を見ると、ヒョンビンの俳優としての長所と欠点がよくわかる。

ヒョンビンは現代劇ではあまりその特性を発揮できないタイプであり、「私の名前はキム・サムスン」（二〇〇五年　ＭＢＣ）にしても、別にヒョンビンでなければならない理由はそんなにない。現代劇でも、裁判ドラマ、医療ドラマ、刑事ドラマ、家族ドラマ、ラブ・コメ、いずれも不向きで、時代劇など論外となると、残された配役はそれほど多くない。「いつも違う服を着ているような違和感」はこれまでの出演作が証明している通りだ。ある種不器用なところが魅力的でもあるものの、俳優としての幅は意外に狭く、守備範囲が限定されるのは残念ながら事実だ（これはペ・ヨンジュンにも当てはまることだが）。

タレントの水準で語るならそんなことはマイナス条件にはならないが、俳優として見るならば、どうしても判定は厳しくなる。その意味では、ヒョンビンは基本的に、長い回数を必要とするテレビドラマより、映画向きの俳優なのかもしれない。

では、「愛の不時着」以降、ヒョンビンの俳優としての可能性のあるジャンルはどういうものかと考えると、最大公約数的な予想では二点あると思われる。

一つはやはり今回、「愛の不時着」で図らずも発見された軍人役だ。イケメンの軍人役はなかなかいないもので、今のところヒョンビンの俳優としての特性を最も活かした配役といえるだろう。しかも、非日常の極限状態にある「戦争」を現時点で考えると、やはり舞台は韓国にとって絶対不可欠な、民族を二分した「朝鮮戦争」となる。「朝鮮戦争」をテーマにしたドラマは数多く作られているが（『定年後の韓国ドラマ』参照のこと）、ヒョンビンを主役の一人にした群像劇はある程度想定できる題材の一つだ。

もう一点は、「愛の不時着」でも効果的に挿入されたピアノ演奏のシーンを拡大解釈して、クラシック界を舞台にした、「春のワルツ」のような「孤高のピアニスト」による、貴《き》種流《しゅりゅう》離《り》譚《たん》も考えられて然るべき企画と思われるが、どうだろうか。

筆者が韓国ドラマを判定する要素は次の五点――企画・演出・脚本・俳優（主役はもちろん脇役も）、そして音楽である。

今まで二十年近く視聴した韓国ドラマの中で、百点満点はあり得ないが、その中で「冬のソナタ」を八八～九〇点とすると、「愛の不時着」はどう贔屓《ひいき》目に見ても、せいぜい八〇～八二点だ。だが、ここに、「ヒョンビン」に対する女性の熱中度が加味されるので、八五点に近くなる。やはり、「愛の不時着」は女性視聴者を対象に作られた作品と受け取るべきなのだろう。筆者がこれまで述べた解釈は、男の視点による、ある種の偏見と独断として受け取ってほしい。

復讐劇の異色バリエーション

「梨泰院クラス」二〇二〇年　ＪＴＢＣ

「愛の不時着」は恋愛ドラマとして日本でも熱狂的な支持を得たが、「梨泰院クラス」は少し違うテイストのドラマである。従来の「復讐ドラマ」のバリエーションでもあるが、決定的に違うのは、主人公が復讐を誓う理由・原因以上に、斃すべき相手を、自分の信念を貫き通すために越えなければならない壁として捉えていることだ。

復讐の対象である「長《チャン》家《ガ》」グループの総帥は、父親を事故死させた犯人の父親であり、リベンジの意味は当然ある。だが、韓国の格差社会において、犯人である息子（韓国ドラマ正統の、久々に登場した典型的な馬鹿息子で、こういう存在は復讐ドラマには絶対不可欠である）への傷害罪で高校退学となり、刑務所で実刑三年の前科者となった主人公にとって、復讐する手段は無に等しい。

若さは「無力」だが、決して「無能」ではない。七年の遠洋漁業従事で資金を蓄えた主人公セロイは、韓国有数の繁華街にして飲食店の激戦区でもある「梨泰院」に居酒屋を開くところから、復讐の第一段階をスタートさせる。

梨泰院という地域は、ソウルでも有数の繁華街であり、かつて米軍基地があったため外国人が多く、また、日本の防衛省に当たる国防部もあることから六本木にたとえられることが多い（奇しくも、原作マンガの日本配信タイトルは「六本木クラス～信念を貫いた一発逆転物語～」である）。歓楽街に相応しく、飲み屋・ゲイバー・クラブ・エスニック料理店や外国人向けのお土産屋（特に革製品）が数多くひしめいているだけでなく、韓国最大のイスラム寺院や、韓国広告代理店最大手の「第一企画」があり、すぐ隣街の漢南洞《ハンナムドン》にはサムスン創業者一家が住んでいる歓楽街で、セレブの街でもある。

そんな街を舞台に繰り広げられる本作は、見方によっては、韓国の階級社会を背景にした、閉塞感とヒエラルキーを突き破る「階級闘争」のドラマでもある。タイトルの「梨泰院クラス」とは、「梨泰院階級」のことであり、その繁華街で生息している階級の頂上を目指す意味も含まれているのだろう。

ジョン・レノンではないが、いうなれば、「Working Class Hero＝労働階級の英雄」の韓国版ならぬ、「梨泰院 Class Hero」を目指す、最底辺から頂点への若者たちのサクセス・ストーリーと見ることも可能だ（日本での紹介記事に、韓国版「半沢直樹」との形容もあったが、筆者はかなり無理なこじつけのように思う）。

さらに、その舞台（業種）として選択されているのが、飲食業・食品産業・外食チェーンという点も象徴的である。ＩＴ産業はともかく、韓国は基本的に内需に限界があることから外需に頼らざるを得ない輸出大国である。ＩＴ産業に内需の可能性を見出してきたともいえるが、電機・自動車に比する第三次産業では飲食業関連業種の占有率が非常に高く、周辺業種も含めると従事人口は相当数に上る。街の個人経営の居酒屋、食堂まで入れると、ほとんどの地域の地場産業といっていい。

従来の地上波の家族ドラマの背景に食品産業・食堂等が多かったのはこういった韓国特有の経済事情によるもので、この点は二〇一〇年代のケーブル局製作のドラマでも例外ではなかった。こうした舞台設定を外すと、やはり韓国産ドラマのリアリティの大部分が損なわれることになり、ケーブル局ドラマであっても、視聴者の共感は得られなかっただろう。

韓国経済の深刻さゆえの若者の閉塞感は並大抵のものではなく、そこに風穴を開けるべく登場した「梨泰院クラス」は、単なる若者の起業のサクセス・ストーリー以上の意味があると見るべきだ（韓国ドラマで、若者たちの起業としては、飲食業以外の舞台はＩＴ産業しかあり得ない）。

「梨泰院クラス」では、食堂というより、様々な飲食業の総体となっているが、長家グループもタンバムも、やはり売り物は料理であることに違いはない。当然ながら、飲食店の雌雄を決するのは料理の「味」である。だから、復讐物語であると同時に、ある種の変型料理ドラマの側面もあり、韓国ドラマ特有のエッセンスもそれなりに注入されている。

そうした観点から見ると、「梨泰院クラス」は、「愛の不時着」「賢い医師生活」に比べて、それほど斬新な設定のドラマではない。「若者たちの反乱、若者たちによる下剋上」といったテーマはあるものの、あくまでも韓国ドラマの王道を踏まえたニューウェーブのドラマと見るべきなのだろう。

ドラマの中で主人公が「十五年計画」というところの計画の全貌は、ストーリーが進行していく内に明らかになる。そこに様々な味方・協力者・敵が絡む。主人公の人柄と信念に魅かれて人が集まってくるのは見どころの一つであり、主人公の魅力による無意識の人心掌握は、本作の特徴の一つだろう。

配役について、主人公セロイ役のパク・ソジュンは、最近では「キム秘書はいったい、なぜ?」(二〇一八年　tvN)で注目を集めたが、本作における髪を短髪にした、据わった眼つきの無表情の風体は一種異様な雰囲気を与える。セリフも最低限で、無口なタイプであることも存在の不気味さを漂わせ、印象的な役柄としては決定打となった。前髪カットの異様な風体は原作マンガの作りをそのまま実写に置き換えたものだが、これがドラマに独特の印象を与えたのは確実である。

付け加えておきたいことの一つは、最初の回で姿を消す、セロイの父親役、ベテラン俳優のソン・ヒョンジュで、いつもながらの実直な役柄で強い存在感があり、セロイに「息子に酒を教えるのは父親の役目だ」というシーンは本作でも屈指の名場面だ。俳優としての長年のキャリアを感じさせる演技で、特別出演の意義は大いにあったといえるだろう。父親の存在なくして、後のセロイの復讐の動機はないともいえるほどで、その無念の死が、セロイのすべての行動の原動力となっているのはいうまでもない。

ストーリー展開から考えると、セロイは出所後そのまま裏社会に入るのが相応しい設定だが、原作にはそういう発想はなかったようだ。自分が置かれた社会における不公平感、そこから生ている不条理な怒り、そうした挑戦を裏社会ではなく、一般社会における若者の主張――メッセージとして代弁すると同時に、仇敵を斃すためのモチベーションに切り替えたところに新味があった。結果として、その戦略は見事に成功した。

仇敵であるグループの総帥を演じるユ・ジェミョンは今まではどちらかというと温厚な役柄を演じることの多い脇役の一人だったが（「恋のスケッチ〜応答せよ１９８８〜」の学年主任の高校教師役が印象的）、以前の役からは想像もつかない、真逆の冷徹な役柄に挑んでいて、その無機質な表情は、外食産業でありながらも闇の権力の底知れない深部をも見事に暗示している。

外観の特殊メーキャップによる異相の印象は強烈であり、仇敵のイメージ作りとしては申し分ない。全く善意のかけらも見せない非情の経営者は韓国ドラマではそう珍しくない人物像だが、その中でも一段階上の、最上の敵キャラクターとして設定されている。

屋台から身を起こし、一代で今の地位を築いた立志伝中の人物には自分なりの人生哲学が確固としてあり、その信条に逆らうものは容赦なく切り捨てる、その逆鱗《げきりん》に触れたのが、セロイ（パク・ソジュン）だった。だからなのか、二人には因縁浅からぬ悪縁ともいえる別の感情もある。

視聴者から見ると、二人は同じルーツを持つ人物であることもわかってくるのだが、二人の間に、セロイの高校時代からの同級生にして唯一の理解者だったスアが微妙に敵対し暗躍することで、ストーリーが一層複雑になっていく。こうした効果は、もちろん製作側が考案した意図の一つだろう。

さらに総帥の後継者である無能の馬鹿息子と、総帥の愛人の異母兄弟も交えて、グループの後継者争いもストーリーの重要な縦糸となる。これこそがドラマトゥルギーの王道である。

主人公セロイを慕って集まる他のメンバーも多彩で、個性豊かな人物のオンパレードである。ソシオパスの女マネージャー、後にライバルともなる長家グループ総帥が愛人に産ませた息子、刑務所で知り合った元ヤクザ、トランス・ジェンダーの調理担当、そして、ギニア生まれにして韓国人でもあるバイトと、登場人物たちのパーソナリティは原作マンガからの脚色にしても、普通の脚本ではなかなか考え付かない人物のオンパレードである。

中でも、マネージャーのイソの存在はおそらく韓国ドラマに初めて登場したキャラクターで、現代的で天才的なビジネス才覚のある女性だが、サイコパスならぬソシオパスという「反社会性パーソナリティ障害」を具現化した存在は、間違いなく、他のドラマとは違う肌合いを伝えている。

自身の目的・目標については献身的に率先して従事するが、その方向性が少しでも狂うと普通に対処することができなくなる欠点がある。それが恋愛に替わると、周囲からは意味不明な態度・対応に映るが、本人にその自覚はない。こういった人物がドラマの中に登場すると、ドラマの行き先が予想しづらくなるわけで、最後まで視聴者の興味を持続させるには最適の存在である。

演じたキム・ダミは映画「The Witch／魔女」（二〇一八年　監督：パク・フンジョン）でデビューした新人女優だが、本作のパク・ソジュン、ユ・ジェミョンに続く主役は間違いなくキム・ダミである。

この人物造形は原作マンガにもあるらしいが、マンガ原作者がいうように、今まで見た様々なドラマからの影響に加え、日本のマンガとアメリカ・ドラマの混合による産物だったとしたら？

総合エンタメ情報サイト「WHAT's IN? tokyo」（現在はサービス終了）に掲載された原作WEBマンガの作者である、チョ・ガンジンへのインタビューによると（二〇二〇年八月一日取材：飯田一史）、現在三十四歳で、日本のマンガ「スラムダンク」「ワンピース」「ナルト」等を愛読し、マンガ家を目指すようになったという。

様々な職業を経て、二十七歳でＷＥＢマンガ・デビュー。まるでセロイのような人生だが、作者は、日本のマンガだけでなく、アニメ・音楽・映画にも影響を受けたらしい。今、韓国のマンガはほとんどデジタル作画で、発表媒体もウェブトーンという、どこでも見られるスマホのアプリによるもの。既に韓国では、紙に作画して、印刷・製本した本を書店等で発売するという従来の図式によるマンガ出版ではなくなっている。

作者のコメントとして興味深いのは、「梨泰院クラス」は日々の暮らしの中の経験や感情から着想を得たもので、作者自身がセロイのような人生を歩んだわけではないということだ。セロイの人生は作者が作り上げた、一つのファンタジーであり、大まかなプロットは作ったが、最初からきっちりと組み立てたものではないらしい。

それにしても、作品のインパクトは到底普通とは思えないが、脚本の一部も担当したとのことで、なるほどドラマの展開にはマンガの連載的な「引き」が強く表れている。

さらに、取材者が「梨泰院クラス」を疑似的な家族ドラマのようだと指摘するところは秀抜な視点である。筆者も同様のことを考えていた。つまり、もう一つの家族を作るために主人公セロイは仲間を作っていくのではないか。どの人物も社会的な観点からすれば、何かが欠けているともいえるが、だからこそ、彼らが集まることで魅力的な相乗効果を生み出せるのではないかと考えたという作者の発言は至言である。

ドラマ製作では、キャラクター作りについても監督と協議したとのことで、結果的に原作マンガの魅力と迫力がかなりの部分、正確に移し替えられているのは間違いない。画面のカット割りやストーリー展開は極めて斬新だが、どこかギクシャクする印象を与えるのはそのためだと思われる。その分、マンガを見ていない視聴者にはかなり新鮮に映ったことだろう。

しかしながら、「梨泰院クラス」はWEBマンガ原作という点からも、基本的に若い世代向けの新しいドラマであり、シニアの視聴者はあまり感情移入できなかったのではないかという危惧もある。シニア世代に当たる筆者は、原作マンガを見ていなくてもかなり楽しめたが、いわゆるドラマの作り方としては回ごとの振り幅が激しく、破天荒すぎて、全体としては必ずしも完成度が高いとはいえないところがある。

セロイとスアの恋愛関係も今一つよくわからない部分が多く、何よりも、主人公セロイと長家グループ総帥との一騎打ちという対決の図式がわかりやすいだけに、類型化しているところも少なくない。もう少し、横糸として他の存在があった方がドラマに膨らみが出たのではないかと思うが、この辺りはないものねだりだろうか。

ドラマが急展開を見せる後半までの、セロイをめぐるイソとスアの三角関係の時間はどちらかといえば少し意味不明であり、ドラマ内の緩みのような箇所も多々ある。

　また、一時セロイの側につく、長家グループのカン専務の位置も少しあやふやで、セレブな人物を数多く演じていたキム・ヘウンを起用していながら、十分に活かされていないのは残念な気がする。それは、元刑事とのロマンスめいた描写でも明らかで、今一つ重要な伏線と成り得ていない。最後には何らかの意思表示はあるにしても、エピソードとしては中途半端な印象を受けるだけだ。

　だが、ドラマは十三話以降、激しく動き出す。長家グループ総帥の策略で投資詐欺にあったセロイは、トニーの祖母である不動産業界の大物（こういった金貸し・不動産屋の大物といった役は、今までも老婆が扮することが多いが、本作も例外ではなかった）の投資を受け、奇跡的に立ち直り、中国市場も視野に入れて、四年後、遂に自社ビルを建てるまで成功する。

　そんな頃、長家グループのアメリカ支社にいた、かつての仲間であり、グループの次男で後継者となったグンスが韓国に帰国、また懲役中だった仇敵の長男グンウォンも刑期を終えて出所してくる。

　そして、想定もしていなかった展開は、仇敵の総帥が、膵臓ガンで余命半年の宣告を受けることだ。復讐の相手を完全に斃す前に、その張本人が死んでしまうとは。セロイは強く動揺する。

復讐相手にタイムリミットがあるという展開になるのは意外だった。今まであまりなかった状況設定である。普通は、例えば時効までに時間がないために犯人逮捕にすべてを懸けるのが常套パターンだったが、本作ではそうではない。では、全く違う状況をどうやって打破するか？　以後の展開はそれほど奇異なものではなかった。

ハッキリいって、第十四話から最終十六話までの三回分は少し冗漫であり、セロイとイソの恋愛関係が成就するのは別に構わないが、そこまでの道程が少し回りくどく、復讐譚本来の趣旨が少し希薄になっているように見える。

セロイがグンスの代わりに交通事故に遭うのは想定外だったが、これ以降、シナリオのセオリーからすると、少しおかしいところがある。主人公の最終目的が長家グループの打倒であることが最初から提示されているにもかかわらず、イソとの恋愛の比重がメインストーリーの中で高すぎるのではないかという疑問である。

最後、監禁されていたグンスとイソが窮地に陥った際、今度はグンスが、身代わりになって助けてくれたセロイのためにイソを守って死亡。逆上したグンウォンが、その首謀者であるヤクザを殺そうとして返り討ちに遭う。セロイが駆け付けた時には、二人とも死んでいるという結末が普通である。その二人の死を長家グループの総帥に突き付け、これはすべてお前のせいだといい放ち、長家グループを買収する過程で、セロイに土下座せざるを得なくなり、その姿を見てセロイの復讐は終わる……。

となるはずが、グンスもグンウォンも生きていて、グンスはイソをいさぎよく諦め、グンウォンはまたしても刑務所に収監される。刑務所に面会に来た、かつてイジメていた相手にグンウォンがいい返される場面に爽快さがあるくらいで、それ以外は何となくギクシャクしたエンディングである。

長家グループがスアの内部告発によって窮地に立つ過程は、手短にフラッシュバックのように描かれるが、どこか付属的な描写に終始している。総帥は結局、最後にセロイに土下座をすることになるのだが、セロイはそれを見て非情に対処はするものの、当初の目的だった復讐がドラマの最終目標の達成とはなっていないような印象を受けるのは解せない。スアもセロイを簡単に諦め、梨泰院で新しいレストランを開くのも何か予定調和すぎる。特別主演の、スアの店に面接を受けにきたシェフ役のパク・ボゴムが効果的なだけに、このエピソードが消化不良のように見えるのは惜しい。

しかしながら、ここまで書いてきて一つ気付くのは、やはり本作の魅力は、従来のドラマパターンに陥らないところにあり、復讐物語は実は本作の一つの側面であって、根本は若者たちの底辺からのサクセス・ストーリーという側面が大きく、その点を一番に読み取るべきなのだろう。だからこそ、若者たちの共感を得たのであり、（筆者のような）上の年代の人間がこのドラマを見て、シナリオとして少し不備があると指摘するのは本質的な評価とはならない。さらに、イソが思いを寄せるセロイとの年の差カップルのラブストーリー的な側面によって、特定の層に熱狂的な信者を生んだことも否定しない。だが筆者には、自身の年齢と若い視聴者との人生観の違いと断絶を意識せざるを得ない作品となったことも事実である。

以上述べたように、「梨泰院クラス」は、「愛の不時着」とは違う個性を持った作品であるが故に若い世代に熱狂的に支持されたことは確かだ。しかし、世代を超えて、二〇二〇年からの第四次ブームを「愛の不時着」と共に牽引したのは、次に紹介する「賢い医師生活」といっていいだろう。

十年に一つの傑作
「賢い医師生活」二〇二〇年　tvN

二〇二〇年を代表する作品であることはもちろん、私見では、十年に一つの傑作であると位置付けているのが「賢い医師生活」だ。二〇一〇年代からの韓国ドラマルネッサンスを象徴するだけでなく、韓国ドラマの最良のエッセンスのすべてが凝縮されている作品でもある。

現在、韓国ドラマとは何かと問われれば、躊躇《ちゅうちょ》なく、筆者は本作を推す。そのくらい、このドラマには韓国ドラマを成立させている条件と要素がもれなく集約されている。

病院を舞台にした五人の医師たちの毎日を描く人間群像といえばそれまでだが、たとえそうであっても、本作は従来の医学ドラマとは全く異なる視点で作られている。病院を舞台にした医学ドラマは数多く作られているが、中心となる主人公的な医師は押しなべてヒーロー的な役割であったり、病院内の何人かの医師が協力者、あるいは敵役として登場するのが今までのパターンだった。それらに比べ、本作の視点は単一ではなく、複眼的な構成で作られている。

中心となる五人はかつての医大の同期生であり、ある病院で偶然再会する。過去の同窓生的なつながりは韓国ドラマでは珍しくない設定だが（例えば、「紳士の品格」「応答せよ」シリーズの基本コンセプト）、本作も例外ではなく、五人の医療と私生活を中心にドラマは進行していく。

演出、脚本は「応答せよ」シリーズ、「刑務所のルールブック」のヒット作コンビだ。彼らがｔｖＮ製作ドラマのベースを作ったことはもちろん、韓国ドラマの未来の一方向は間違いなくこの延長線上にある。

病院はある意味、不思議な場所で、人生の縮図ともいえる場所でもある。非日常な空間の中に、生があり死がある。死があるから生があるのであれば、人生はその繰り返しともいえる。人生の様々な場面に、否応なく直面しなければならない職業――医師とは本来そういうものだ。

このドラマには、スーパーマン的な医師もいなければ、孤立した一匹狼的な医師もいない。また、病院経営をめぐる陰謀等とも無縁で、全体を通して大きな事件が待ち受けているわけでもない。病院はもともと、何らかの危機・悲劇が日常的に発生する世界でもある。だが、本作で描かれるのは医療現場の毎日の淡々した治療・手術の連続であり、そんな日常の中で、彼らは真摯《しんし》に自身の役目をこなし続ける。

そんな一見平凡な静的な場面の連続から生まれるドラマもあるわけで、ヒントの一つとして、アメリカ・ドラマの「Friends（フレンズ）」（一九九四～二〇〇四年　NBC）、「THIS IS US」（二〇一六～一七年　シーズン1　NBC）の影響もあると思われるが、もちろんそれだけではない。製作側の意図は当初から別のところにあったはずだ。

まず注視したいのは、中心メンバーたちの年代である。

韓国tvNのオフィシャル・サイトによると、ソウル大医学部に九九年に入学した同窓生たち五人は全員四十歳前後。役職的にも、インターンからレジデントとフェローを経て、助教授あるいは教授という、医療の最前線の現場にありながら、同時に後進を指導する立場にいる。

現役真っただ中の医師たちであり、日常的に外来・回診・医療・手術を行う、何かと責任の多い役職である。

五人はいずれも似たような立場にいて、ドラマを注意深く見ると、それぞれの役割・登場するシーンの時間・エピソードの配分は、五人ともほぼ等しい。特定の者だけが中心になるとか、ある人物が脇役的になることを意識的に避けているようだ。つまり、担当部署の違う五人の集合体が本作の主人公であり、五人の配役に優劣をつける必要は全くない。逆に少しでも差があると、作品自体のコンセプトが変わってしまうともいえる。

五人の医師それぞれのキャラクターのコンセプトと設定は「応答せよ」シリーズから始まった男四人＋女一人というドラマ黄金律を踏まえた描き方で、その仕上がりは見事としかいいようがない。五人のプロフィールは以下の通り。

肝胆膵外科のイクジュン（チョ・ジョンソク）はメンバーの中では唯一の子持ちであり、妻と離婚し一人で五歳の子供を育てている子煩悩な父親。その分、他のメンバーの恋愛に首を突っ込みたがる癖がある。一応、メンバーの中ではフロントマン的な立場にいるが、決してリーダー的な立場にはならない。妻との離婚もあり、新しい恋愛には慎重だが、ソンファ（チョン・ミド）に告白するシーンがシーズン1の最後にある。軍隊勤務の妹イクスン（クァク・ソニョン）がジュンワン（チョン・ギョンホ）と恋愛していることは、兄のイクジュンにはまだ知らされていない。

胸部外科のジュンワンは、キャラクターとしてはメンバーの中でも一番複雑で気難しい、クールなタイプとして描かれている。メンバーの中でもアクセントとなるキャラクター設定のためか、医療態度・患者への応対もどちらかといえば即物的で、あまり親切な感じには見えない。意思をうまく伝えるのが苦手なタイプなのか、恋愛はいつも長続きせず、恋人も頻繁に代わるのだが、最後に、イクジュンの妹との恋が遂に成就する（二人の恋愛はほとんどコメディで、特に様々な武道の有段者である軍勤務のイクスンにいきなり回し蹴りを食らうシーンは見物の一つだ。番組情報ではこのシーンは三十回撮り直したという）。

小児科のジョンウォン（ユ・ヨンソク）は見かけそのままの生真面目な医師タイプだが、特に小児科医という役柄がぴったりで、子供との診察対応の端々にそれは表れる。これほど医学生・若い現役医師の役がうまく当てはまる俳優もなく、今までの数々の医師役が物語っている通りだ。育ちの良さが嫌味にならないのが強みで、そういった役どころが多いのは数多い中堅俳優の中でも珍しい。他の兄弟がすべて神に仕える神父、シスターという設定も意表を突いている。ジョンウォンも最終的には神父の道を考えているからか、恋愛には興味がないようだったが、シーズン１の最後には、後輩ギョウルとの恋の始まりが用意されている。

産婦人科のソッキョン（キム・デミョン）はジョンウォン同様、裕福な家の出身だが、父親の不貞に母親共々いつも悩まされている複雑な家族関係の中にいる。シーズン１では一応決着を付けるが、最終的に母親共々大きな心の傷を負ってしまう。私生活では離婚歴があり現在は独身で、父親とのトラウマから、新しい恋に踏み出すことに常に慎重な立場を取っている。好意を示す後輩の女医ミナにも、距離を取って接しているのはそのためだ。普段ほとんど笑わないキャラクターで、その笑う場面として考え出されたのか、バンド以外の隠れた趣味がお笑い番組視聴なのは意外だった。

そして、神経外科のソンファ（チョン・ミド）は紅一点に相応しい、取り立てて欠点のない、理想的な女医として描かれている。どんな患者にも真摯に向き合い、最大の努力をする姿勢と意思は、やはり四十歳という年齢設定に裏打ちされているのか。部下の医療研究はもちろん、私生活の相談役でもあり、病院内の不可欠な存在として描かれている。

この年齢でこうした役柄をこなすことのできる女優は、韓国ドラマの中でも稀少だ。かつてのスター女優シム・ウナ、イ・ヨンエ、チェ・ジウ、キム・ハヌル、そしてソン・イェジンたちはいずれも四十歳前後のアラフォー世代だが、こういう設定のドラマの中で起用されたとしても浮いてしまうわけで、やはりチョン・ミドの配役は必然でもあった。

五人の中でも裏リーダー的な役割であるが、あくまでもグループ内の一人という役割を崩していない。激務をこなしながらの息抜きが、ソロ・キャンプなのは少し理解に苦しむところだが……。シーズン1のラストでは、イクジュンからの思いがけない愛の告白もあり、ドラマの先行きを暗示するような結末となっている。シーズン2への最大の伏線は疑いもなく、二人の恋の行く末である。

五人の俳優はいずれも、本作出演以前はそれほど突出した知名度ではなく、主役級というより、中堅の脇役程度の印象がほとんどだった。

ジョンウォン役のユ・ヨンソクだけは以前から医者役が多かったくらいで（「総合病院2」〈二〇〇八～〇九年　MBC〉、「おいしい人生」〈二〇一二年　SBS〉、「浪漫ドクター　キム・サブ」〈二〇一六～一七年　SBS〉）、外観としても医学生という印象がピッタリだ（子供がそのまま大人になったような外観で、長身である点も含めて、ほとんど韓国のティム・ロビンスである。「応答せよ1994」の好演も捨て難い）。

イクジュン役のチョ・ジョンソクはギターが趣味ということで、バンド演奏でもそれなりの腕前を披露しているが、本作までは、映画「スピード・スクワッド　ひき逃げ専門捜査班」（二〇一九年）で注目されたぐらいだった。

　産婦人科のソッキョン役のキム・デミョンも「ミセン」（二〇一四年　tvN）で忘れがたい印象を残したが、本作が本格的な主役級で、適役ともいえる配役である。

　ジュンワン役のチョン・ギョンホは、思い返せば「愛の不時着」（二〇一九～二〇年　tvN）にも出演していたが、「刑務所のルールブック」（二〇一七～一八年　tvN）がこれまでの代表作といえるだろう。

　ソンファ役で紅一点のチョン・ミドは元々ミュージカル女優で（バンド演奏でのボーカルは、設定上、どうやらわざと下手に歌っているようだ。ドラマとは別に製作されたPVを見れば、その歌唱力は相当なレベルである）、テレビドラマはこれが初の本格的な出演作といっていい。

　いい換えれば、以上の五人の無名性の集合体を一つの主人公＝主役として構想されたのが「賢い医師生活」なのだと思う。群像劇の新しい作り方であり、五人の医師それぞれの素顔——個性を多面的に表現することがこれで可能になる。

　年齢に相応しい役柄を演じるのはすべての俳優の目標の一つだが、そういった相応しい配役が常に回ってくるとは限らない。役に恵まれないことが多い現状を考えると、五人の起用は幸運にして適役という、まずあり得ない状況が生んだ産物である。このキャスティングは、本作に関しては間違いなくプラスに働いた。まさに最初に企画ありきである。

五人のバンドの楽器担当及び実年齢は以下の通り。

イクジュン（チョ・ジョンソク　ボーカル&リード・ギター担当　一九八〇年生まれ）とジュンワン（チョン・ギョンホ　サイド・ギター担当　一九八三年生まれ）は同郷の高校の同級生という設定。ジョンウォン（ユ・ヨンソク　ドラム担当　一九八四年生まれ）とソッキョン（キム・デミョン　キーボード担当　一九八〇年生まれ）は富裕層出身の幼馴染という設定。そして紅一点のソンファ（チョン・ミド　ベース担当　一九八二年生まれ）。

五人は大学の新入生歓迎会で知り合い、何となくグループとなる。五人は時間がある限り、集まって昼食・夕食を共にするが、そういった場での世間話、病院内での労苦への愚痴の応酬だけでも、五人の一風変わった友情はある程度感じられる。

五人それぞれの対外的な印象・キャラクター・人間関係が、本人たちの言動だけでなく、五人と同期の話好きの緊急医から客観的に語られるのも新鮮な方式で、後輩の部下たちがカフェで話を拝聴するシーンが頻繁に挿入されるのは一種のブレイク・タイムとなっている。この辺にバラエティ番組出身の演出と脚本家ならではの特性が効果的に活かされていると思われる。

さらに本作の最も非凡な点は、五人の友人関係をバンド活動を通じて表していることだ。ソッキョンが提案したかつてのバンド再結成だが、それまでのドラマにはない、こんなアイデアを誰が考え付いたのだろうか。そもそも病院ドラマにバンドの演奏シーンは必要ない。いい換えると、本作は病院を舞台にした壮大なバラエティショー的なドラマなのかもしれない。

バンド構成は、ドラム、ベース、キーボード、サイド・ギター、リード・ギターというバンドの基本パターンで、演奏は粗削りながらその分新鮮な印象を与えて効果的である。再会したメンバーたちの学生時代の結び付きの一つとして考え出されたのがバンド活動だったのかもしれない。

ドラマの展開シーンの区切りに必ずバンド演奏のシーンが用意されているのも、バラエティ番組の次回予告の変型のように見える。しかも、演奏曲はいずれもその回の出来事を象徴するような選曲がなされている。

五人の役者たちの実年齢は、前述したようにほぼ四十歳前後だが、まだ学生気分がかろうじて残っており、バンドの再開が可能な年代ともいえる（筆者の年代ではよくあることで、シニアになった今でもバンド活動をしているのは珍しくない）。アメリカ・ドラマも、ここまでは考えなかっただろう。

最終回、エンディングテーマであるかのように「君にとって僕は、僕にとって君は」が演奏される場面がある。その間奏パートに、五人が担当している患者たちの病状が好転していく様子が挟まれ（中でも、ジョンウォンが献身的に見守った女の子が母親とメリー・クリスマスを伝えに来るシーンや、ソッキョンが長く治療を続けてきた流産経験のある夫婦に安定期に入ったことを告げて励ますシーンは、本作の中でも秀逸な場面の一つだ）、演奏の後半がさらに盛り上がる心憎い演出がされている。

メンバー全員それぞれの歌唱は最後を締めくくるのに相応しく、ここに至ってドラマ自体が、五人の青春後期の友情物語というより、もっと大きな視野に立った人間群像ドラマであることがわかってくる。

また同曲は、シーズン最終回のキャスト、スタッフクレジットと共に流れるテーマ曲ともなっている。熱気のあるメンバーたちの演奏・歌唱は、ドラマ内でも一、二を争う名演である（ドラマのOSTに関しては、第九章「韓国ドラマOST　二〇一六～二〇二一年　ベストテン」を参照のこと）。

ドラマ製作の観点から見ると、病院を舞台にしたドラマは無限のストーリー展開が可能である。ある程度、医者のキャラクターが決まってくると、毎回彩りを与えるのが、入院している患者及び緊急医療で運ばれてくる患者であり、状況や症状によって、様々な俳優を当てはめて起用することができる。家族ドラマのもう一つのバリエーションともいえる人間模様が可能になるわけだ。

患者となる配役については、アメリカ・ドラマ「ＥＲ」「クリミナル・マインド」「シカゴ・メッド」顔負けの名脇役が勢揃いしていることはここで繰り返すまでもないだろう。

例えば第一話で、入院した義母、息子の病状に胸を痛める中年の母親は、ソンファに向かって「私は世界で一番不幸な女だ」と愚痴るのだが、息子の手術が成功し、義母の症状が軽いことを聞くと「私ほど世界で幸せな女はいない」と喜びを爆発させる。

文章にすると感動がうまく伝わらないが、母親役の女優の一見不器用なオーバーアクション気味の演技も加わり、我々視聴者は、この世で一番幸せなことは病のない健康な毎日であるという極めて単純なことに思い至る。

また私見では、韓国ドラマにおける、患者役の俳優の多様さによる効果は、アメリカ・ドラマのようにクールではなく、日本のテレビドラマの取って付けたような感情とも違う、韓国ドラマでしか味わえない情感をうまく伝えているところに表れていると思う。

年齢・性別を問わず、韓国は世界有数の俳優大国である。生活力旺盛で、感情表現の豊かな俳優が多く、患者を演じる俳優たちの感情過多で過剰なほどの喜怒哀楽の振り幅はこの種のドラマには不可欠である。そういった利点は、医師側の配役より、患者側の配役に重点を置いているのではないかと思わせるほどだ（おそらく、現在の韓国俳優たちにとって、自身の演技の見せどころも含めて、本作の患者役ほどやりがいのある配役はないだろう）。

脇役の充実に関しては、病院側のスタッフも同様で、手堅い演技で常に脇を固めるキム・スジンは今回も看護師長として重要な役をこなしている。それぞれの部下、例えばソンファのレジデントであるチホン（キム・ジュンハン）、ジュンワンのチーフレジデントのジェハク（チョン・ムンソン）はストーリー上、不可欠な存在である。そういうキャラクターを微妙に織り込んでいる脚本の完成度は相当なものだ（註‐1）。

病院は無数のエピソードの集積の場でもあり、さりげないシーンにも、女性脚本家ならではの心配りが散見できる。その一つは、ソンファがある手の施しようのない患者を診て、かつて同じような名前の患者を担当したことを思い出して実習生に話すと、それが実は実習生の母親であることが判明して抱き合う場面は感動的であり、人間ドラマの一つの達成が確実に感じ取れる。こういったシーンは、病院を舞台にした数多い韓国ドラマの中でも久しくお目にかかれなかった。

もちろんそんな場面ばかりではない。小児科医のジョンウォンは心臓病で二年以上看ていた幼い患者に打つ手がなく、最終的に天命だったともいえる年齢で死なせてしまう。最初は悪態をついていた母親も最後は事情を理解して、ジョンウォンに深い感謝の意を述べるが、自分の無力が許せないジョンウォンは行き場のない感情を神父である兄を呼び出して飲みながら愚痴ってしまう。

この神父の兄（ソン・ドンイル好演）が「生臭坊主」とでもいうのか、健啖家で酒飲みであり、ジョンウォンの悩みをいつも柳に風で聞いているところがおかしい。説明できないユーモアを漂わせているとでもいうか。この辺りにも従来の医学ドラマとはどこか違う手触りがある。

他の医師も常に同じような境遇にある。

産婦人科のソッキョンも平穏な診察ばかりではない。妊婦の検診中、胎内児の心音が聞こえず、胎児の死を告げる場面がある。それまで外来待ちをしていた他の妊婦たちは、待ち時間が長すぎると一様に不満を述べていたが、胎児の死を知らされた妊婦の叫び声が診察室外にも聞こえると押し黙る。ある妊婦は一緒に不満を述べていた夫を無言で遮る。いずれの妊婦も考えていることは同じで、胎内児の死ほど悲しいものはない。外来待ちの妊婦たちの間に無情に響き渡る慟哭《どうこく》。ドラマ内でも最も優れたシーンの一つであり、こういった場面にこそ、アメリカの医療ドラマでは絶対に見ることのない、韓国ドラマの特性があるといっていいだろう。

尚、放送中から指摘されていたことだが、本作には珍しく「悪人」「敵」がほとんど登場しない。病院が舞台のドラマにありがちな同期のライバル意識、派閥闘争、政治家との贈収賄、社会悪とも無縁である。

さらに、病院の理事長の子息であるジョンウォン、母親いずれも病院経営に無欲な人間として描かれているだけでなく、特にジョンウォンには、経営権放棄の交換条件で受け取った遺産を「あしながおじさん基金」として、治療費の払えない患者家族への援助金として供託しているという、知られざる善意のエピソードもある。

このように見てくると、善人ばかりのドラマということになるが、製作側がなぜそのような設定にしたかというと、ドラマでいう「悪」的な存在を、患者の「疾病」「疾患」「病状」に置き換えているのだと筆者は考える。医師にとってどんなことをしても退治しなければならない絶対的な悪はつまるところ「疾病」であり、その根絶のため、治療・完治に全力を注ぐことが医師の仕事である。力及ばず、患者が死に至ることは、医師にとって敗北を意味する。

綺麗ごとが多すぎるという批判も当然あるだろう。だが、ダークサイドばかり見てもキリがないし、そこからは何も生まれてこない。それより、わずかな可能性に全力を尽くすという医療の基本的な精神の方に、二〇二〇年代の現在では確実なリアリティがあるのではないか。

視聴者は、例えば、イクジュンが障害のある患者の子供に手話で話しかけるところとか、ジユンワンが担当して死寸前にまでいった患者が完治した時、両親の問いかけに「母親のキムチチゲが食べたい」という場面にこそ眼を配るべきで、そこに、他に類似のない本作の特異性が浮かび上がる。

五人の医師たちはいずれも治療を通じて、自らも人間として成長しており、献身的ともいえる治療はそのために彼らに課せられた宿命ともいえる。このように解釈することが本作の最も正しい見方ではないだろうか。

こういったシーンは従来のドラマトゥルギーとは違う発想でないと出てこない。ドラマ創作の観点からも、善人はともかく、「悪人」を描くより「普通の人」を描く方が意外に難しいといわれるのはそのためだ。いい換えるなら、このドラマは、「悪」と「善」という単純な区分けではなく、様々な視点による「人間」そのものが描かれている。だからこそ、我々視聴者はドラマという創作物であっても、そこに人生の意味を見出しているのだと思う。

「賢い医師生活」の普遍的な視点は他にもある。

韓国ドラマに限ったことではないと思うが、ドラマの視聴者は本来身勝手である。従来のアクション・サスペンス・ＳＦドラマ的なものばかりを見ていると、自然と何か別の感情を持つようになってくる。

例えば、「24 - TWENTY FOUR -」は、息もつかせぬ展開に最初は釘付けになるが、よくできているだけに、またその濃密性ゆえに、疲労感を覚え、少しホッとする場面があってもいいのではないかと思うようになる。

何気ない日常を舞台にした、家族ドラマではなく、恋愛ドラマでもない、極めて普通の毎日と仕事、男と女が出会い、結婚して、子供を持ち、一家を構えるという通常の人生を描くドラマを見たい、もしくはそんなドラマがあってもいいのでは、と思うようになるのではないか。「THIS IS US」の製作者たちがそう考えたかどうかはわからないが、そんな考えがどこかに潜んでいたとしても別に不思議ではない。

一方で別の考え方もある。既に述べたように、筆者は「賢い医師生活」を韓国ドラマの中でも十年に一つの傑作だと考えているが、こういった見方をするのは当の韓国以外では、日本だけではないかということだ。

Netflix配信で、全世界で視聴が可能になった韓国ドラマだが、「愛の不時着」のような普遍的なラブストーリーはある程度世界的に受け入れられるとしても、「賢い医師生活」は少し視聴者を限定するのではないかとの疑問がある。

というのも、アメリカの医療ドラマを見慣れた視聴者には、本作の人間関係は感情過多のように見えるだろうし、患者への接し方も少し度を越えたように映ることは想像に難くないからだ。

　瀕死の患者であっても本人同意のサインがない限り絶対に手術を行わないという、アメリカのような極めてクールな契約社会の医療ドラマには、いい意味での無駄な部分が全くない。実際の医療現場はそんな杓子定規なものでなく、何らかの情実が生じる場面は必ずあるものだが、親近感への距離が少し違うといえばいいだろうか。この点が、アメリカ・ドラマと韓国ドラマの根本的な差異である。それを物足りなく思うかどうかは視聴者次第だが、韓国及び日本の視聴者はその点にこだわるのだと思う。

「シカゴ・メッド」（二〇一五年～　ＮＢＣ）では精神科の医師が患者本人はもちろん、その周辺の家族関係・人間関係にも目を配るような配慮がされている。それでも「賢い医師生活」を見た後では、どこか人間感情の希薄な、ドライなドラマとして映ることも確かだ。

　ここで筆者はドラマの完成度のことをいっているのではない。「シカゴ・メッド」は最近のアメリカ・ドラマでは出色の出来の医療人間ドラマだが、完成度が高い分、少し人間感情ならぬ「情感」を希薄に感じる部分があると思っているのにすぎない。こういった情感の差異は、韓国ドラマとアメリカ・ドラマを同時に視聴してきた日本人だけが感じ取れるものではないか。

　筆者は前作『定年後の韓国ドラマ』で「日本人だけが感じ取れる情感」について分析してき

たが、アメリカ・ドラマと並行して韓国ドラマを見ることによって、情感の差異がさらにハッキリしてきたように思う。

その差異とは、ドラマの着想・設定もさることながら、やはり演じる俳優が醸し出す情感である。同じアジア出身ということもあり、韓国俳優たちの外観はある時代の日本人と大差ないように映るが、アメリカ・ドラマは必然的に最初から外国産ドラマとしか見えない。最近の韓国ドラマがアメリカ・ドラマのテイストを少なからず保有しているのは第二章で既述した通りだが、二国のドラマが融合した部分がありながら、それでも独自の作品として成立している韓国ドラマに、ある種の情感を見出すことができるのは日本人だけではないか。

本書で徹底解析の対象として挙げた「梨泰院クラス」「愛の不時着」にはそういった点がかなり顕著に散見されるが、その中でもほとんどの条件を兼ね備えた特別な作品が「賢い医師生活」である。

さらに付け加えるなら、映像の世界でよく使われる言葉に「ドラマ空間」というものがある。創作のドラマであっても、演じる俳優たちによって、確かな生活空間が現出することを指す。「賢い医師生活」にはその「ドラマ空間」が確実に成立しているといえるだろう。そうなると、俳優たちが演じる医師は、単に俳優が白衣を着ただけではなく、実際の医師がそこで働いているような錯覚を視聴者に与える。隠し撮りのドキュメンタリーと見間違うような感覚を伝えることができたとすれば、製作スタッフの意図はある程度成功したことになる。俳優が演じるキャラクターがその世界で実際に活きているかのように見えるのは、その見事な証明である。

但し、「賢い医師生活」にも瑕瑾《かきん》がないわけではない。例えば、ソンファの部下の医師同士の恋愛は、本筋のストーリー展開にはそれほど必要ないように思えるし、ソッキョンの部下の女医たちの人間関係もうまく処理されているとはいえない。ストーリーの裾野を少し広げすぎたような危惧もないではないが、その辺りの未処理の部分はシーズン２で何らかの形で明らかになるのだろう。

シーズン１の最後は、シーズン２に続く五人それぞれの未来を予想させるようになっている。イクジュンはソンファに想いを告白し、ジョンウォンとギョウルもお互いの好意を確認した。ジュンワンはイクジュンの妹と長距離恋愛となってしまったが、送ったはずのカップルリングが返送されてきて、何か波乱含みの先行きを思わせる。そして、ソッキョンに離婚した元妻からの着信があったところで、シーズン１は終わる。果たして、ソッキョンは元妻とヨリを戻すのか、ミナとの恋愛に進展はないのか、シーズン２への興味は尽きない。

番組のラストには、五人が最初に出会った時の記念の写真が使用されているが、この写真には製作者の意図を超えた効果があり、「青春の日々はまだ終わっていない。まだその途中なのだ」というメッセージを確実に呼び起こす。

これほど深い余韻を感じるドラマは二〇一〇年代以降の韓国ドラマの中でも稀有であり、ワンシーズンではあまりにももったいない。ということで、シーズン2の製作が決定した。五人の私生活・恋の行方を追うだけでも続編のエピソードは十分すぎるほどで、できればシーズン3まで続けてほしいシリーズである。

特に、三人の兄がいるというソンファの家族関係、ジュンワンの両親等についてはまだ明らかにされていない部分が多く、これからのお楽しみだ。それぞれの恋愛を超える、新しい医療上の困難もおそらく用意されているのに違いない。

「賢い医師生活　シーズン2」二〇二一年　tvN

待望の続編、シーズン2は六月十七日から配信開始された。シーズン1のテイストをそのまま引き継いだ内容で、出演俳優もほとんど固定であり、前作からの印象が大きく変わることはなかった。ヒット作の続編は大体そういうものだ。

少しでもマンネリ化を防ぐのに欠かせないのは、病院ドラマに不可欠な、想定を超える患者・治療・状況・人間関係の設定である。緊急患者の症状によって、無限のバリエーションが考えられるが、その治療に際して五人の医師たちは、プライベートも含めてどのように対処するか。そこにまた新しいドラマが生まれる。

シーズン２の第一回は、前作の最後に、ソッキョンにかかってきた元妻の着信から始まる。元妻との再会から、同じ科の部下ミナとの間がさらにギクシャクするが、ソッキョンとしてはいつも通り接しているにすぎない。早期破水した患者からの願いで、可能性の低い出産を敢えて引き受ける理由をミナに説明するソッキョンは、シーズン１のソッキョンと何ら変わりはない。

他の仲間たちも同様の毎日を送っている。

ジョンウォンとギョウルの初々しい恋の始まりの中、病院で亡くなった子供の母親とのささいな関係に悩むギョウルに対するジョンウォンからのアドバイスには、考えさせられるところが多い。ジュンワンとイクスンの遠距離恋愛の進展はまだ不明なままだ。前作からの重要な案件だったイクジュンからソンファへの告白は、ソンファからの友情を大事にしたいという婉曲な拒絶で終わってしまう。ともあれ、こうしてシーズン２はスタートしたが、果たして今回の隠されたテーマとは何か。

小児科医のジョンウォンは相変わらず子供の機嫌をうまく取りながらの治療に終始している。

産婦人科医のソッキョンは試練の連続で、自信を持って引き受けた早産の危険性のある患者は結局、早期の破水によって胎児が死んでしまう。術後、患者にメールを送って、力及ばずこうした結果となったことを謝罪するが、患者側の理解があったとしても、医者としては結果がすべてで、少し落ち込んでしまう。

こうした場面は今までになかったものだが、医師の、病院の日常とは常にそういうものなのだろう。医療とは、成功があるから失敗があるのではなく、失敗があるからその後に成功がある。我々の人生と何ら変わりはない。そういった試練を凌駕する治療がドラマ内にあるのかどうかが本作の眼目の一つとなる。

ソンファは難手術を押し付けられた形になったが、率先してその手術に臨み成功する。そして患者の母親から息子との見合いを進められる。イクジュンは、実の娘二人から肝臓移植しながら、それでも飲酒を続ける父親に最後通告を突きつける。ソンファとのこともあり、治療にもどこか気の晴れない日々が続いている。ハッキリいって、最初の一、二回は前作の忠実な延長であり、少し間延びした印象がないでもない。

そんな時、イクジュンの妹でジュンワンと遠距離恋愛中のイクスンが赴任先の海外で交通事故に遭った旨の連絡が入る。情報の入らないまま、現地にも行くこともできないジュンワンは激しく動揺するが、イクジュンに相談することをためらっている。すると、追い打ちをかけるようにイクスンから「好きな人ができた」という信じ難い告白がある。ジュンワンは毎日の医療に集中できない。イクスンがイクジュンに自身の体調不良を訴えたことで二人の仲は兄にバレるのだが、イクスンの本音がどこにあるのかわからないまま、遠距離恋愛の二人の間に不安の影が差し、シーズン2が本格的に始まる。

全十二話のちょうど中間の第七話から、ドラマは新しい展開に入る。

季節は三月、新しくインターンになった者の配属が決まり、ある者はインターンからレジデントに、レジデントからフェローとなる時期でもある。主役の五人はいずれも教授職にあるが、新しいインターンやレジデントを見ていると、同時期の自分たちの失敗談を思い出し、結構笑える場面も出てくる。そんな失敗を乗り越えて今があるという回顧はともかく、本作を支える重要な要素が、第七話でさりげなく紹介される。

例えば、出産前に胎児の疾患がわかり手術しなければならない状況の中、夫の義母が妊産婦につらく当たることに対して、小児科医のジョンウォンは患者だけではなく、その家族への気遣いも忘れない。術後、義母を前にしてのジョンウォンの説明にはそうした意図を強く感じる。

つまるところ、このドラマのリアリティを支えているのはそうした細部の、何気ない描写である。医療とは患者の病因を治すだけでなく、患者の人生のフォローも含まれる。なぜなら医師は、患者の人生をある程度見ざるを得ない立場にあるからだ。

これまでも医療ドラマは数多く作られてきたが、そうした面に光が当たることはあまりなかった。だが、本作はそうではない。医師が感情のある人間であるように、患者もまた一人の人間であるということを再認識させる――この点が今までの医療ドラマにはなかった新しい視点といってもいいだろう。

さらに第七話では医療の一つの教訓が示される。父親から娘への肝臓移植手術前の患者家族がいる。その娘の兄が神経質なくらいに、手術の前後に主治医であるイクジュンはもちろん、看護師やインターンにも過度の素人意見をする。インターンの一人は煩《うるさ》すぎると思っているが、イクジュンは丁寧に手術のポイント等を繰り返しきめ細かく説明する。

術後の対応でも一悶着あるが、イクジュンは不満げなインターンに、家族にしてみれば二人同時の手術であり、神経質になるのが当然と諭す。そのことでインターンも自分の母親が亡くなった時の医師に対する感情を思い出し、まだまだ医療者としての自覚が足りないと反省する。これも先述したジョンウォンの対応と根本は同じで、医療は手術の成否だけではなく、家族を取り巻く総合的なものだということがわかる。

この辺りは教育臭が少し強すぎるところもあるが、こういう部分も本作を構成している重要な要素であり、それを念頭に置いて見ないと、ドラマ全体の意図を見逃してしまうことになる。

前半の七話まではこれまでの設定の延長で凌いできたところもあったが、後半に入り、やっとシーズン2のメインテーマが現れてくる。

五人の家族周辺を含め、偶然と必然を織り交ぜながら、少しずつ日常が動いていく。そんな中、ジョンウォンの母親に認知症の疑いが生じる。検査の結果、認知症ではなく水頭症で、ソンファの診断から快方に向かう可能性が出てくるが、今度はソンファの母親がパーキンソン病であることが判明する。二人とも医師でありながら自身の母親の病状に気付かなかったジレンマに悩むことになる。

第八話の最後に、理由もよくわからないまま疎遠になっていたジュンワンとイクスンは、ソウル行きの深夜バスの中で偶然居合わせる。これは結局、イクジュンの策略だったのだが、その効果もあり、二人はかつての付き合いを取り戻すようになる。

第九話ではギョウルの弟が訪ねてきて、結婚が破談になったことを告げる。それによってギョウルの家庭の内実が知らされる。父親はＤＶで刑務所に収監されていて、母親は父親の暴力のため入院しやっと退院したが、まだ眼を離せない状況が続いている。ギョウルはそのことをジョンウォンに告げるが、そのことによって二人の絆はさらに深まっていく。

ジュンワンの部下である、チーフレジデントのジェハクが妻の異変に気付き、入院すると妊娠が判明するが、同時に癌の疑いもあった。癌の治療を優先して子供を諦めようとする二人に、ソッキョンはある進言をする。この時のソッキョンの説明は、医療のあるべき姿を示す一例だ。自分が死んでも子供は助けてほしいという妻の願いに、子供が生まれても母親が死んでいたらどうするのかと厳しく告げる。警告といってもいい。抗癌剤治療がある程度進んだ後で出産することも可能であり、その方向で自分は治療を考えたいというソッキョンの説明に二人が同意するところは、この回の最も感動的なシーンだ。

それに引き換え、第九回の病院内の選抜卓球大会はドラマ内のブレイクタイムであっても少し悪ノリではないかと思うが、どうなのだろう。

第十一回では、最終回を前に、五人それぞれの行く末も何となく暗示される。

ソッキョンはかねてから思いを寄せてくれているミナの思いにやっと応えてデートを重ねるようになる（アメリカに行く予定がまだ秘密となっている理由は最後に明らかになる）。ジョンウォンは母親にギョウルの家庭のことを告げ、それに一応の決着がついたら結婚する旨を伝える。

暴漢に襲われて頭部に傷を負ったイクジュンを献身的に看病するソンファの姿を見て、周囲は二人の仲を察知する。最後には珍しく、ソンファからイクジュンに思いを伝え、二人は車の中で抱き合う。

最終回では、五人の恋愛はすべてある程度決着がついている。

ジョンウォンが一年、医療の研究のため、ギョウルと一緒に渡米すると皆の前で告白する。

ソッキョンも、アメリカに行くのをミナに引き留められて断念したという口実で母親に結婚を承諾させたらしい。そんな状況の中、イクジュンが「これが最後のバンド演奏になるような気がする」と呟き、演奏が開始されるのは、ドラマの完結を言外に匂わせているのかもしれない（この選曲も演奏も、意外に締まっていないのが残念だ）。

そして、「四カ月後」という時間の経過が取って付けたように挿入され、五人がそれぞれの道を進んでいく暗示で終わる。これで終わっても、シーズン３があっても、どちらも可能なエンディングである。


推測するに、五人それぞれの恋愛エピソードが広がりすぎて、従来の病院内の治療等についての時間が足りなくなったのだと思う。五人の手術にまつわるドラマや患者たちの背後の人生が伝える情感、レジデントや看護師たちの知られざる面がシーズン１に比べてそれほど掘り下げられていない印象を与えるのはそのためだ（イクジュンの息子ウジュも今回はあまり出番がない）。

シーズン1に比べて幾分、散漫な作りになっているのは否めないが、逆にいうと、いかにシーズン1が完璧に近い作りになっているかの証明でもある。

それにしても、全十二話ですべてのエピソードを消化するためか、第十回からほぼ二時間近い尺となっている。ここまで来ると、ある病院を中心とした長い人生そのものを体験するような感覚を視聴者は持つようになる。視聴者たちは確実にドラマ内の病院のどこかを歩いているような気になる……。

最終回に至っては二時間を超える所要時間で、こうなると毎週映画を見ているようなものだが、ドラマ時間の充実がそれを意識させないところはさすがだ。

シーズン3の製作を決めかねていることは何となく想像できるが、ここで終わるにはあまりにも惜しい。十年に一度の傑作ともいえるドラマでもあり、シーズン2の捲《けん》土《ど》重来《ちょうらい》の意味でも、少し時間を置いても、シーズン3を是非とも実現してほしいと思っているのは筆者だけではないだろう。

最後に、本章で分析した三作品の中で、日本でのリメイクの可能性を考えると——「愛の不時着」は設定上、世界中どの国でもリメイク不可能だが——、一番移し替えやすいのはやはり「賢い医師生活」だろう。かつてアメリカ映画「セント・エルモス・ファイアー」(一九八五年）を「愛という名のもとに」（一九九二年　フジテレビ）として作り替えたように、若手アイドルを起用すれば、似たようなドラマを作り上げることはできるはずだ。

だが、「賢い医師生活」の安易なリメイクは眼も当てられない結果となることはほぼ確実で、何のドラマか全くわからない、意味不明なものとなるだろう。その理由は今まで分析した通りだ。また、あり得ない話だと思うが「THIS IS US」の日本リメイクも同様である（尚、最新情報として、「梨泰院クラス」の来夏リメイクのニュースがあったことを記しておきたい）。

註－1　「賢い医師生活」で注目されたのは、主役の五人だけではない。他にも一挙に注目された俳優が多く、中でも一人を挙げるとすれば、ジョンウォンの恋人役ギョウルを演じたシン・ヒョンビンである（筆者としては、もう一人、ジュンワンの恋人で、イクジュンの妹役のイクスンを演じたクァク・ソニョンを挙げたい。その硬質の愛情表現は捨てがたい）。既に三十八歳の中堅女優の一人で（これまでの出演作品では「ミストレス～愛に惑う女たち～」〈二〇一八年　OCN〉の精神科医役が目を引く）、本作の髪を後ろでまとめたメガネ姿はもちろん、様々な医療・疑問に対処する真摯な姿が印象的だった。医師のコスチュームを外すと、相当な美貌である。以後、出演作のドラマが三本、待機・進行中という人気（十月に配信開始された「あなたに似た人」は、シン・ヒョンビンがいなければ成立しないドラマである）は、間違いなく本作で培われたものだが、視聴者はやはり、あの素朴な医師のコスチューム姿に魅かれたのだと思う。そのくらい、あのコスチュームによるドラマ内の視線・表情・演技は極めて魅力的だった。

第七章　ケーブル局で開花した男優・女優

「冬のソナタ」ヒット効果による俳優の転身とその後

まず前史として、韓国ドラマを日本に紹介した「冬のソナタ」の出演俳優を例に、俳優の転身及びその後について述べてみよう。

まず、主演のペ・ヨンジュンは主演ドラマ「太王四神紀」（二〇〇七年　MBC）でほぼ俳優業を引退、実業家に転身した。

実は「冬のソナタ」（二〇〇二年　KBS）も俳優としては難しい年代に差し掛かった頃のもので（一九七二年生まれ）、「愛の挨拶」（一九九四〜九五年　KBS）から活動を始めた青春スター俳優としては、後期の「冬のソナタ」は年齢的にはむしろ意外なヒットでもあった。

相手役のチェ・ジウは「涙の女王」として日本のドラマにまで出演した。以後も、コンスタントに出演を続けたが、別にチェ・ジウでなければならないドラマばかりではなく、「冬のソナタ」が女優生活のピークでもあった。「冬のソナタ」出演時、二十七歳にもかかわらず（一九七五年生まれ）、十八歳の高校生を演じていたわけだ（他の俳優も同様で、ペ・ヨンジュンとイ・ヘウンも当時三十代で高校生の役なのは少し苦しいところがある）。

パク・ヨンハ（一九七七年生まれ、二〇一〇年、自殺）、パク・ソルミ（一九七八年生まれ）については第四章で述べた通り。

後に同級生同士で作品内で結婚するリュ・スンス（一九七一年生まれ）は、「冬のソナタ」が俳優としてのドラマデビューで、以後も重要な脇役として活躍している。もう一人のイ・ヘウン（一九七三年生まれ）は、映画ではキム・ギドク監督（註-1）の「悪い女　青い門」（一九九八年）にも出演しているキャリアの長い女優で、以後「最後から二番目の恋」（二〇一六年　SBS）といったドラマでもヒロインの昔からの相棒を好演している。

「冬のソナタ」における最大の収穫は、主演以外の俳優もほとんどそれなりの知名度を得たことだろう。

一番恩恵を受けたのが、チェ・ジウの母親に扮したキム・ヘスク（一九五五年生まれ）で、家族ドラマの母親役・妻役として、以後、毎年最低一本は出演が続く。「冬のソナタ」以後、ほぼ二十年、出演が途切れたことはない。近作「賢い医師生活」でも欠かせない配役で、母親役としての地位を確立したといっていい。

キム次長こと、クォン・ヘヒョ（一九六五年生まれ）は、韓国の柳沢慎吾＋笹野高史といった感じで、独特のキャラクターで俳優としての存在感は抜群だった。これで俳優としての位置を確立し、作品によっては主役級を演じるまでになっている。

ペ・ヨンジュンの母親役のソン・オクスク（一九六〇年生まれ）も同じで、同作でピアニストを演じていたとは信じられないくらいだ。以後は様々な役を無難にこなし、コメディ・リリーフとしても、また重要な脇役としても、ドラマに欠かせない存在となり、現在でも現役で活躍中である。

パク・ヨンハの父親で教授を演じたベテラン俳優チョン・ドンファン（一九四九年生まれ）も同じような役柄が多いが、コンスタントに作品をこなしていて、年齢的にも意外に役柄の広い役者だ。悪役（例えば「病院船」等）も多く、特に知的な悪役となると出番が増える俳優である。

その妻を演じたイ・ヒョチュン（一九五〇年生まれ）も古くからの脇役だが、今なお、様々なドラマで端役での活動を続けている（最近では「結婚作詞　離婚作曲」）。

チェ・ジウの会社の女上司パク・ヒョンスク（一九六八年生まれ）も、その後も出演を続けている女優の一人で、年齢的に役に恵まれることは少ないが、適役は年増の業界キャリア・ウーマンで、「グロリア」（二〇一〇～一一年　ＭＢＣ）辺りは最適といっていい役柄だった。

さらに、その同僚ソン・ジョンボム、主役たちの高校の担任教師チョン・ウォンジュンまで、現在でも何かの作品に出ていることを考えると、まさに「冬のソナタ」は俳優シンドロームともいえる現象だった。俳優のバブル時期としては大きな効果があったわけで、本作が単なるヒットではないことの証でもある。

俳優の世代交代

地上波からケーブル局へとドラマの構造が変わるのと同様、出演する俳優にも当然ながら世代交代がある。筆者の見るところ、韓国俳優にとって転機となったのは、以下の三作品で、その出演俳優の後の変転を見ると、時代と共に俳優の在り方もずいぶん変わってきているように思われる。

その三作品とは、韓国にとっても記念碑的な作品である「砂時計」（一九九五年　SBS）、日本にとっての韓国ドラマ元年の作品となった「冬のソナタ」（二〇〇二年　KBS）、二〇一〇年代最初の代表作ともいえる「ジャイアント」（二〇一〇年　SBS）である。

不思議なことにこれらの作品にはそれぞれ七〜八年の間隔がある。さらにその後、二〇一七〜一八年に韓国ドラマのルネッサンス期を迎えていることを考えると、このくらいの時間を経てドラマは次のステップに進んでいくということなのだろうか。

「砂時計」

「砂時計」から見ていくと、主役三人、パク・サンウォン（一九五九年生まれ）、チェ・ミンス（一九六二年生まれ）、コ・ヒョンジョン（一九七一年生まれ）の中でも、特にパク・サンウォンは、一九九〇年代に韓国歴代視聴率ベストテン作品の内、四作品（「黎明の瞳」一九九一年、「砂時計」一九九五年、「初恋」一九九六年、「あなた、そして私」一九九七年）に出演した、九〇年代を代表する俳優である。

二〇〇〇年代、二〇一〇年代になると、四、五十代で演じられる役柄には限度もあり、以後は作品を厳選しているようだ。知名度は今なお高い。

チェ・ミンスは「砂時計」以後、「白夜」（一九九八年　SBS）、「ロードナンバーワン」（二〇一〇年　MBC）を経て、映画にもそれなりに出演しているが、代表作はやはりテレビドラマに集中している。二〇一〇年代になっても主役と対等な重要な役が多く、その存在感はやはり特別である。

コ・ヒョンジョンは結婚と同時に一時引退するが、二〇〇五年に復帰、「H．I．T．‐女性特別捜査官‐」（二〇〇七年　MBC）、「レディプレジデント～大物」（二〇一〇年　SBS）、「女王の教室」（二〇一三年　MBC）と話題作が続く。以後はそれほど目立った活動はないようだ（「町の弁護士チョ・ドゥルホ」の続編の出演は、作品にとっても、コ・ヒョンジョンにとってもマイナスに作用したのは残念だ）。

あれだけ一世を風靡した俳優たちも五、六十代を迎えると仕方のないことだが、ともあれ、二十五年前の作品に出演した三人は、以後もそれなりの俳優人生を歩んできたといえるだろう。

年齢的に親世代の役が多くなるのは俳優として自然な年の取り方である。ただ、地上波ではそのキャリアを活かした、相応しい役がまだあるが、ケーブル局ドラマではそういった企画がそれほどあるわけではない。

「ジャイアント」

「冬のソナタ」は先述した通りだが、「ジャイアント」の主役イ・ボムスと、敵役チョン・ボソクのその後についても触れておこう。

イ・ボムス（一九七〇年生まれ）は長い間、映画で脇役を多く演じてきた俳優で、初のテレビドラマ出演「外科医ポン・ダルヒ」（二〇〇七年　SBS）で注目され、「オンエアー」（二〇〇八年　SBS）でその評価は決定的になり、「ジャイアント」で開花する。

その後の「サラリーマン　チョ・ハンジ」（二〇一二年　SBS）は「ジャイアント」の二番煎じでしかなかったが、「アイリス2」「総理と私」「ラスト - LAST -」と話題作にはもれなく出演し、映画でも今なお主役を演じて、円熟の境地である。

「ジャイアント」で史上最高の悪役を演じたのがチョン・ボソクだ。まさに一世一代の名演技といっていい役柄で、同作では主役イ・ボムスと完全に対等な位置にいた。この悪役がいなければ、最終的に六十話に至る長期放送を最後まで続けることはできなかっただろう。「ジャイアント」ほど、韓国現代史を背景に、ドラマの基本パターンの一つである「善」と「悪」の二項対立を見事に表した作品はなく、裏の主役は、チョン・ボソクである。

だが、あまりにも強烈な役柄だったためか、その印象から抜け出せていないように見えるのは筆者の偏見だろうか。とにかく「ジャイアント」以降、どんな役柄を演じても到底善人には見えず、絶えず腹の中で良からぬことを考えているのではと疑惑を持ってしまうところは如何ともし難い。こうなると適役も考えもので、俳優そのもののイメージを完全に変えてしまうのでは本末転倒である。

「ジャイアント」のキャスティングの際、一九六二年生まれの中堅俳優だったチョン・ボソクは四十代後半だった。話題作「人魚姫」等で得た、それまでのイメージを変える新機軸と考えたのか、当初は違う役をオファーされていたらしいが、自らその役を買って出たという。だが、本人の思惑とは反対にマイナスのイメージの方が大きかったようだ。

俳優にとってイメージは大事な商品価値であり、一度ある色がついてしまったら、そこから抜け出すことは容易ではない。以後、決定打といえる作品はないようだ。

補足として書いておきたいのが、生き別れていたイ・ボムスの実兄パク・サンミンと、イ・ボムスの将来の恋人（？）となる、腐れ縁の幼友達パク・ジニである。

実兄であるパク・サンミンとのつながりは尋常な兄弟縁ではなく、身を切るようなつらい過去からのつながりでもあった。陰になり日向になり、弟イ・ボムスをチョン・ボソクの罠から守る兄の役柄は、本作の中でもひときわ光る名場面ばかりで、パク・サンミンにとっては代表作となった。

その反面、チョン・ボソク同様、あまりにも役が適任すぎたのか、どうもそれ以降は作品に恵まれていない。善人イメージの強い俳優が悪役的な立場に立つとどうしても見ている方の勝手が違ってくる。これはパク・サンミンにとっても意外な誤算だっただろう。

パク・ジニについては、別にパク・ジニでなくてはならなかった必然性はあまりなく、厳しくいうと、他の女優でも構わなかっただろう。それまでのキャリアと年齢（一九七八年生まれ、ドラマ撮影時、三十二歳）からして、「ジャイアント」の主役級の出演は大抜擢である。

その大役のためか、以後の出演作で見るべき作品はほとんどない。「ジャイアント」が結果的に代表作になった。以後もそのイメージから抜け出ることができなかったのは、パク・ジニも例外ではなかった。

ケーブル局で開花した新しい世代の俳優たち

地上波とケーブル局の俳優の違い及び区別には、実はそれほどの意味はない。俳優にとって、仕事をする場所が多ければ多いほど収入に直結するわけで、ケーブル局製作番組で活動の場が広がったのは、すべての俳優にとって歓迎すべきことだった。

むしろ、急増する番組製作により、それまで脇役に甘んじていた個性的な俳優にとっては自分を売り込む格好の機会到来となり、前向きに捉えた俳優がほとんどだっただろう。

だからといって、俳優なら誰でもいいというわけではない。日本でいうならば、将来の樹木希林、岸部一徳のような存在となる俳優でなければならない。それと並行して、二〇〇〇年代の家族ドラマの常連だった年配の俳優は、ケーブル局の台頭が明らかになった二〇一五年前後からほとんど姿を消している。この時期は新旧の世代交代の時期でもあった。

そして、主役であろうと、脇役であろうと、この時生き残った俳優がケーブル局の隆盛を下支えすることになる。

出演俳優の面から見ても、ケーブル局ドラマは当初から企画ありきの作品が多いことから、それまで脇役だった俳優が一挙に準主役になるケースが目立っている（例えば、ユ・ジェミョンは「梨泰院クラス」がなければ、未だに脇役の地位に甘んじていただろう）。

それだけ俳優陣の裾野が広いこともあるが、総合編成チャンネルやケーブル局の台頭で、ドラマ製作本数が飛躍的に増えたという要因が大きい。地上波放送が三、四局だった時代——二〇〇〇年代に比べて、二〇一〇年代から総合編成チャンネルが加わったことで、放送局はほぼ倍になり、現在はケーブル局を含め、製作本数は大きく膨らんでいる。

企画自体も、多数の俳優を必要とする群像劇が多く、特にｔｖＮはその傾向が強いようだ。「刑務所のルールブック」（二〇一七～一八年）、「ブラックドッグ～新米教師コ・ハヌル～」（二〇一九～二〇年）、「賢い医師生活」（二〇二〇年）はその代表例である。多くの俳優を必要とするドラマの増加は、個性的な俳優が登場し、開花する転機でもある。その場として、ケーブル局製作ドラマはまさしく待ち望まれた舞台でもあった。

筆者の独断と偏見でいえば、二〇一〇年代のケーブル局ドラマで開花した俳優というと、男優では、ソン・ドンイル、チョ・ジヌン、チェ・ムソン、パク・ウォンサン、イ・ジュニョク、オ・ジョンセ、女優ではラ・ミラン、イ・ハナ、ソ・ジヘ、キム・ソニョン、キム・スジンに尽きる。

筆者は、男優・女優いずれも、人間的な弱さを持ち合わせている俳優に魅かれる。そういう部分を保有している俳優には人間味溢れる、性格俳優的なタイプが多い。彼・彼女らはドラマ世界に必ず、深い情感と潤いを与える。これこそが、脇役であろうとも俳優の本分であり、役目だと筆者は考える。

それぞれの代表作を中心にプロフィール、キャリアを細かく見ていくと、男優では、まずソン・ドンイル（一九六四年生まれ）を挙げたい。

キャリアは一九九五年頃からで意外に古く、初期は、第一次韓流ブームの「冬のソナタ」に続く「美しき日々」（二〇〇一年　ＳＢＳ）において、ドラマ内でデビューする歌手がかつてバイトしていたスナックのマスター役程度だったが、筆者はその頃から何か印象的な脇役と目を付けていた。

その後も順調に出演作が続き、最終的には、主役はともかく、重要な脇役として不可欠な存在となった。その地位を決定付けたのは、いうまでもなく、「応答せよ」シリーズで、三作とも主人公たちの父親役を演じて強い印象を残した。豪放磊落《ごうほうらいらく》で、ユーモア溢れる、硬軟入り混じった絶妙の演技は捨て難く、同じような役をこなす俳優は意外に少ない。

もちろん父親役だけでなく、「ニューハート」（二〇〇七～〇八年　ＭＢＣ）では医師、「アイリス２」（二〇一三年　ＫＢＳ）では対テロ対策室長、「大丈夫、愛だ」（二〇一四年　ＳＢＳ）では沈着な精神科医、「刑務所のルールブック」（二〇一七～一八年　ｔｖＮ）では下心満載の不良看守役、「賢い医師生活」（二〇二〇年　ｔｖＮ）では生臭神父と、役の幅は極めて広い。悪役・善人はいうに及ばず、知的な役も、狡猾な役も、下層階級から上流階級まで何でもこなせる俳優である。

「カプトンイ」（二〇一四年　ｔｖＮ）辺りから、警察関係、刑事役が多くなるが、転機となったのはやはり「応答せよ」シリーズであり、続いて「ライブ～君こそが生きる理由～」（二〇一八年　ｔｖＮ）、「ハンムラビ法廷～初恋はツンデレ判事!?～」（二〇一八年　ＪＴＢＣ）、「トラップ」（二〇一九年　ＯＣＮ）等の出演で、三大ケーブル局ドラマすべてを制覇した。年齢的に六十歳近くになっても、映画の代表作があれば、まだ新境地を開拓できる余地がある。

チョ・ジヌンも独特の個性を持つ俳優の一人で（いわれてみれば韓国の男優はすべてそうなのだが）、年齢的には少し遅いデビューだが（一九七六年生まれ）、いつもながらの家族ドラマ（例えば、「ソル薬局の息子たち」〈二〇〇九年　ＫＢＳ〉、「愛を信じます」〈二〇一一年　ＫＢＳ〉）で頭角を現した俳優の一人だ。このように韓国俳優の通常コースを歩んだ一人にすぎなかったが、ある主演作が俳優としての運命を微妙に変えていく。

数多い韓国俳優の中でも特別な存在となったのは、いうまでもなく「シグナル」（二〇一六年　ｔｖＮ）である。二〇一〇年代を代表する傑作ドラマの一つで、地上波・ケーブル局を問わず、間違いなくベスト5に食い込むクオリティの作品だ。その成果に俳優チョ・ジヌンが大きく寄与していることは、ここで改めて述べるまでもない。

この役は、チョ・ジヌンのために考えられたのではないかと思われるほどだ。ちょっとした仕草にも人間味溢れる、少しユーモアをも感じさせる演技は視聴者の心を確実に射抜いた。ネタバレになるので詳細には触れないが、チョ・ジヌンでなければ不可能だったのではと思わせる場面が多くあり、他の俳優だったらラストシーンの衝撃の効果も少し薄れていたのではないか。

人懐っこい独特の風貌はそれほど類がなく、ドラマ（「シグナル」を例外として）より映画向きなのは当初から明らかだった。予想通り、以後は映画出演が多くなり、「最後まで行く」（二〇一四年　監督：キム・ソンフン）、「暗殺」（二〇一五年　監督：チェ・ドンフン）、「お嬢さん」（二〇一六年　監督：パク・チャヌク）、「工作　黒金星と呼ばれた男」（二〇一八年　監督：ユン・ジョンビン）と、話題作出演が続いている。

チェ・ムソンは、韓国ドラマを長く視聴している人たちにとってもそれほど馴染みのない名前かもしれない。筆者の好みなのかもしれないが、それでも写真を見れば、「ああ、あの俳優か」と誰でも首肯することだろう。そのくらい一度見たら絶対に忘れられない外観であり、俳優にはこういう方向もあるのだと思い知らされる点でも無類である。ドラマの世界というよりも、俳優の世界はこのように広大なものであることをチェ・ムソンの存在で認識してほしい。

俳優としては一九六八年生まれのかなりの遅咲きだ。最初に存在をその印象付けたのは「恋のスケッチ～応答せよ１９８８～」（二〇一五～一六年　ｔｖＮ）のパク・ボゴムの武骨な父親役であり、「番人！　～もう一度、キミを守る～」（二〇一七年　ＭＢＣ）の無表情で非情な悪役検事長も適役だったが、「刑務所のルールブック」（二〇一七～一八年　ｔｖＮ）でその存在は決定的になった（映画「一級機密」〈二〇一八年　監督：ホン・ギソン〉の国防部長役も捨て難い）。

とにかく、元ヤクザの更生者という役柄をこれほど感じさせる俳優もいない。何を考えているのか、今まで何をしてきたのか、どういう人間なのかという印象――悪人なのか善人なのかの判断が付きにくい――は俳優にとって数少ない資質の一つでもある。性格俳優とも少し違う、生来身につけている雰囲気とでもいえばいいだろうか。

「顔は野獣、心は天使」とはチェ・ムソンの初期の俳優紹介にあったキャッチコピーだが、デビュー当初はどういう役が合っているのか周囲の誰もが考えたことだろう。本人もそうではなかったのかと筆者は推測する。

俳優は自分の存在の特質・特異な点・他にはない個性を活かす方法を常に考えているものだが、チェ・ムソンはまさにそうだ。

悪党・悪役を演じる俳優は既に数多くいる。それなりの迫力で、本職かと見間違うような俳優さえいる。そこまで悪党役に徹することには無理があり、かといって、この風体では到底普通の人間とは思われず、平凡な役を演じることはまず無理だ。ならば見かけを活かしたまま普通の人間を演じることによって、何かの過去を引きずっているキャラクターになることが可能なのではないか。独特な風貌とは違う性格の持ち主であることを強調することによって、別の人間性が醸し出されるのではないかという方向性である。

推測だが、チェ・ムソンもそう考えたのに違いない。つまり、「無名性の中に、無限の可能性を見る」ということだ。「刑務所のルールブック」で演じた、主人公と同房の主《ぬし》のような役柄にそうした印象を垣間見ることができる。こういった役を演じられるのは、この時点で、そしてこれからも、チェ・ムソンしかいない。チェ・ムソンが演じることのできる役柄は無限にあり、映画でも主演の代表作が必ず作られるはずだ。

パク・ウォンサンという俳優を意識したのは「ラスト - LAST -」（二〇一五年　ＪＴＢＣ）の元ボクサーの組織幹部の一人としてだった。その少し情けないような、それでいて親身に悩み相談に乗ってくれそうな包容力のある、一見軟弱で頼りないキャラクターに魅かれた。外観とは違って、意志は強固で義理堅く、「弱きを助け、強きを挫《くじ》く」の典型のような、いつも味方として仲間の中にいる、人間味溢れ、表情の端々に人生の哀愁を感じさせる俳優だ。

いそうでいないタイプで、西田敏行、笹野高史、赤井英和を組み合わせたような風貌には、うまくいえないが何となく関西人のような雰囲気を感じさせる。

一九七〇年生まれで、演劇の世界から一九九六年に映画デビューを果たし、二〇〇六年頃からテレビドラマにも出演し始めた。

「ゴールデンクロス～愛と欲望の帝国～」（二〇一四年　KBS）辺りから注目を集め、前述の「ラスト - LAST -」「風船ガム」（二〇一五年　tvN）、「町の弁護士チョ・ドゥルホ」（二〇一六年　KBS）の街金社長を経て到達した、「知ってるワイフ」（二〇一八年　tvN）の銀行の中間管理職のチーム長でバツイチという役には、絶対にパク・ウォンサンでなければならない独特の「味」がある。

まだ代表作はないというより、本来的に主役ではなく、脇役の三番手辺りが理想のポジションで、だからこそ以後も出演作は途切れることなく続いていくことだろう。

最近韓国ドラマを見ていれば誰でも眼につくのが、イ・ジュニョクだ（同じ姓名の二枚目俳優がいるが、同名異人である）。

一九七二年生まれで、三十五歳を過ぎてから映画デビューした典型的な遅咲き俳優。どこにでもいそうなタイプで、どんな作品でもそこにいるのがこれほど自然な俳優もいない。極めて普通の、朴訥な庶民がそこにいる存在感が画期的だった。だから、どんなドラマに出ていても視聴者はすぐさま感情移入することができるし、役柄の喜怒哀楽はそのまま自分の分身だと錯覚してしまう。誰でもできそうで、誰にもこなせない稀有な存在感のある俳優である。

そのためか、役柄は極めて広く、「ボイス」（二〇一七年　ＯＣＮ）の売春斡旋《あっせん》業者から始まって、「適齢期惑々ロマンス～お父さんが変!?」（二〇一七年　ＫＢＳ）の定職のない夫、「マッド・ドッグ～失われた愛を求めて～」（二〇一七年　ＫＢＳ）の刑事、そして「ミスティ～愛の真実～」（二〇一八年　ＪＴＢＣ）の弁護士事務所の事務員役で一挙にその個性が花開き、存在感を高めた。

注目されるようになったのは「ドクター・プリズナー」（二〇一九年　ＫＢＳ）の刑務所医務官、さらに「風が吹く」（二〇一九年　ＪＴＢＣ）の主人公の友人役で、明らかに主役と同等な「何か」といえる存在になった。「みんなの嘘」（二〇一九年　ＯＣＮ）の複雑な過去のある刑事役も捨て難い。

最近の「ストーブリーグ」（二〇一九～二〇年　ＳＢＳ）でのスカウト部長のような――人生で揉まれて練れているような――苦労人の味を出せる俳優はそうはいない。会社等の中間管理職役としては申し分ない配役である。「梨泰院クラス」（二〇二〇年　ＪＴＢＣ）の悪役シェフは配役としてはむしろ珍しい方だ。このようにどんなドラマに出ても、一瞬でも何らかの印象を残す、数少ない俳優の一人がイ・ジュニョクだ。

番外として挙げておきたいのが、「ストーブリーグ」（二〇一九～二〇年　SBS）で常務役を演じたオ・ジョンセで、近年存在感を増している俳優の一人だ。いつも、どちらかの間にいてどっちつかずの印象を与える、狡猾で軽薄なキャラクターを演じているが、実はこうした説明し難い雰囲気を醸し出す——敵か味方かわからない——俳優は稀少である。ダスティン・ホフマンの系譜に連なる俳優像として、今のところこのジャンルでは第一人者で、ドラマの隠し味として貴重な存在である。

その特異な存在感は「ストーブリーグ」以降も存分に発揮されていて、百想芸術大賞テレビ部門の二〇二〇年第五十六回（「椿の花咲く頃」KBS）、二〇二一年第五十七回（「サイコだけど大丈夫」ｔｖＮ）と、二年連続で助演男優賞を受賞している。

特に、心機一転で挑んだ「サイコだけど大丈夫」の重要な知的障害者役はオ・ジョンセにしかできない役柄だ。俳優生命を左右するともいえる役だったが、見事に演じて、従来の性格俳優の殻を完全に破った。年齢は四十四歳と微妙なところだが、自分にしかできない役どころを意識していることでも無類で、本格的な当たり役はまだこれからである。主役の映画が企画されるのも時間の問題だろう。

女優では何といってもラ・ミランだ。新しい時代の女優の登場でもある。一九七五年生まれのラ・ミランは「恋のスケッチ〜応答せよ1988〜」（二〇一五〜一六年　ｔｖＮ）で、四十歳過ぎてブレイクし、いわば韓国の樹木希林のような存在として、その後も準主役として華々しい活躍を続けている。

　筆者が最初に気付いたのは、「ブッとび！　ヨンエさん12」（二〇一三年　ｔｖＮ）辺りからだが、一般的に注目されたのは先述の「恋のスケッチ〜応答せよ1988〜」からで、庶民的な主婦役が大当たりした。二十年近い下積みの脇役の存在感は圧倒的だった。考えてみると、ソン・ドンイルといい、「応答せよ」シリーズは脇役俳優のための画期的な配役のドラマでもあった。いまさらながら企画の斬新さを再認識せざるを得ない。

　ラ・ミランの庶民的な主婦役は、次の「月桂樹洋服店の紳士たち」（二〇一六年　ＫＢＳ）で決定的になるが、とにかく市場のアジュマ役がこれほど似合う女優はいない。美人云々ではなく、役の幅広さでは年齢的にもほぼ独占状態ではないかと思われる。

　その後、「甘くない女たち〜付岩洞〈プアムドン〉の復讐者〜」（二〇一七年　ｔｖＮ）の復讐クラブ・メンバーの一人である市場の魚屋の未亡人、「私たちが出会った奇跡」（二〇一八年　ＫＢＳ）の保険外交員を経て、「ブラックドッグ〜新米教師コ・ハヌル〜」（二〇一九〜二〇年　ｔｖＮ）の進学部長役で、女優の地位を確立した。

　かといって、ラ・ミランは主役という役柄ではなく、共演もしくは助演で光るタイプだ。役柄の範囲は無限にあり、映画でも欠かせない女優として、二〇一四年ぐらいから出演作も多い。観客動員の記録を作った「国際市場で逢いましょう」（二〇一四年　監督：ユン・ジェギュン）、ソン・イェジンと共演した「ラスト・プリンセス　大韓帝国最後の皇女」（二〇一六年　監督：ホ・ジノ）、主役作「ガール・コップス」（二〇一九年　監督：チョン・ダウォン）と印象的な役柄を多彩に演じている。前途は洋々で、筆者の勝手な要望としては、次は病院を舞台にしたドラマの中の看護師長役辺りで見てみたいところだ。

シーズン4まで続くヒットシリーズとなった「ボイス」で主演を務めたのがイ・ハナだ。シーズン1の時から、既にある程度の年齢（三十五歳）であり、一九八二年生まれとしては異色のキャスティングである。「ボイス」において、緊急センター長に就くまでアメリカの研究所でキャリアを積んでいたという役柄もイ・ハナだと十分納得できる。

「ボイス」までは、「恋愛時代」（二〇〇六年　SBS）でデビューした新人女優の一人でしかなかったが、そう考えると「ボイス」は大抜擢だった。ドラマ全体としては他の女優でも可能な役だったと思わないでもない。だが、視聴すればイ・ハナでなければならなかった理由は明らかだ。犯罪からの緊急通報に対して、自身の能力の一つである聴力を最大限に発揮するための努力が、イ・ハナが演じることで切ないほどの情感で迫ってくる。その理由の一つが、愁いを含んだ端正でクールな顔立ちにあることは間違いない。

そのためか逆に笑顔は似合わないタイプで、「ボイス」が適役だった分、他の役柄を探すのが難しい女優でもある。地上波の主演は考え難く、よほど画期的なアイデアでもない限り、これからの活躍場所は映画に向かわざるを得ないだろう。だが、今のところまだ決定作はない。シーズン4まで続くヒットドラマシリーズの功罪とはそういうことである。

ソ・ジヘ（一九八四年生まれ）はもちろん「愛の不時着」で一挙に注目を集めた女優だ。それまでは地上波の家族ドラマ等の脇役の一人にすぎなかった。

存在感が目立ってきたのは「これが人生！　ケ・セラ・セラ」（二〇一六年　SBS）、「耳打ち～愛の言葉～」（二〇一七年　SBS）辺りからだ。その美貌とお嬢様然とした気品の良さは場所にさえ恵まれれば一挙に注目されるはず、と考えていたら、「愛の不時着」の北朝鮮の高級幹部の親族にして、高級デパートのオーナーの一人娘という格好の役が廻ってきた。

主役のヒョンビン、ソン・イェジンと対照的なもう一組のカップルの一人として、その存在感は貴重だった。事務所の力もあったのか、当たり役を自ら引き寄せたといっていい。

「胸部外科」（二〇一八年　SBS）では医師ドラマにも挑戦するものの、これは少しミスキャストだった。「愛の不時着」の次作となる「夕食、一緒に食べませんか?」（二〇二〇年　M

BC）で、ソン・スンホンを相手にロマンチック・コメディに出演している。ソ・ジへの陽の部分はここで全開となったといっていいだろう。

キム・ソニョン（一九七六年生まれ）とキム・スジン（一九七四年生まれ）は、長い間脇役として出演を続けていた中年の女優だが、ドラマの中の隠し味として、今やその存在感は不可欠といっていい。映画でも様々な作品にさりげなく登場している。準主役的な脇役として、近年、ケーブル局製作のドラマが増えるにつれ、その存在感は際立つばかりだ。

特に、キム・ソニョンはとにかくどんな役でも演じられるというか、脇役として極めて貴重な存在である。活躍場所はドラマだけでなく、映画もあり、その守備範囲はかなり広い。「ウォンテッド〜彼らの願い〜」（二〇一六年　SBS）、「江南《カンナム》ロマン・ストリート」（二〇一六〜一七年　MBC）、「番人！　〜もう一度、キミを守る〜」（二〇一七年　MBC）、「病院船〜ずっと君のそばに〜」（二〇一七年　MBC）と近年はほぼ出ずっぱりである。シリアスな役（「Vagabond／バガボンド」〈二〇一九年　SBS〉）からコメディ・リリーフまでこなしてきたが、近年の決定打はやはり「愛の不時着」の人民班長役だろう。

最初にブレイクしたのは、ラ・ミラン同様、「恋のスケッチ〜応答せよ1988〜」の主婦役だ。どことなく地方出身者の匂いがして、それでいて郷愁を誘う、生活感濃厚な存在感で、四十代の女優としては貴重な存在である。

対して、キム・スジン（韓国では非常に多い姓名で、女優でも他に数人いる他、同名の脚本家さえいる）は、主婦役というより少し知的な、都会のキャリア・ウーマンといった役柄も似合う個性的な顔立ちの女優だ。

「ミスティ～愛の真実～」（二〇一八年　JTBC）の雑誌記者、「知ってるワイフ」（二〇一八年　tvN）の銀行のチーム長、「ウォッチャー」（二〇一九年　OCN）の地方警察庁長、「ストーブリーグ」（二〇一九～二〇二〇年　SBS）の球団スタッフ、「賢い医師生活」（二〇二〇年　tvN）の看護師長と、キム・スジンでなければ務まらないような役柄が勢揃いしていて、その期待に見事に応えている。

当初、「浪漫ドクター　キム・サブ」（二〇一六年　SBS）、「シグナル」（二〇一六年　tvN）辺りの個性的な脇役で注目された。どちらかといえば「陰気」なムードがありながらも、地上波と同等以上にケーブル局ドラマ出演が多いのは、その独特な存在感を製作側が重用しているからだと思う。岸部一徳の女性版のような、少し冷徹な印象を与える役柄が多いのもそのことをよく物語っている。

新しい男優像と女優像

あくまでも筆者の私見だが、韓国ドラマにおいては、女優より男優の方が俳優としての裾野が少し広いように思う。女優は二、三十代はともかく、四十代になると、地上波では家族ドラマ等が中心になり活躍場所が限られてしまう。決まった役柄の女優が多いのはドラマの企画内容に原因がある。ケーブル局ドラマの隆盛はそこを衝いたわけで、女性が主役のユニークな作品が多く製作されてきたのは既に我々が見てきた通りだ。「ボイス」のイ・ハナはその典型といっていい。

とはいうものの、女優の役柄の範囲がまだ限定されているのは、女性の犯罪者役等、悪役が考えにくいドラマ設定が多いからだ。女優としても演じにくいジャンルである。

例えば、女性刑事が主役の刑事ドラマは以前から企画されていた（最近ではそのものズバリ「ミセス・コップ」等）。だが、被害者・黒幕・内通者・相棒は想定できても、女性が完全に悪役となる設定とか、一方的な犯罪者を演じるドラマが企画されることはほぼない。もし企画されれば韓国ドラマ始まって以来の話題作になることは間違いないが、題材的に、まず映画としての企画が今のところ実現性が高いのではないか（二〇一七年の映画「悪女」はその先鞭をつけた作品だ）。

そんな中、韓国女優の中でも独占市場といえるのが、家族ドラマには欠かせない、六、七十代のシニア世代である。今年（二〇二一年）、「ミナリ」（監督：リー・アイザック・チョン二

○二○年度作品）で第九十三回アカデミー賞助演女優賞を受賞したユン・ヨジョンも、以前はそんな女優の一人だった。ユン・ヨジョンの受賞はたまたま出演した映画の題材と配役による幸運の要素が大きく、他の女優であっても受賞の可能性はあったのではないか。

近年、欧米でアジア系の俳優といえば、中国系・韓国系が多いのは、その国柄ゆえのエキゾチックな風貌が維持されているからではないかと思われる。それに引き換え、今の日本の二、三十代の女性は化粧方法にも理由があるのか、およそアジア系とはいい難く、かといって欧米のように彫りの深い顔立ちでもない、いわば無国籍的な外観である。日本の監督・作品が海外で評価されることはこれからも大いに考えられるが、俳優――特に女優がノミネートされるのはかなり難しい。欧米が考える日本人の外観のイメージから程遠い風貌の女優が多いからだ。

二○一四年に、黒木華《はる》がベルリン国際映画祭で「小さいおうち」（監督：山田洋次）で最優秀女優賞を受賞したのは、映画自体の時代設定もあるが、演技力に加えて、彼女が年代の割に、従来の日本特有（昭和）の古風な顔立ちをしていたことが大きいのではないかと推察される。

俳優の裾野の広い韓国において、独特の風貌と人間味を保有している男優たちが注目されるのは時間の問題だった。

ドラマでは準主役級の一人だった、キム・ユンソクが映画「チェイサー」（二○○八年　監督：ナ・ホンジン）で成功して以降、映画に主戦場を移し始めた男優が増えてきたのは極めて自然な流れである。

ハ・ジョンウ（「チェイサー」、「哀しき獣」二〇一〇年　監督：ナ・ホンジン）、チョ・ジヌン（「暗殺」二〇一五年　監督：チェ・ドンフン、「お嬢さん」二〇一六年　監督：パク・チャヌク）、オ・ダルス（「国際市場で逢いましょう」二〇一四年　監督：ユン・ジェギュン、「暗殺」）も同様で、韓国男優の中でも個性的な俳優であればあるほど、映画の出演本数が増えていく。

個性的な俳優を起用することが多くなっているのはテレビドラマも例外ではない。ケーブル局ｔｖＮは特にその傾向が強く、「刑務所のルールブック」「梨泰院クラス」「賢い医師生活」の成功は新たな個性派俳優の起用を抜きには語ることはできない。

また、個性派俳優には、同じような役柄を目指す後続の俳優もいるわけで、『定年後の韓国ドラマ』でも指摘したが、韓国の男優においては、およそ考え付く限りの役柄をこなす俳優が揃っているのではないかと錯覚することがある。

誰にでも俳優になれる素質があると思わせてくれるのが韓国ドラマである。誰でも演じる役に相応しい個性を持ち合わせているといい換えてもいい。つまるところ、生涯に一度は自分にしかできない一つの役をこなすことが可能になるわけで、一人の個人の俳優化には、他の誰でもないオリジナルなキャラクターが存在する。韓国男優陣の層の厚さは、そのことを最大限に拡大解釈しているようだ。さらに、俳優としてのリアリティは、無意識の内に滲み出る生活感に最もよく表れている。そんなに美男でなくても、自身のキャラクターを活かす役は絶対にある。それこそが個性である。

我々の日常を見ても、周囲には必ず「いかにも~であるような」人がいる。警官のような、刑事のような、教師のような、公務員のような、銀行員のような、議員のような、医師のような、といった業種はもちろん、人間の性格においても、積極的なタイプ、内気なタイプ、ひょうきんなタイプ、情けないタイプ、暴力的なタイプ等がいる。

俳優図鑑の職業別・性格別・外観別の項目があれば、そのすべてに当てはまるタイプの俳優が既にもれなく揃っている国、それが韓国である。後はそうした個性的な俳優をどのようなドラマに起用するか。韓国ドラマ作りの第一歩は、間違いなくそうした俳優の適正な起用にかかっている。

個性派俳優の台頭とその条件

ケーブル局製作ドラマに限っていうならば、最初に企画ありきと述べたが、逆に、最初から個性派俳優を中心にしたドラマ作りという側面もあるのではないかと思い至った。

個性派俳優で構成されたドラマとは、「主役がいて、脇を固める助演がいて、背後の黒幕には重厚な大物俳優が控える」といった通常のドラマではないということである。「ボイス」「バッドガイズ」がその代表だが、その意図が一番濃厚なのが「刑務所のルールブック」だ。ここで、再度「刑務所のルールブック」をもとに、個性派俳優の在り方について述べてみよう。

刑務所という閉鎖された空間の中のドラマは、最初から多人数が必要となり、必然的に集団群像劇となる。集められた俳優たちは、すべて個性派俳優といっていい。壮大な人間模様を描く群像ドラマは、本作はもちろん、すべからく個性派俳優たちによって演じられるべきだ。

ここで断っておきたいのは、韓国ドラマにおいて個性派俳優とは、必ずしも「性格俳優」を指すのではないということだ。どんな役であっても自身の個性を活かした演技をする俳優のことであり、特定の役（犯罪者・異常性格者等）を多く演じるベテラン俳優を指しているわけではない。

「刑務所のルールブック」出演者の中では、主人公パク・ヘスと同房の新入りチョン・ヘインが異色だった。今ではアイドル的な若手俳優も、当時は新人俳優の一人でしかなく、まだ「色」が付いていない状況だった。他の俳優はいうまでもない。

ベテランはソン・ドンイルくらいで、パク・ヘスもまだ個性派俳優の範囲内だった。その担当弁護士が「梨泰院クラス」のユ・ジェミョン、拘置所の同房の〝教授〟チョン・ジェソン、刑務所内には、看守であり主人公のかつての友人チョン・ギョンホ、人情味のあるペン部長チョン・ウンイン、実直な看守ユ・ヒョングァン、軽薄な所長アン・サンウ、野心のある刑務課長パク・ヒョンス、同房には詐欺師のパク・ホサン、薬物依存の元薬剤師イ・ギュヒョン、背任横領罪の元課長チョン・ミンソン、一番収監の長いチェ・ムソンはいうに及ばず、殺人鬼で主人公を恨んでいるが最後には慕うことになるアン・チャンファン、主人公を最後まで付け狙うチュ・ソクテ、また後に「賢い医師生活」にも出演するキム・ジュンハン、チョン・ムンソンと、とにかく当時の個性派俳優の中でも、特に曲者を中心に集められたといっても過言ではない。

ある意味、俳優たちの演技披露・測定の場でもあり、ここでふるいにかけられて残った俳優たちが次のステップに進んでいる。そういった視点で見るならば、「刑務所のルールブック」は個性派俳優たちの奥深い魅力を再認識させた秀作と見ることもできる。こういう部分がわかってくると、韓国ドラマを見る楽しみも倍加する。そして、本作品で実践された方法論は、以後のドラマ企画にも多大な影響を与えていると筆者は考えている。

個性派俳優を中心とした群像ドラマの舞台と、その代表作

個性派俳優の台頭は同時に、群像劇の到来を意味する。多くの俳優を必要とすることから（対象となる業種及び世界によるが、周辺を含めて、最低二十人は必要となる）、韓国俳優の底力を発揮できる利点があるのと同時に、集団を必要とする群像劇の舞台として、新しい世界が創出・発掘・採択される可能性は大いにある。

例えば、以下のようなジャンルは、既にそれぞれの代表作があり、これからはそのバリエーションとして、同じ舞台設定であっても、いかに違う視点のドラマを作るかが問われている。

・刑務所（「刑務所のルールブック」）
・病院（「賢い医師生活」）
・警察（「ボイス」「秘密の森」）
・学校（「ブラックドッグ～新米教師コ・ハヌル～」）
・大学院（法科大学院）（「ロースクール」二〇二一年　ＪＴＢＣ）
・塾（「ＳＫＹキャッスル」）
・軍隊（「愛の不時着」）
・商社（「ミセン」）

・中小企業（「ファイティン♥ガール！」二〇一九年　tvN）
・銀行（「ザ・バンカー」）
・テレビ局（「ウォンテッド～彼らの願い～」「ミスティ」）
・空港（「エア・シティ」「輝く星のターミナル」）
・プロスポーツ・チーム（「ストーブリーグ」）

註-1　韓国の異能映画監督キム・ギドク（一九六〇～二〇二〇年）は、昨年、新型コロナウイルス感染症により亡くなった。筆者は以前勤務していた出版社時代、キム・ギドクの本『キム・ギドクの世界　野生もしくは贖罪の山羊』（二〇〇五年　白夜書房　チョン・ソンイル編著　秋那／南裕恵・訳）の刊行のため、何度となく渡韓して本人とミーティングの場を持ったが、五十九歳の逝去は信じられないことだった。晩年はセクハラ問題もあってか少し低迷した観があっても、常に韓国映画の台風の目だった。海外の映画祭でも何度なく受賞していたが、アカデミー賞外国語映画賞の受賞だけは叶わなかった。

第八章　Ｋ－ＰＯＰメンバーのドラマ進出

新しい俳優養成の場

専業俳優とは違う、K‐POPシンガーの俳優進出に筆者が気付いたのは、「神様がくれた14日間」（二〇一四年　SBS）に知的障害者の一人として出演したバロが最初だった。当初は、劇団出身の若手俳優の一人と思い込んでいたぐらいで、とても歌手の余技とは思えなかった。一俳優としてもその存在感は圧倒的で、七年前のドラマの登場人物を未だに記憶しているのだから、よほど印象的だったのだろう。

こうした例は、別にバロに限ったわけではない。他にも、相当数の好例があり、こうした専業俳優以外の歌手のドラマ出演が韓国ドラマのクオリティを一段と上げたことは間違いない。少なくとも、現在までドラマ全体のマイナス要素になっていないのは驚くべきことである（日本では絶対にそうならない）。

女優で最初に気付いたのは、何度も書いているように、女性グループ「Apink」メンバー出身のチョン・ウンジで、「応答せよ1997」（二〇一二年　tvN）がドラマデビューだが、「トロットの恋人」（二〇一四年　KBS）でもその存在感は圧倒的だった。

筆者は最初オーディションで採用された新人女優だと思っていた。「トロットの恋人」は歌手志望という設定のため、歌がうまいのは当然にしても、演技も自然で、いわゆる女優と全く引けを取らないのは意外だった。

他にも「私の人生の春の日」（二〇一四年　ＭＢＣ）のスヨン等の好演もあった。

二〇一〇年代に入ると、Ｋ‐ＰＯＰ出身者の俳優としての出演は、ドラマに不可欠な要素となる。

その決定打となったのは、何といっても女優では「ＴＨＥ　Ｋ２～キミだけを守りたい～」（二〇一六年　ｔｖＮ）のユナ、そして男優では「病院船～ずっと君のそばに～」（二〇一七年　ＭＢＣ）のカン・ミンヒョクである。二人とも適役という利点もあったが、それだけで、最低十六話以上のドラマ番組を持たせることはできない。二人とも天賦の才能があったというべきだろう。俳優に劣らない、独特の存在感を示した好例として挙げておきたい。

改めて繰り返すまでもなく、Ｋ‐ＰＯＰグループ・メンバーのドラマ出演については以前より賛否両論ある。だが、「病院船」のカン・ミンヒョクを見ている限り、とても俳優初主演とは思えない。歌同様、その演技は自然で、本職の俳優が出演しているのではと錯覚するほどだ（グループ「ＣＮＢＬＵＥ」四人の他のメンバーもそれぞれドラマ出演経験がある）。

筆者が考えるに、「病院船」では主役で出演しているため、共演している俳優たちがカバーする場面が多いゆえに、演技の稚拙さが目立たないのだろう。脇役で出演して、一人だけの

「素の演技」の場面になると、素人っぽさが一挙に露呈してしまう（初主演の「病院船」まではすべて脇役的な出演だった）。

そういう理由を抜きにしても、俳優として適性があるかどうかの判定は当然あり、少なくとも本作に限っては、カン・ミンヒョクは指摘されなければ間違いなく新人俳優の一人に見える。これは製作側も嬉しい誤算だっただろう。

知名度の事前通知

どのようなジャンルであれ、歌手が俳優として活動を始めるのは、韓国に限らず珍しいことではない。俳優が歌手を兼ねる例もあるが、歌の巧拙は聴けばすぐにわかるから、誰でも可能なことではない。俳優の誰もが歌えるわけではないが、歌手が俳優をこなすことはそんなに難しくないというのも短絡的な考え方で、現実はそう甘くはない。

だが、歌手が俳優として出演する場合、共演者や周囲の手助けで、「素人」的な部分をそれほど露呈させないことは可能で、この辺りは演出のマジックもあるのだろう。特に群像劇の場合、よほどの欠点がない限り、登場人物の一人として無難な存在となることが多い。

そもそもアイドル映画というジャンルはそういうものだが、韓国ドラマの場合、アイドル映画的な意図で歌手が出演することや、歌手出演のためにドラマ企画を考え出すことはない。あくまでも、ある企画の登場人物の一人として、この歌手は適性があるかどうかという判断になる。そうでないと、ドラマ自体のコンセプトが確定しない。また、ドラマの脇役の一人もしくは準主役級の一人ぐらいでの出演が限界であり、適正である。

とはいうものの、ある歌手が脇役でも出演することは、ドラマの宣伝、事前告知としては極めて有効で、考え方によっては、それだけでも歌手を出演させる意義はある。だから結局のところ、歌手の俳優起用は、そのくらいの意味という意見もある（最初から性格俳優的な要素を歌手に期待しても始まらない）。ドラマ内のアクセント程度に考えるのが本来の起用法であり、その証拠に、先述のチョン・ウンジを筆頭に、カン・ミンヒョクも「病院船」以後はそれほど定期的に俳優出演を続けているわけではない。

だが、例外はいつでもある。女性グループ「少女時代」出身のユナは、二〇〇七年から端役でドラマ出演していたが、「ラブレイン」（二〇一二年　ＫＢＳ）、「総理と私」（二〇一三～一四年　ＫＢＳ）、「ＴＨＥ　Ｋ2～キミだけを守りたい～」（二〇一六年　ｔｖＮ）を経て、今なお、女優として活躍中である。二〇一七年のグループ活動休止後は、女優としての比重が高くなっているようだ。一九九〇年生まれで、既に三十代だが、映画初主演作の「ＥＸＩＴ　イグジット」（二〇一九年　監督：イ・サングン）がヒットし、これからの活躍が期待される女優の一人となった。

BTSメンバーの韓国ドラマ出演の可能性

Kコンテンツの象徴として、またK‐POPの代表的な存在として、世界を席巻しつつあるBTSは、ビートルズと比較されうる、二十一世紀唯一のグループといわれている。メンバー全員の二〇二二年までの兵役義務が、韓国の国家判断で一年延長されたことが一般ニュースともなったのは記憶に新しい。

グラミー賞受賞はならなかったが、BTSの活躍と外貨獲得は、オリンピックのメダル獲得にも匹敵する快挙である。世界のクリエイティブなコンテンツの中心は韓国だと世界中にアナウンスしているようなもので、兵役延長の国家判断は決して間違ったものではない。韓国が自国のコンテンツをそれだけ重要視している証でもある。

所属事務所である「HYBE」は、メンバーたちと二〇二六年までの契約を結んでいるというから、二三年からの二年半の兵役後の活動も計画中なのだろう（現在は兵役中に発表するCD・DVDを製作中とも伝えられている）。

しかし、その中にメンバー個別の俳優活動はおそらく入っていないだろう。グループの本分は音楽のジャンルで世界を制覇することであり、俳優業に時間を割く意味も時間もない。彼らにとって俳優業は余技にすぎないと思われているのか、まだその気配さえない。だからネット配信のドラマ製作であっても、除隊後の再契約の時に想定される選択肢の一つでしかない。

世界で三〇〇〇万人以上のフォロワーを持つグループの一挙一動は世界のエンタメ市場を大きく左右する。特別な存在であるがゆえに、ドラマ・映画の俳優という場からは最も遠い位置にいるスター・グループといえるだろう。

ただ一つ、ネット配信の韓国製作ドラマにBTSの曲を使用した際、宣伝の一環で、メンバーの誰かがドラマ内にゲスト出演することはあり得ない話ではない。その実現には除隊を待たなければならないかもしれないが。筆者の推測では、兵役中の時期にあらかじめ製作していたそうしたアイテムを発表するのではないかと思う。そのドラマが長期放送であればあるほど、全世界のARMY（BTSの熱狂的なファン）たちの兵役中の空白の飢餓感を埋めることにもなるからだ。

いずれにしろ、メンバーたちの入隊・除隊は、現代のビートルズともいえるBTSの決定的な転機であり、この時期をどう乗り切るかがKコンテンツの未来を左右する。K - POPの将来の展望はまさにその一点にかかっているといっても過言ではない。

第九章　ドラマＯＳＴの充実と躍進

韓国ドラマの必要条件・絶対条件としてのOST（オリジナル・サウンド・トラック）

ここで改めて、筆者が韓国ドラマを評価する際の条件を挙げておこう。前作『定年後の韓国ドラマ』からの原点確認でもあるが、まず企画、そして脚本・俳優・音楽・演出――この五点である。その中でも、韓国ドラマにおいて、情感の増幅装置とでもいうべき音楽の存在は不可欠といっていいものである。

日本のドラマはともかく、アメリカ・ドラマも同様ではないかとの意見もあるだろう。だが、アメリカ・ドラマはメインテーマとなるインストゥルメンタル以外の主題歌・挿入歌については、韓国ドラマほど力を入れていないようだ。アメリカ映画では必ずといっていいほど作られていた主題歌でさえそうだ。最近では「THIS IS US」という例外もあるが、一種のコンピレーションともいえるこのドラマ・サントラは、むしろ韓国ドラマの影響下で製作されたように思われる。

韓国ドラマでは音楽に対する考え方が根本的に違う。オリジナル主題歌はもちろん、既成曲であっても、場面に相応しい曲をうまく採用することが大前提となっている。視聴者の感情を左右する音楽の効果を最初から必要条件として組み入れている。韓国ドラマの音楽に関する意図がそのまま日本の視聴者にも伝わったのは、そして日本人が韓国ドラマに魅かれるようになったのは、主題歌等による音楽効果が大きい。

一九七〇年代に馴れ親しんだ日本の曲調に近いものが多いのも、そういった情感を倍増させている。その見事な証明が「冬のソナタ」である。そうでなければ、外国ドラマのサントラＣＤである「冬のソナタ」のＯＳＴの実売百万枚という実績は絶対にあり得ない（註-1）。レンタルには元から縁のない、二〇〇二〜〇三年頃の日本の五、六十代のシニア世代が久々に購入したＣＤでもあった（二〇〇〇年代初の、日本における洋楽の百万枚突破のヒットでもある）。

韓国ドラマの主題歌・挿入歌は、マイナーコードを多用しているためか、現地のスタッフが考えている以上に日本の視聴者にとっては親和性が高い。「冬のソナタ」も、オープニングでかかるメインテーマなくして一世を風靡するような影響力を持ち得たかどうかは甚だ疑問だ。

そうした音楽効果は決して無視できるものではなく、むしろ不可欠な要素となったのも「冬のソナタ」からだ。第二弾としてＮＨＫで放送された「美しき日々」のＯＳＴも「冬のソナタ」ほどではなかったが、十万枚以上の売れ行きだった（何度もいうように、これでも当時洋楽ＣＤとしてはかなりのヒットである）。

マイナーコード進行（キーはほとんどAmかDm）の王道ともいえるメインテーマが日本における韓国ドラマ紹介の第一歩となったのは決して偶然ではなく、必然であったと筆者は推測している。言い方を変えれば、戦前の松竹メロドラマの古賀メロディの効果に匹敵する。メロドラマとは、そもそもメロディ・ドラマのことで、映画・ドラマが通俗であるからには、メインテーマも通俗で普遍的なメロディでなければならない。これは絶対条件である。

K‐POPの実験場　CMタイアップより、ドラマ挿入歌

どこまでがK‐POPの販促方法なのか不明だが、日本ではヒットの常套手段といえるCMタイアップより、韓国ではドラマの挿入歌としての使用率が高いようだ。既存曲を効果的に採用するケースが多い。後で触れる韓国ドラマOSTはほとんどがそういった構成で製作されている。

この方式によって、日本の視聴者は期せずして、韓国の新旧のヒット曲の一部に自然と馴染むようになった。ドラマ・サントラは、K‐POPの良質なオムニバスCD集といった側面も持ち合わせているわけで、日本の韓国ドラマファンにとっては望外の産物となった。

こういった傾向は二〇一〇年代からで、その筆頭が「応答せよ」シリーズのOSTである。筆者が入手することのできた「冬のソナタ」以前の一番古い時代のOSTは「砂時計」（一九九五年　SBS）のものだった（一九九五年　E&E Media）。

内容は、ドラマで使われたオーケストレーションというか、インストがほとんどである（ドラマ内ではロシア作品の印象的な挿入歌「Zturavil-Crane-」をLosit Kbzonが歌っているが、

権利関係からか収録されていない）。それでも当時ＯＳＴが発売されたのは、「砂時計」の注目と人気の高さからである。

近年、ドラマ挿入歌は、ドラマのために製作された楽曲ではなく、既成曲の起用が目立つ。ドラマでその曲を知り、それがＯＳＴにしか収録されていないのであれば、そのまま購入に直結する（もっとも、最近の韓国の音楽流通はほとんどが配信だから、その曲だけを単品で購入すれば済む）。既成曲であっても、それを知るきっかけはやはりドラマであり、その提供の場としてのテレビドラマの価値はかなり高い位置にあるといえるだろう。

この意図を極めたのが、いうまでもなく「賢い医師生活」で、ドラマ内で使用された楽曲をそのまま収録すれば、昔でいうアルバム一枚分に相当する。話題先行のコンピレーションが一枚完成するわけだ。一九六〇年代のエルヴィス・プレスリー映画のサントラ盤ヒットは、映画はもとより、映画内で使用した音楽を売ることが第一目的だったが、こういう商業的意図は二〇二〇年代の韓国でも十分通用する。

この方法論は、近年のアメリカ・ドラマ「THIS IS US」のＯＳＴに、既成曲使用も含めて引き継がれているように思う（収録曲の中には、Paul Simon「You Can Call Me Al」、Blind Faith「Can't Find My Way Home」、Stevie Wonder「Uptight」、Cat Stevens「The Wind」、Badfinger「Without You」、Ringo Starr「Photograph」のような一九六〇～七〇年代のヒッ

ト曲が勢揃いしている)。

韓国ドラマOST　二〇一六～二〇二一年　ベストテン

ここからは、韓国映画音楽と同等のクオリティを擁する韓国ドラマ音楽について、極私的にOSTを選び、それぞれの収録曲について分析していきたい。当然ながら、以下の順位、選択はあくまでも筆者の私見によるものである。

第一位「賢い医師生活」

第六章でも触れたように、ドラマ自体の出来もさることながら、本作のOSTはここ十年の韓国ドラマ・サントラとしては出色のクオリティだ。それにはもちろん理由がある。ドラマの中にメンバーのバンド演奏シーンがあることだ。こうしたシーン自体がそもそも異色なのだが、挿入歌のそれぞれがK‐POPオムニバスともいえる充実したコンピレーションともなっている。

一九九〇年代の曲が多く、意外な選曲によるカバーが多いのも嬉しいところ。七〇年代ウエストコースト・サウンドに、日本の七〇年代フォーク&ロック・テイストを加味して、八〇年代のテクノポップ・アレンジで仕立て上げたような曲ばかりだ。CDを聴いているだけでも興味は尽きない。

中でも、手術が終わったジュンワンとイクジュンの妹イクスンが真夜中の病院の前で出会う場面に全開挿入される「Aloha」（二〇〇一年の Cool の曲のカバーだが、歌っているのは、何と出演者のチョ・ジョンソクで、各音楽配信チャートの一位を獲得した）と、病院内のシーンでよく使用される「Introduce Me A Good Person（良い人がいれば紹介して）」（歌：JOY〈Red Velvet〉）も忘れがたい佳曲（一九九六年の Basis の曲のカバー）だ。それ以外にも「支庁前の地下鉄の駅で」（クァク・ジノン）等、印象的な楽曲が多い。

毎回のエンディングテーマとして使用されるパク・ヒョクジンの「君は暖かい」、チョン・ミドがソロで歌う、シン・ヒョボムの「愛することになると思った」等、とにかく収録曲の中に捨て曲が一曲もないのは、相当な完成度である（ＯＳＴ収録のそれぞれの曲目についてはネット情報を当たってほしい）。

一つ気になるのは、例えば「Lonely Night」は聴いている限り、現代的なアレンジのためか、オリジナルがいつの時代の曲なのか全くわからない。聴いて判別することができないというべきか。これは収録曲すべてがそうで、そうすると、いつ作られたドラマなのかわからなくなる。そうした使用楽曲の製作時期の時制を消すことも本ドラマ製作の総意なのだろうか。

ドラマの場面ごとに挿入される五人によるバンド演奏曲についても触れておこう。ソンファ演じるチョン・ミドから命名されたバンド名「ミドとパラソル」が演奏する楽曲はほとんどがカバーだが、ドラマ内で演奏されながらOSTに収録されていない曲がいくつかある。

その一つが、彼らがキム・ヘスクとキム・ガプスの前で披露する「Met You By Chance」(偶然の出会いで)。六〇年代モータウン・サウンドを彷彿させる、16ビートのディスコ調のチョッパー・ベースの効いたキャッチーなナンバーだ。どこかマイナー・アレンジの「You Keep Me Hangin' On」のようだ(間奏は、ほとんどサンタ・エスメラルダ「悲しき願い」というか、中原理恵「東京ららばい」である)。

この曲はドラマ内でキム・ヘスクがリクエストした懐メロで(原曲はSONGOLMAE〈ソンゴルメ〉という韓国グループの一九八一年のヒット曲)、これを聴いている限り、五人の演奏はもはやドラマ内の余技のバンド演奏ではないところもあるが、ドラマ内の演奏もOSTも一部、音が差し替えられているようだ。

五人の俳優たちによるバンド演奏で特筆すべきなのが、第四話の途中でバンド演奏される「カノン」のエレキ・インストバージョンである。パッヘルベルの「カノン」はクラシックだけでなく、一世を風靡したウィンダム・ヒル・レコードのジョージ・ウィンストンのソロ・ピアノを始めとして様々なカバーがあるが、エレキ・インストのバンド・アレンジは初めて聴いたような気がする。アレンジ・演奏は新鮮で、ドラマのアクセントとしての効果は抜群である

（これは意外な拾い物だったが、ドラマ内のドラムとチョ・ジョンソクのギター以外は他のミュージシャンによるものと思われる）。

ＯＳＴの中で最も忘れてはならないのが、ドラマで使用されている楽曲の中のハイライトであり、最終話で披露されている「君にとって僕は、僕にとって君は」だろう。この曲は二〇〇三年の韓国映画「ラブストーリー」（韓国原題：Classic　監督：クァク・ジェヨン）の挿入歌で、バンド「自転車に乗った風景」の同曲のカバーである。

胸の奥に秘めていた想いを揺り動かすような、限りない郷愁を呼び起こす、フォーク・ロック調のメランコリックな曲調もさることながら、歌詞も素晴らしい。ぜひ、日本盤ＯＳＴの日本語訳詞に目を通してほしい。

ドラマで取り上げた時、同グループは解散状態だったが、ドラマでの人気再燃もあり、活動を再開したという（余談ながら、「君にとって僕は、僕にとって君は」は「カノン」のコード進行の一部をヒントにしていると思われる）。

ドラマのオフィシャルＯＳＴは何か理由があるのか、音楽配信のみという販売方法を採っていたが（厳密にいうと、その配信を聴くためのキットを購入する必要があるシステム）、最近、韓国盤ＣＤに続いて日本盤ＣＤも発売され、ドラマ内の挿入曲についてはほぼ網羅されている。ドラマの主要シーンを使用したＰＶも収録した三枚組仕様の豪華盤で、これで、第六章で分析した三作品の日本盤ＯＳＴがすべて揃ったことになる。

第二位「シグナル」

韓国ドラマの水準を引き上げた作品は、音楽についても同様なのだろうか。ＯＳＴに収録されている曲はいずれも印象的で（チョン・チャシク「僕は君を」、チョ・ドンヒ「幸せな人」、リサ「花びら」、イ・スンヨル「花が咲いたら」は、他のドラマで使用されたら、そのまま主題歌として通用しただろう）、二〇一六〜二一年にリリースされたＯＳＴの中では一、二を争う充実度を誇っている。

その中でもダントツなのが、ロック・バンド「紫雨林」（ジャウリム）の女性ボーカリスト、キム・ユナが歌う「道」（The Road〈길〉）だ。

ドラマのために用意された曲で、ドラマの暗い情感を正確に伝え、ドラマ画面を引き立てる点では無類である。筆者の知る限り、二〇一〇年代のドラマ挿入歌のベストワンで、壮大なスケールで構想された楽曲だ。

どこからか聴こえてくる歌は、少しずつ感情を込めながら、クライマックスでその想いを歌い上げる。サビの部分のファルセットを織り交ぜながらの歌唱にも驚かされるが、ドラマチックな感情を昂《たかぶ》らせるのに必要な条件をすべて備えているメロディ・ラインといえるだろう。

一度聴いたら絶対に忘れられない楽曲で、これは聴いて確かめてもらうしかないが、日本人好みのマイナー調のバラードであり、ドラマの挿入曲とはすべてかくありたいという見本のような曲だ（因みにキーはCm）。

尚、公式ＯＳＴは最近流行の写真集的な作りだが、ドラマの余韻を楽しむのに相応しいパンフレット的でもあり、こうした豪華仕様で発売されるＯＳＴは、作品同様、傑作の証である。

第三位「愛の不時着」

話題作となった「愛の不時着」だが、俳優・脚本・撮影と同等の効果を醸し出しているのが音楽だ。ＯＳＴは日本でも発売されているが、収録楽曲の数々は、歴代韓国ドラマ・サントラの中でも突出しており、充実度は「賢い医師生活」とほぼ互角だ。

オープニングのタイトル曲「Sigriswil」（キム・ギョンヒ）は韓国色を全く感じさせないグローバルな楽曲だが、特に出色なのが、挿入歌の「Flower」（ユン・ミレ）だ。ドラマのラブシーンで何度か効果的に挿入されていて、楽曲自体の完成度も驚くほど高い。一聴の価値とはまさにこの曲のためにあるような表現だ。韓国テイストも残しながら、ささやくように始まり、サビで愛くるしい恋の感情を告白し、クライマックスで出会いのピークに達するドラマチックな構成は見事としかいいようがない。歌詞は意外にも古風な表現で思いを伝える内容で、日本盤の日本語訳詞を読めば、その効果はさらに倍増する。

第四位「ミスティ」

本作に深い余韻を与える音楽の数々は、特にドラマのメインテーマ曲、イ・スンチョルの「愛は痛い」に顕著で、近年のＯＳＴ主題歌ベスト5に入る佳曲であり、日本の一九七〇年代フォークの趣きもある佳曲だ。

曲のイメージは私見では「雨」である。ドラマのオープニングからヒロインが傘を持っていたからか、この曲には雨の情景がよく似合うように思われる。ヒロインの過去と回想、その反復の中で効果的に使用されるこの曲は、時に切なく、時に悲しく、寄り添うように韓国ドラマ本来の情感を最もストレートに伝えている。サビの歌い上げる箇所の繰り返しには涙せずにはいられない。聴きながらドラマの情景が思い浮かぶのは傑作の証拠だ。

ドラマ内でヒロインが昔好きだったという選曲によるボブ・ディランの「天国への扉」のKLANGによるカバーも秀逸だ。ＯＳＴだけでも一つの作品として成立しているところも音楽面の充実を示している。ＯＳＴの体裁は「シグナル」同様、写真集も兼ねた豪華仕様で、これこそ大人買いのアイテムの一つだ。

第五位「よくおごってくれる綺麗なお姉さん」

主題歌のように繰り返されるメインテーマのような挿入歌は、カントリーシンガー、タミー・ワイネットの一九六八年のヒット曲「Stand By Your Man」だが、誰がこの選曲を考えたのか。現代を舞台にしたドラマで「ラストダンスは私に」を始めとするオールディーズ及びカバーが多いこととの必然性はあるようでない。年上女性との恋物語にノスタルジアは必要ないと通常は考えるものだが、この方法論は本作では逆に作用したといっていいだろう。

本作は基本的にメロドラマであり、泥沼にはまり込むほどではなく、ゆっくりとした時間の中で恋愛を描くために、敢えて、こういった曲調のスタンダード・ポップスを選択したとも考えられる。音楽効果もあって、ドラマの気分はほとんどアメリカ映画である。

二人が初めての夜を過ごす時に「Stand By Your Man」がフル・バージョンでかかり、場面をロマンチックに盛り上げる。曲の効果は明らかで、一見単調な恋愛物語のある種の色付けとなったことは間違いない。二人が雨の中、一つの傘で歩いていく場面（いうまでもなく、こうした場面は二人の恋愛の距離が一挙に縮まるところだ）は極めて魅力的で、撮影も素晴らしい。まるでCMの一場面のようで、従来の韓国メロディではあまりにもストレートすぎるのか、感情が過度に増幅するのを抑えるためにオールディーズを使用したのかと思えるほどだ。

OSTはシンガー・ソングライターのレイチェル・ヤマガタとイ・ナムヨン（Namyeon

Lee）の楽曲とインストで構成されている。残念ながら、ドラマで使用された、俳優ブルース・ウィリスの「ラストダンスは私に」（一九八八年にモータウンからリリースされたセカンドアルバム「If It Don't Kill You, It Just Makes You Stronger」の収録曲で、ＵＫシングルチャート八十位に入った）は権利関係からか収録されていない。

尚、チョン・ヘインは、本作の演出（アン・パンソク）、脚本家（キム・ウン）と再び「ある春の夜に」（二〇一九年　ＭＢＣ）で組み、レイチェル・ヤマガタも再度ＯＳＴに参加している。

第六位「**推理の女王**」

本作の挿入歌であるKLANGの「迷路」は、ドラマ画面と必ずしも合致しているとはいえないところもあるが（プロモ映像を見ればすぐにわかる）、この一曲だけでもＯＳＴを買う価値は絶対にある（どちらかというと、このドラマにはもったいないような佳曲である）。いわゆるＫ－ＰＯＰは男女のダンス・グループで語られる側面が多い。もちろんそれ以外の、トロット（韓国演歌）でもないシンガーも当然いるわけで、そうした新人シンガーの曲はドラマにでも使用されない限り、特に日本の視聴者のような一般リスナーの耳に届くことはほとんどない。これほど完成度の高い、切ない佳曲も、ドラマの挿入歌でなかったらそのまま埋もれていたのだろう。そう考えると、韓国ドラマは、新しいシンガーの歌を披露する実験場でもある。

これは別に韓国ドラマに限ったことではないのだろうが、韓国以外の国のリスナーがこのような楽曲を知る方法は今のところ、ドラマの挿入歌しかない。筆者はいつもその点を踏まえながらドラマを鑑賞しているつもりだ。そうした耳に何らかの印象を植え付けたのが本章で紹介しているOSTに他ならない。

第七位「マイ・ディア・ミスター～私のおじさん～」

ドラマの気分はほとんど一九七〇年代アメリカ映画だが、内容を引き立てる情感の深い曲は韓国ドラマならではで、本作でも効果的に多用されている。

中でも、毎回エンディングはもとより、主人公IUが一人で思い込む時に重なるSondia（ソンディア。プロフィールを公開していないようで、顔も不明）の歌う「大人」（Grown Ups）はいつまでも耳に残る印象的な楽曲だ。ドラマのメインテーマ曲といってもいい（IU自身もコンサートで歌っている）。深い感動を与える曲で歌詞も素晴らしい（例えば、「この広い世界に一人でいるみたい／誰も私を見ようともしない　誰一人として／星は永遠に輝いて眠ることのない夢をいつも見ている」というような意味の件《くだ》り）。

ドラマのために作られた曲ではないが、これほど主人公の心に寄り添い、心情を伝える曲はない。挿入歌として相応しい曲とはこのような曲のことをいう。

意外なのは、日本でも加藤登紀子がカバー（一九八七年　訳詞も加藤登紀子）した、一九八二年の世界的ヒットであるロシア歌謡曲「百万本のバラ」（歌のコ・ウリムはクラシック・ボーカル・グループ「フォレステラ」のメンバー）が使用されていることで、ドラマと必ずしも合致した曲とは思えず、その意図はよくわからない。

第八位「**梨泰院クラス**」

話題のドラマOSTはいずれも甲乙つけがたいが、OSTの充実度はそのままドラマ内容に直結する。本ドラマのテーマ自体が、いってみれば、旧世代と新世代の対立及び対決を示唆した内容なので、その意図に相応しい楽曲が多い。まさしく二〇二〇年時点のK‐POPの最新コンピレーションでもある。

BTSに代表されるダンス・グループ以外の楽曲も数多く収録され、バラエティに富んだ内容であるのはもちろんのこと、最先端のミュージシャンが勢揃いしている。例えば、Gahoの「はじまり」（韓国の音楽配信チャートでも、配信開始一カ月でチャート一位を獲得した）は復讐の決意と意志を示す曲であり、「自分の道を行く　自分のすべてをかけたから　すべてを手

に入れるため　それが俺たちの夢だから」という歌詞からも、セロイ（パク・ソジュン）のマニフェストが確実に感じられるナンバーだ。また、ハ・ヒョヌの「石の塊」も刑務所に入ったセロイの強固な意志を伝える同傾向の曲で、この二曲は折に触れてドラマ内で鳴り響くテーマ曲といっていい。

「マイ・ディア・ミスター」に続いて、Sondiaの曲も印象的である。「私たちの夜」はイソ（キム・ダミ）の孤独な心と恋心を象徴するような、切ないバラードであり、「私たちはただの友達なのだろうか」は、ドラマの内面のテーマを代弁するような曲で、聴く者の心に深く突き刺さる。

Kim Feelの「あの時、あの少年は」は逆にセロイの心の内をよく伝える内容で、歌詞もタイトル通り、「遠い昔、あの時、あの娘は、夢見たものをすべて手に入れたのか」と問う、忘れられないスアのことを思って用意された曲のように聴こえてくる。

ユン・ミレの「Say」はイソのセロイへの恋の告白のような曲だ。静かに想いを伝える曲調で、これも悪くない。

店のメンバー全員の結束をイメージしたような、VERIVERYの「With Us」、ドラマ全体を俯瞰したようなDamonの「Brand New Way」はいうに及ばず、さらにＢＴＳのＶによる提供曲「Sweet Night」までもあって、とにかく話題満載のＯＳＴであることは間違いない。

第九位「**風船ガム**」

韓国ドラマというより、往年のフランス映画のような情感に溢れた作品だが、内部の気分を一番伝えてくれるのは、男女混合グループのバニラ・アコースティック（二〇〇八年デビューのインディーズ・デュオで、当初はもう一人女性のギタリストがいたが、脱退後は二人で活動している）の「違って見える」（You Look Different）である。アコースティック・サウンドだが、フォーク・ロック的なところもあり、ドラマ内ではもちろん、音だけでも耳に残る佳曲だ。同曲はドラマのために書かれた曲で、主役二人のもどかしい気持ちを、これほどストレートに伝える曲はない。

ＯＳＴには既成曲（Lasse Lindh「Because I」、アレックス「君へと向かう僕の時間」、キム・ナヨン「私にはあなた」、ユン・ゴン「君だけを想う」）も使用され、ドラマの各場面を盛り上げているが、こうした曲をさりげなく使うセンスも韓国ドラマの特徴の一つだ。

番外編「**夫婦の世界**」

ベストテンといいながら、最後は番外編である。ドラマの内容については先述した通りだが、不思議なことにこのドラマを視聴していると、第四次ブームの中でも強烈すぎる内容のためか、耳に入ってくるのは効果音くらいで、従来の韓国ドラマのOSTでは常識だった「曲を聴くとその情景が思い浮かぶ」といった音楽効果はあまり感じられない。

挿入歌さえ必要ないほどの濃密なドラマ空間だからともいえるが、かといって、聴くに堪えないOSTなのかというとそうではない。

例えば「シグナル」でも挿入歌を担当したキム・ユナは今回も「孤独な航海」という楽曲を提供している。だが、曲そのものの出来云々より、ドラマ内ではどういうわけか印象に残らない。ドラマ自体に幸福感がないからなのか、他のJosh Daniel「Nothing On You」とか、歌詞がドラマに準じているような内容のハ・ドン・ギュン「そのまま僕を捨てて」、ホ・ガク「涙で君を送る」、ペク・チヨン「愛した日々」も同様で、楽曲のクオリティの高さに比して、ドラマ画面を増幅するような音楽効果がほとんど感じられないのは珍しい。

ただ一つの例外が、絶望的な感情と空しさを静かに伝える、大貫妙子風のバラード、ソン・スンヨンの「Sad」で、主人公の心情をストレートに表現した曲としていつまでも耳に残る。

要するに、このOSTはドラマとは完全に分離しているというか、最初から別の位置にあるのである。音楽CDとして聴けばそれなりの内容であり、丁寧に製作されていて、決してクオリティが低いわけではないが、ドラマOSTとしては何ら意味をなさない、ということだ。

だからといって、ドラマ自体を傷付けるわけでもなく、これは極めて珍しい例だ。おそらく、韓国ドラマのＯＳＴが製作されるようになって以降、初めてのケースであり、製作スタッフの誰一人予想していなかったことだろう。

「ドラマ空間が充実していれば、必ずしも音楽は必要ではない」という卓見を証明したような側面もあるが、イギリス・ドラマのリメイクながら、本作が二〇二〇年代の韓国ドラマ史に確実に歴史を刻んだ人気作となったのはその辺りにも理由があるような気がする。

註-1　韓国における韓国ドラマＯＳＴで最大のヒットは「初恋」のサントラではないかという説がある。一九九六～九七年にＫＢＳで放送された、ペ・ヨンジュン主演のドラマで、最終回は当時のドラマ史上最高の視聴率六十五％を記録した。イム・ジフンによるオープニングテーマ曲は、韓国の五、六十代で知らない者はいないほどだという。

終章　韓国ドラマの未来

二〇二〇年代の最新作から、韓国ドラマの未来を予測する

Kコンテンツの未来とその展望

改めて述べるまでもなく、世界のエンターテイメントの中でも、韓国の映像部門——映画・ドラマの充実とクオリティ、そして大衆性は誰の眼にも明らかである。音楽についても、広義のポピュラー・ミュージックとして、ダンスミュージックを主体としたK‐POPは、日本だけでなく、男女含めて、世界を席巻した。BTSの活躍については多くを述べるまでもない。

この異常な隆盛ともいえる、韓国ドラマに代表される映画やK‐POPを含めた韓国エンタメ・ソフト——総称「Kコンテンツ」は、偶然生まれたものではない。一九九七年のアジア通貨危機を経験した韓国は、金《キム》大《デ》中《ジュン》大統領の指示のもと、エンタメを始めとした芸能や映像等の、いわゆる「コンテンツ産業」の育成と発展に戦略的に注力してきた。

Kコンテンツは、内需に限界があり輸出に頼らざるを得ない韓国経済において、サムスンやLGに代表されるエレクトロニクスに次ぐ、有数の輸出品であり、特に映像においては、ネット配信により、世界中でアメリカ・ドラマと同等の地位を手に入れた。現在、アメリカ・ドラマと韓国ドラマは、世界のテレビドラマをリードする双璧といっていいだろう。

Kコンテンツはエンタメのジャンルに特化したものではないが、それでも、映画では「パラサイト　半地下の家族」が二〇二〇年にアカデミー賞外国語映画賞を受賞、音楽でもBTSが今年（二〇二一年）の第六十三回グラミー賞「最優秀ポップグループ賞」部門にノミネートされ、惜しくも受賞を逃したのはまだ記憶に新しいところだ。

韓国ドラマにしても、映画とテレビドラマを対象とした、アカデミー賞の前哨戦と捉えられている「ゴールデン・グローブ賞」には、Netflix効果もあり、何らかの作品がノミネートされるのは時間の問題といわれている（註 - 1）。

そして文学部門においても、近い将来、K文学が――各国の翻訳次第だが――ノーベル文学賞に選ばれる可能性が絶対ないとはいい切れない。これからのK文学はむしろ、SFというジャンルに積極的に向かう傾向が強いように見える。例えば、『わたしたちが光の速さで進めないなら』（二〇二〇年　早川書房）で描かれた世界はその一端である。『82年生まれ、キム・ジヨン』のように韓国の生活の現状を背景にすると、必然的にフェミニズム小説として見られてしまう危険性があるのも一方の事実だ。つまるところ、自国に材を採ると、やはりその呪縛から逃れられないわけで、これは別に韓国に限ったことではない。

そして、違うテーマの小説世界を探すとなると、その一つとしてSFに行き着くのは必然でもある（中国SF『三体』はその好例）。SFのジャンルでは自国を前提とした小説観にとらわれることなく、自由な想像力を駆使することが可能になる。偶然なのか、これはアメリカ・ドラマと同じ方向性である。

逆に、韓国ドラマでSFをテーマにすると、「シーシュポス：The Myth」（二〇二一年 JTBC）のように、韓国ドラマ特有の情感が湧き出てきて、必要のない効果が表れることになる。私見では、SFに情感は必要条件ではなく、Kコンテンツにおける「SF感覚」は絶対条件とはいえないが、韓国ドラマはともかく、K文学に関していうならば、小説創作におけるこれからの重要なテーマであることは確かだ。

先述の『わたしたちが光の速さで進めないなら』の解説（イン・アヨン）に「キム・チョヨプのSF小説が私たちに見せてくれるのは未来である」とあるように、K文学の未来は間違いなくこの方向にある。

以上のような状況が指し示すように、Kコンテンツは疑いもなく、二〇二〇年代における世界レベルのソフト・コンテンツの一つである。

二〇二〇年代の韓国ドラマ　その傾向と分析

別の観点から考えると、韓国ドラマはドラマの作り方の一つの証明でもある。二十一世紀におけるKコンテンツの中心となった韓国ドラマは、韓国でなければ考え付かない構想もあるが、最近の、特に二〇一〇年代からの作品は、韓国以外の市場を想定しているためか、韓国ドラマの基本テーマを保有していながらも、国際的な視点に立ったものが増えているように思う。

では、韓国特有のテーマの発展とは、そして、韓国ドラマに残された最後のテーマとは何か。

それは、ある種の「幸福感の追求」であり、文字通りのハートウォーミングな、さらなるヒューマン・ドラマの構築である。ストーリーテリングの展開の妙で見せるドラマジャンルであるだけに非常に製作するのが難しい世界だ。

誤解のないように追記しておくと、別に幸せな人間を描くドラマのことではない。ストーリー展開の中に、また、その結末に幸福感を感じ、味わえるようなドラマになっているかどうか、ということである。何も起こらない他人の幸福な家庭・人生など見ても何の意味もない。

ここで強調したいのは、そういう単眼的な視点による単純な構造のドラマではなく、もっと複眼的で重層的な視点による効果を擁するドラマ作りのことである。

一例として本書内で取り上げた「ブラックドッグ～新米教師コ・ハヌル～」は筆者の考えるヒューマン・ドラマの一つだ。

賛否両論はあるが、ラストシーンでの、教師としての信念を持ち得た主人公の考え方には無条件で共感するし、人生の意味を問い直す、人間的な成長には拍手を送りたくなる。間違いなく、ある種の幸福感を実感する瞬間である。ドラマとはすべからくこのような印象をもたらす作品であるべきと願わずにはいられない。筆者にとって、今のところこうした情感を味わえるのは韓国ドラマだけである。

韓国ドラマでしかなし得ないと思われるヒューマン・ドラマの世界は、アメリカ・ドラマの「THIS IS US」を例外とすると——このドラマと韓国ドラマのテーマの重複はおそらく偶然ではない——、最近の例でいうならば「賢い医師生活」がその一つだ。「マイ・ディア・ミスター〜私のおじさん〜」「ブラックドッグ〜新米教師コ・ハヌル〜」のテーマをさらに拡大解釈して充実させ、複眼的な群像ドラマの見事な完成形となった。韓国・アメリカいずれも、このテーマに将来への手ごたえを感じているのだろう。

たとえどれだけＡＩが発達しようとも、人間が存在している限り、それを使いこなすのは人間である。人間が生きて、生活している限り、どんなささいな平凡な毎日にもドラマは必ず存在する。筆者が見るところ、韓国ドラマは人間を中心とした、そんなに奇抜ではない世界——生活空間の創出にドラマの未来を託そうとしているのではないか。

ドラマの重要な構成要素である恋愛・ロマンス・成功等は、現実の韓国社会にはほとんど存在しない（日本も同様である）。その片鱗は小説の中にさえない。あるのは諦観と現実、そして社会に対する怒りと不満である。だがそうであっても、人間は今なおそこに、確かに生き続けている。だから、現実逃避の意味だけではなく、韓国ドラマは永遠に作り続けられているのかもしれない。

最新作に見る、韓国ドラマの現状

韓国ドラマの未来を考えることは、「ドラマ」という創作物の未来を考えることでもある。繰り返しになるが、現在、アメリカ・ドラマと韓国ドラマ以上のドラマ・コンテンツは世界に存在しない。二国のドラマの先にあるのが、世界中のドラマの将来のあるべき姿と断言して構わないと思う。

最後に、現在放送中の最新作から、未来の発芽となる可能性を秘めていると思われる作品を紹介してみよう。

「ヴィンチェンツォ」二〇二一年　tvN

発端から、冷酷なイタリア・マフィアによる、スパイ・アクションのニューウェーブと思っていたら、主人公ヴィンチェンツォ・カサノ（ソン・ジュンギ）が韓国に帰国すると、ドラマのトーンは一変する。まさかオフ・ビート・コメディというか、ブラック・コメディの側面があるとはちょっと予想が付かなかった。イタリアから韓国へと移る舞台のギャップ。この変転は計算ずくなのか。

主人公ソン・ジュンギが悪役なのか、そうでないのかは不明だ。だが、ただ一つハッキリしているのは、「悪」を懲すのは「悪」であり、「悪」に対抗できるのは「悪」だけであることだ。

このセオリーをもとに、中国の富豪から依頼された隠し金庫を確保するための単純なビル買収案件が、全く違う事件としてドラマを形作っていく。

ここに、娘と絶縁した良心派弁護士の父親と、悪徳弁護士事務所ウサンの気鋭の弁護士の娘、そして何を考えているかわからない女性検事キム・ヨジン（以後、検事を辞めて、ウサン事務所に入り、理解不可能な行動を取る）が絡み、法では絶対に斃せない相手に立ち向かっていくのが全体のストーリー展開である。

ソン・ジュンギのイタリア帰りの非情キャラクターがキマっているようで、少しズレているところが何ともおかしい。二枚目の冷徹なダークヒーローが滑稽味を感じさせるところが新鮮で、そのコミカルな言動を含めて最後まで見せてしまうのは、ソン・ジュンギ独自のキャラクターによるものだ。凄みを利かせながら、行動のすべてがコメディ気味に見えるのは、ある種の俳優の才能である。

また、脚本が「キム課長とソ理事～Bravo! Your Life～」（二〇一七年　ＫＢＳ）、「熱血司祭」（二〇一九年　ＳＢＳ）のパク・ジェボムなのもドラマの特色に拍車をかけている。「ヴィンチェンツォ」は舞台建てを外せば、「熱血司祭」と同路線のドラマともいえる。

韓国系イタリア人という触れ込みの主役ヴィンチェンツォは、三十六歳のソン・ジュンギにとってこれからの俳優人生をかけた一作であり、力が入るのは当然だが（ソン・ヘギョと離婚直後の出演作でもある）、そこを少し脱力系のコメディ仕様にしたのはスタッフの意図なのか。

そのくらい、買収の標的となったビルの関係者は変人・奇人のオンパレードで、ソン・ジュンギが演じなくてもコメディとならざるを得ない設定を用意したといえるだろう。

それとは別に興味深いのは、ユ・ジェミョン扮する弁護士が、国選弁護士として担当している相手が、どうやらソン・ジュンギを捨てた実母ではないかとの暗示もあって、単純な復讐劇ではない予感を感じさせることだ。

良心派弁護士を演じるユ・ジェミョンは「梨泰院クラス」で新境地を得たが、今回は「刑務所のルールブック」に続く弁護士役で、実は一番の適役ではないか。今回も無難に演じていて、もはや脇役ではなく、準主役級の俳優である。

他の出演者としては、2PMのオク・テギョンがウサンの先輩弁護士チャヨン（チョン・ヨビン）の、どこか抜けている後輩弁護士役、ウサンの代表チョ・ハンチョルの胡散臭さも見逃せない。クムガ・プラザ・ビルの住人に扮する個性的な脇役たちについてはいうまでもない。中でも、「愛の不時着」で、ヒョンビンの部下の一人として印象的だったヤン・ギョンウォンが、ビル内の武術に長けた（?）質屋として登場していて、注目大である。

ストーリーは四話前後から激しく動き出す。バベル製薬の麻薬要素の強い薬品を追及していた良心派弁護士ユ・ジェミョン、研究員も殺害され、ヴィンチェンツォは弁護士の娘チャヨンとタッグを組み、バベルとウサン事務所に立ち向かっていく。

ドラマの新味は、ことごとくイタリア・マフィア式で対抗していくことで、ここが従来の韓国政界ドラマとは根本的に違う。映画「ゴッドファーザー」のように、ベッドに馬の首まではなかったものの、注射器を突き刺した枕とか、脅しの方法も念が入っている。

ヴィンチェンツォのイタリア時代のダーク・サイドは途中まで伏せられているが、中盤からその暗い過去が少しずつ明らかになっていくところも見物の一つだ。

後半の決定的な転機は、悪の張本人が、ヴィンチェンツォの母親を人を使って殺害してしまうことで、ここから主人公は殺人マシーン・マフィアそのものと化し、復讐を開始する。

後半からの攻防・変転・黒幕の正体等はネタバレになるので省略するが、いずれにしろ、主人公のイタリア仕込みの暗躍ぶりは、「悪」に対抗する「悪」として頗《すこぶ》る痛快であり、最後まで飽きさせない。結末近くの、犯罪の張本人たちに対する殺害方法は、まさに処刑といっていい、マフィア仕込みの正視できないほどの凄まじさで、確かにこの描写は地上波では放送不可能だっただろう。

ソン・ジュンギを中心としたブラック・コメディの側面も多々あるこのドラマは、もちろん上質のエンターテイメントとなっていて、最近のヒット作でもあるが、ドラマの結末にはいくつかの欠点がある。

運び出した金塊は、何のために一カ所に集められているのか？　これは誰と山分けするのか？　弁護士と会長が国外逃走する際に整理した財産をハッキングしてすべて横取りするが、その目的と使い途は？　そしてヴィンチェンツォかイタリアに逃走して一年後、女弁護士と再会するが、その恋の行方は？　等々、明らかにされていない謎が多すぎる。話を広げすぎたとしか思えない。そうであっても、Netflixで配信するほどの作品なのかどうか、その見極めの判断は難しい（本作は通常の十六話ではなく全二十話だが、そこまで延ばす必要があったのかどうか。筆者としては、少し刈り込めば、十六話で無駄なく完結したのではないかと思う）。冒頭のイタリア・ロケを含めて、地上波でも製作可能な作品と思えるが、こういった作品がネット配信向けの条件を満たしていることになるのだろうか。

「こんにちは？　私だよ！」　二〇二一年　KBS

タイム・パラドックスをテーマにした作品は韓国ドラマに限らず、古今東西の映画やドラマに先例があり、過去・未来への移動で様々なドラマを生んできたが、このドラマは少し違う。

三十七歳の女性主人公は過去へも未来へも行くことはない。その代わりに、どういうわけか、二十年前の自分自身——十七歳の自分と再会する。どういう方法で、なぜ二十年前の十七歳の自分が、現在の三十七歳の自分に会いに来たのか、という疑問はあるが、とにかく不意の交通事故（?）で運ばれた二人が病院で偶然隣り合わせになった時、名前と生年月日の同時提示で、お互いにその事実を知る。お互いに過去の自分と未来の自分に再会した瞬間、すべてがわかるという発端はやはり画期的で、この着想は秀抜である。アメリカ・ドラマでも考え付かなかった、意表を衝いた着想といっていい。ここから、財閥のドラ息子と落ち目の韓流スターを交えて、破天荒なコメディが展開していく。

本作はケーブル局製作ではなく、地上波のＫＢＳ製作なのにも驚かされた。地上波局にも、意欲的な番組を作る素地はまだ残されていたのか。

主人公が過去に戻るのは、近年では「バック・トゥ・ザ・フューチャー」（一九八五年）が有名で、主婦が十代の時期に戻る例としては「ペギー・スーの結婚」（一九八六年）がある（現在、四十代の主婦が二十五年前のハイスクール時代に戻る設定）。

それとは異なり、主人公本人が二十年前に戻るのではなく、二十年前の自分が現在に来て再会する点が絶対的に新しい。現在の自分が過去に戻って、その頃の自分を見るとか、実際に出会い、会話をする場面は、古くはアメリカ・ドラマ「タイム・トンネル」（一九六六〜六七年）にも前例があるが、現在の時代設定でありながら、同じ時代に、「過去の自分」と「現在の自分」の二人が同時に実在しているという、タイム・パラドックスの原則を覆した設定は初めてのはずだ。

二十年前に十七歳で歌手を夢見ていた過去の自分は、当然ながら、現在の自分の境遇を見て、「どうしてそんなに落ちぶれたの？　これは私が考えていた未来じゃない！」と素朴な疑問を投げかける。そこから二十年の月日を回想を交えて辿り、現在に至るまでが、根幹のストーリーとなる。

二十年前の主人公の家族や親友の現在とのギャップも興味深いが、現在の境遇となった根本的な理由、そして十七歳の自分が現在に来た原因が、二十年前の父親も絡んだ交通事故にあることが暗示されながら、その事実をいつ二十年前の自分に打ち明けるかが、ドラマ進行の重要な伏線となっている。そこに整形手術をして別の顔となった二十年後の番長と、その時に助けた少年の現在の存在も絡んで、予想もつかない展開となる。

現在の三十七歳の主人公パン・ハニを演じたチェ・ガンヒにとって、奇跡的なカムバックを果たした「推理の女王1〜2」（二〇一七〜一八年　KBS）の後で一番の話題作となった。

またしても適役を得たといえるほどのハマり役で、ちょっと代役は考えられない（十七歳の過去の自分を演じたイ・レはまだ十五歳とのこと）。

ハイ・ミス的な三十七歳という年齢を、これほどうまく負け犬的に演じられる女優は他にはいない（チェ・ガンヒの実年齢は四十四歳で、財閥のドラ息子役のキム・ヨングァンとは実に十歳の差があるものの、後に意外な恋人関係となる伏線のためか、なりふり構わないコスチュームや顔のシミで三十七歳のリアリティをうまく表している）。これはまさしく、チェ・ガンヒのためのドラマである。

キム・ヨングァンも「初対面だけど愛してます」（二〇一九年　SBS）以来だが、コメディ・タッチの役柄も決まっていて、新しい韓国ロマンティック・コメディの到来を感じさせる。

様々な変転の末、叔母の策略による製菓会社の経営権をめぐる攻防は予定調和で終息するが、ドラマの結末は、十七歳のパン・ハニがどうやって二十年前の過去に戻るか、にかかっている。過去から来たパン・ハニの正体はキム・ヨングァンだけでなく、母・姉にも知られることになり、父親が死亡していることを知った高校生のパン・ハニは、父親の死は自分のせいだとショックを受けてしまう。

過去へ帰る道を探し続けていた娘は、父親との会話の中で、スズランの花言葉は「幸せを取り戻すこと」だと思い出し、過去に戻って父親の事故死を回避しようとする。だが、事故の直前の過去に戻った娘に対して、瀕死の父親は「やっと戻ってきたな」といって亡くなる。

ここで、二十年前の事故の瞬間、未来に自分を送り届けたのは、自分の死で娘が人生を誤らないかという父親の大きな愛情によるものだったことがわかる。結局、過去は変えられなかったが、父親の死の意味を知った娘は以前の娘ではなく、未来の娘もこれまでのように将来に希望を見出せない娘ではない。高校生の自分が二十年後の自分に会いに来た理由はこれで明らかになり、視聴後の感想は清々しい。

放送時、裏番組が「シーシュポス：The Myth」（二〇二一年　JTBC）だったためか、視聴率的には振るわなかったらしい。SF設定でありながら、こうした路線も韓国ドラマらしさを伝える一方向だと思う（ドラマ自体がSFそのものだと、「シーシュポス：The Myth」のようになってしまう）。タイム・パラドックス設定の是非はともかく、地上波でも、四十代の女性を中心に構想されるドラマ・ジャンルには、まだ可能性が残されているようだ。

「シーシュポス：The Myth」二〇二一年　JTBC

JTBC開局十周年記念作品だが、その意気込みとは裏腹に、韓国ドラマにSFは似合わないという定説を証明するような作品となってしまったのではないか。タイトルも意味深すぎる

（註 - 2）。だからといって、本作は別に失敗作ではない。これは企画・俳優の問題とか内容の評価云々とは全く違う次元の話である。

まず、どこか違う世界のドラマを見ているような錯覚がある。最後まできめ細かく見れば見るほどそうした印象を拭えない。アメリカ映画及びドラマの独擅場ともいえるSF的なリアリティは、どういうわけか本作ではほとんど感じられない。なぜそう感じるのか不思議で仕方ないが、SF色が強くなると韓国ドラマの情感は必要なくなるし、SF的な設定が薄くなるとSF的な舞台は通常の韓国ドラマ設定の邪魔となる。元々、水と油の関係なのだろうか。

そもそも、開局十周年記念作品だからといって、超大作が必ずしもSFドラマである必要は全くない。韓国ドラマはまだそういった傾向が強いのだろうか。

本作はSFというより、SF要素の強いファンタジードラマといっていいが、無機質なコンピュータとAIが主役のSF世界に、韓国ドラマ特有の情感は意味のないアクセントのように見える。人間不在のSF世界をわざわざ韓国ドラマとして描く理由がないというべきか……。少なくとも人間が介在しない限り、そして人間が主体でない限り、筆者の基準では、韓国ドラマとはいえない。

廃墟のシーンでCGがふんだんに使われ、映画並みの製作費がかけられているのはわかるが、本末転倒の考え方ではないかと思う。韓国ドラマの進むべき未来は、アメリカSFドラマの再現ではないはずだ。

タイムマシンの変型ともいえる「アップローダー」によって、未来から使者が現在にやって来る設定は、核戦争によって未来が廃墟と化しているためだ（基本コンセプトは「猿の惑星」と同じだ）。未来が廃墟となることを阻止すべく、現在に来るのがソヘ（パク・シネ）。若き富豪にして科学者のハン・テスル（チョ・スンウ）が将来の危機を左右するキーパーソンであり、核戦争となる経緯には様々な理由があることが少しずつわかってくる。ここに「タイム・パトロール」の変型版である「取締局」と不可解なテスルの兄の存在が絡んでくる。後半からは黒幕も登場し、ドラマはここから核心に入っていく（註 - 3）。

過去と未来、そして現在が目まぐるしく交差して、ドラマ内の「現在」をうまく確定できない難があるが、実のところ、SF設定の本作を貫くのは、テスルの兄弟愛とソヘへの家族愛である。その点だけで見ると、家族ドラマの変型といえなくもない（私見では、カート・ヴォネガットの小説『スローターハウス5』〈一九六九年〉の影響もあるように思う）。

その根拠として挙げられるのが、タイム・ブローカー（?·）、ソン・ドンイルの存在だ。ソン・ドンイル周辺の怪しげな社員たちもまさしく従来の韓国ドラマの登場人物たちであり、本作が紛れもない韓国ドラマであることの証明でもある。

未来を既に知っていることから、黒幕となる人物が、未来から現在に来て最初に競馬新聞を見るシーンは大笑いだったが、ここにも紛れもない韓国テイストがある。

このような側面で見る限り、SF的なのはその設定だけで、ドラマの根幹は、SFドラマというより家族ドラマであり、通常の国家、企業を舞台にした強奪事件、ギャング同士の争い、警察の捜査をテーマにしたアクション・ドラマと何ら違いはない。

エンディングに向かう最後の二話は、未来・過去・現在を移動するタイム・パラドックスと、過去の上書きによるリセットの連続でわかりにくいところが多いが、ネタバレになるので詳述は避けたい。それでも、ラストシーンは巧妙にファーストシーンにつなげてあり、ここですべてのストーリーが完結する脚本構成は、一応完成していると見るべきだろう。その点は秀逸だが、最初に述べた不満はやはり依然として残る。

結局のところ、ハリウッド映画並みの製作費と俳優（チョ・スンウ、パク・シネ）を揃えても、ドラマ全体にSFという印象は希薄で、極端な話、韓国人俳優を登場させた意図と効果はそれほど感じられない（チョ・スンウはともかく、パク・シネは女性戦士という新境地開拓なのだろうが、こういったドラマにはあまり似合わない役柄のように見える）。開局十周年記念作品は別にSFドラマでなくてもいいわけで、図らずも本作がその本質を衝いてしまった。

この辺りの成否は堂々巡りの論議にしかならないが、SFドラマに限っていうならば、人間ドラマの情感に重きを置く韓国ドラマと、あくまでもSF的世界に人間が存在するというコンセプトのアメリカ・ドラマとでは、考えている以上に大きな乖離があるようだ。SFドラマはやはりアメリカ特有の産物であることを再認識させられた次第だ（最近の「マニフェスト」〈二〇一八～二二年　米NBC　シーズン1～3〉はその好例）。

だが、その世界に韓国人俳優がいるのは今では当然のドラマ風景で、アメリカ・ドラマへの韓国人俳優の進出は、中国系俳優に続く、これからのKコンテンツ隆盛の証明となることは確実である。

「結婚作詞　離婚作曲」二〇二一年　TV朝鮮

筆者の年齢からすると初めて、この作品でやっと自分の世代に近い年齢層の最新ドラマをリアルタイムで視聴した実感がある。それでもドラマ内の一番上の中心年代は五十代なのだから、六十代の筆者の世代向けのドラマが韓国でもいかに少ないかがよくわかる（註‐4）。

表向きは、三十代・四十代・五十代夫婦の順調だった結婚生活が夫の浮気等で破綻していく危機と離婚が主題である。離婚に至るまでの過程を必要以上に丁寧に描写することで、新しい夫婦の在り方を提唱するのが目的かと思いきや、そんな意図はかけらもないようで、あるのは生々しい人間感情と世間的な建前だけだ。夫・妻の双方が全く知らなかった相手の別の面が徐々に明らかになる構成である。

総合編成チャンネル局の中でも、JTBCに比べるとドラマ製作の少なかったTV朝鮮だが、この新作は今までの韓国ドラマの中でも少し違う視点で作られているように思う（最後まで視聴すると明らかになるが、途中で当初のコンセプトを変更したとはいえ、結果的に脚本テクニックにおいて、これまでのドラマの常識を完全に覆す作品となった）。

本作には現在の韓国ドラマの新しい傾向をいくつか垣間見ることができる。

まず三組の三十代・四十代・五十代夫婦がいる。妻たちは年代順にラジオのDJ・番組プロデューサー・放送作家で、同じ番組で毎日の付き合いがあるが、それぞれの夫たちとの面識はあまりない。

三十代のDJの年下夫の実家はゴルフ場経営の土地持ち。四十代のプロデューサーの夫は病院の院長。その父親も病院を経営していたが、今は息子に譲って、再婚した二十歳年下の妻と何不自由のない生活をしている。五十代の放送作家の夫は大学教授。妻と同年齢で若くして結婚したが、妻には夫を教授にした内助の功がある。

三組の夫婦はいずれも富裕層で、「紳士の品格」同様、貧困の要素は微塵もなく、とても現在の韓国を舞台にしたドラマとは思えない。

ドラマの中心となる三組の夫婦はすべて富裕層の家庭として描かれていて、もはやここには、従来の韓国ドラマの定番だった、街の個人経営の飲食店、もしくは食品メーカーの社員、そして教師、公務員が夫の職業といった時代の面影はかけらもない。

従来の家庭環境ではこういったドラマは成立しないと考えたのか。そもそも不倫は、ある程度の経済的余裕の産物であり、一般庶民の家庭ではそんなことは起こり得ないのか。有料放送を見る層がそれなりの経済状況にあるとするならば、ドラマの中で、例えば屋台で飲むシーンが皆無なのも納得がいくが、そんなに断定的にドラマのコンセプトを考えるものなのか。

貧乏な生活であっても家族が力を合わせて幸福な家庭を築くことより、愛はなくても富裕層の家庭の不倫の方が興味を引くと考えて、最初から一種のファンタジーとして製作されたドラマなのか。舞台は富裕層であっても、根本にあるのは従来の家族ドラマの踏襲なのか。

こうした疑問は二〇一〇年代に製作されたすべてのドラマに通底するが、韓国ドラマが古い殻を破って、新しい衣装を纏う時期の典型的な産物がこのドラマだとしたら、シナリオにベテラン作家を起用したのにはそれなりの理由があると見るべきだろう。そして、その意図はかなり確信犯的である。

脚本は、「人魚姫」（二〇〇二～〇三年　ＭＢＣ　全二四七話！）を書いたベテランヒットメーカー、イム・ソンハンの六年ぶりの復帰作でもあり、内容も往年の韓国ドラマ特有のメロドラマの王道の再来ともいえるもので、背後の経済状況を抜きにすれば、昔ながらの韓国ドラマのエッセンスが凝縮された内容となっている。

地上波の定番だった不倫ドラマが再度、ケーブル局で姿形を変えて再生産されたのは意外だったが、意外に新鮮に見えるところが皮肉でもある。放映前からの周囲の期待にも見事に応え、シーズン1が終了する前にシーズン2も決定した。

タイトルは、まるで、なかにし礼が書いたような秀逸なもので、「結婚」の作詞と「離婚」の作曲とはいい得て妙だ。その楽曲が「愛の崩壊」であり「不倫」となるのはメロドラマの常套手段ともいえる。この曲を歌うのは三組の「夫婦」である。どのように曲を聴くのかは、視聴者次第ということなのだろう（註 - 5）。

だが、見方を変えれば、「結婚」が作詞し、「離婚」が作曲してできあがる曲は、結局のところ、「不倫」による「破局」である。その意図に忠実なためか、脚本の冴えは隅々にまで行き渡っている。

院長の父親が後妻と映画を見に行き、途中で院長が心筋梗塞で胸の痛みを訴えても、後妻は知らぬ顔をして無視する。後妻の真意が露呈する鬼気迫る場面である。何気ない日常がホラーに変わる瞬間であり、その時の後妻の満足気な笑みを浮かべた表情は何ともいえない迫力がある。前半の山場であり、このことで後妻が以前から院長の早死を画策していて、その機会を窺っていたことがわかる。そして、同情する一人息子も次の罠のための手段だったとは。空恐ろしい後妻の野望だけで済まないところが、韓国ドラマの真骨頂だ。ドラマの裏の重要な主役は間違いなくこの後妻である。

後妻ドンミを演じるのはベテランのキム・ボヨン（一九五七年生まれ）。実年齢もドラマ（五十九歳設定）と大差ない六十三歳だが、二十年以上、脇役に甘んじていた鬱積がそのまま迸《ほとばし》っているように見える（実際に、五十代夫婦の夫として出演しているチョン・ノミンと結婚していたが、二十年前に離婚している）。

後妻は後半のキーパーソンの一人となっていくが、まだ、この辺りは序の口であり、ことごとく普通に考える展開にはならない。というか、余韻を後まで長引かせるために、いわゆる不倫ドラマのツボを敢えて外しているのだろうと思う。そうすると、視聴者は毎回最後まで見なければならなくなる……。

ドラマはある日、三十代夫婦の夫の、女ができたので離婚してほしいという告白から始まる。三人の妻たちの日常に暗雲が立ち込める。

ドラマの表向きの主題の一つは「不倫」なのだろうが、その割には、それぞれの家庭の内実について不必要なほど細部まで描写されているのは周到な計算によるものだろう。

放送作家と大学教授の五十代の夫婦の場合は、夫が唐突に女ができたので別居したいといい出す始末で、健気にも大学生の娘は父親を非難する。その論理立てた非難は極めて真っ当で全く揺るぎがない。少し真っ当すぎるほどで、それだけに、そんな娘の非難に対して、最後に父親が家族の前で情けなくも泣きながら、「今までお前たちを不幸にしたことがあったか。一回ぐらいの過ちでそこまでいわれなければならないのか。道を歩いている人に聞いてみればいい。一人の女を一生愛し続けることができるのかどうか」と開き直って言い訳するところは、思いもよらぬシーンだっただけに呆気にとられた。

正直すぎる一方的な勝手な言い訳というか、どう対応すればいいかわからない場面である。本作には、判断がつきそうでつかないような場面が非常に多い。意図していたかどうかはともかく、今までのメロドラマにはなかった視点で、それなりに新鮮に映る。この辺りは韓国ドラマというより、アメリカ・ドラマのようでもある。

脚本が非凡なところは他にもある。途中まで、本流のストーリーとは全く異なる三人の女性グループの行動が並行して描かれるのだが、この女性たちが、本作の登場人物の夫に当たる人物たちと何らかの関係があることが少しずつ明らかになる。

今まで全く不明だった三人の夫たちの相手の女性が一挙に判明するのだが、これはミステリーでよく使われる手法で、全く違う世界のストーリーが同時に進行し、最後に合流して、トリックが露呈していくのと同じ仕掛けだ。この方法論が不倫ドラマに使われるのは韓国ドラマでもおそらく初めてではないか。

凡百の不倫メロドラマと完全に一線を画すのはこの点だけでも明らかで、メロドラマだと思って見ていた視聴者に極めて新鮮な印象を与えたことは間違いない。

だが、この段階でもまだ途中経過である。ドラマの本質を表す場面展開はこれから始まる。

全十六話で、一話から八話までの前半、九話から最終話までの後半で構成されているが、出色なのは、九話から十カ月前に遡って、それぞれの夫婦の実態と、不倫相手に魅かれていく過程が暴かれることだ。韓国でのドラマ評では「前例のない不倫直観ドラマ」といわれたそうだが、その指摘は確かに当たっている。

三人の夫たちの女の存在が判明し、それぞれの出会いまでを遡る場面がきめ細かく描写される。ドラマ内の時間の比重としては少し長すぎて、そこまでする必要があるのかどうかわからない場面もある。

三人の夫たちがそれぞれの女と出会うきっかけも実に巧妙で、夫たちがそれぞれ不倫に陥る、魔がさす瞬間を納得させる伏線は最初から張り巡らされている。ただ、どこかあざとすぎるように思えるのは筆者が男だからだろうか。

三十代のＤＪの妻と年下の弁護士の夫は、妻が仕事優先で家事をほとんど放棄している設定があるからこそ、アスレチック・クラブで見かけた、妻よりかなり年上の離婚歴のある家庭的な女性に魅かれるわけで、子供ができないことで離婚した過去のある、相手の女性との間に子供ができたことで、夫は今の妻との離婚を決意する。

四十代の院長と専業主婦の夫婦は何不自由のない生活で、不倫の要素は皆無だったが、ある時仕事で海外から帰国途中の飛行機の中で院長は二十代の女性と知り合う。最初は年齢的にも自制心で抑えていたが、女性からの熱情で一線を越えてしまう。女性は、今のままで必要な時に会うだけの愛人的な存在でいいというが、そういう状況が続かなくなるのがメロドラマの常識であり、必須条件である。

五十代の夫婦にはもっと残酷な状況が用意されている。家庭一筋で不倫・浮気には縁のなかった堅物の大学教授にも、意外な出会いが訪れる。教授は、自身の演劇科の講義に偶然参加したミュージカル女優に会っている内に、抜き差しならぬ恋心を抱き、思いがけない恋の歓喜に夢中になっていく。

その対比として、生活臭の濃厚な放送作家である妻との落差を感じさせる残酷な比較が随所に挿入されている。妻の今まで気付かなかった部分に愛想をつかすのは無理もないと思わせるように、脚本が書き込まれているかのようだ。

本作において、こうしたディテールは極めて重要であり、メロドラマの脚本はすべてこのように書かれるべき見本のような作品である。放送作家である妻を演じる女優（チョン・スギョン　一九六六年生まれ）の外観に、生活に疲れた感じがはまりすぎていて、演じた女優も少し不本意ではなかったかと思わせるほど、残酷な効果を生み出したのは最初から意図していたのか。

当然ながら、三人の男たちの不倫相手はいずれも妻より魅力的な女性として描かれている。しかも、その女性たちの素性と存在には、あらかじめ仕組まれているかのような設定が用意されている。

三十代の夫婦の夫には、我儘な妻に対して、四十二歳の包容力のある年上の女、特に妻に不満のない常識のある四十代の院長には、小悪魔的な、おとなしい小動物のような女（ペットのような存在?）、五十代の生真面目な大学教授には、感受性の強い、恋多き熱情的な女と、いずれも現在の妻への不満を解消させるのに相応しい存在であり、配役にもそれぞれの運命を変えるような魅力的な女優がもれなく配置されている。これこそが脚本と配役の魔術である。

それぞれの正妻と真反対のキャラクター設定の巧妙さに唸るのは、筆者が男だからなのかもしれないが、逆に女性の視聴者にとってこの辺りが興味深く、一番共感するシーンなのだろう。それぞれの夫婦の夫の相手となる三人の女との出会いと現在の進行状況も紹介され、ドラマのシーズン1は終わるが、シーズン2はそれぞれの夫婦の凄まじい修羅場が待ち受けている予感を抱かせる。

通常、こうした修羅場はシーズン1の後半に入れるのだが、シーズン2が始まることが早々と決定したためか、途中で、シーズン1の後半を、回想による三人の不倫相手との出会いと人物紹介に当てたフシがあり、脚本もそのように変更したと思われる。

シーズン2に期待を持たせるのに十分な終わり方で、この辺りが、韓国ドラマならではの脚本の「芸」を感じるところだ。そして、六月十二日、シーズン2の配信が開始された。

「結婚作詞　離婚作曲　シーズン2」二〇二二年　TV朝鮮

シーズン2は、シーズン1でも紹介されていた三人の男の不倫相手である女三人が済州島《チェジュ》に旅行に行くところから始まる。ここから不倫相手である女たちに視点が移るだけでなく、シーズン1の補足的な説明もあり、視聴者に前作までのあらすじを伝える場面ともなっている。

巧妙なオープニング・シーンで、連続ドラマにしかできない語り口である。映画はもっと直線的な筋運びだから、こういった場面の切り替えは、映画を長く見続けていた観客には新鮮に見えただろう。連続ドラマの利点とは例えばこういったことで、長く見続けるというドラマの視聴方法の特徴をうまく活かしているといえるだろう。

シーズン1が不倫を男側から描いたものだとすれば、シーズン2は相手の女からの視点である。主役は男より女の比重の方が大きく、なぜ女たちが結婚している男に魅かれるのかという理由が逐一描かれる。この基準は男と女では意見が大きく分かれるところだ。

一つシラケたのは、元院長の夫を映画館で見殺しにした後妻ドンミのもとに、夫が復讐なのか幽霊となって現れること。他に方法はなかったのか。そうした安易な発想はドラマ全体のバランスを崩す設定でしかないと筆者は考える。

シーズン2の見どころは、当然ながら、本妻と愛人の修羅場だが、その間で夫がどのようにふるまうのかも大きな主題となる。

年上の相手女性が妊娠したことで、弁護士は何とかして両親を説得しようとし、そのために会いに行くが、両親は相手が息子より十歳も年上でありながら、その佇まいの完璧さに惹かれてしまい、当初の目的は逆転してしまう。息子の今の妻も一つ年上だが、性格からしてすべて逆で、両親が浮気した息子を見直すようになるところが面白い。

ここでも、相手の女性は不倫相手でありながらも、様々な点で今の妻の欠点を補正するだけでなく凌駕する存在として描かれている。不倫に至る経緯・理由は得てしてそういうものだが、本作はその最も極端な例として映る。

ミュージカル女優との不倫のために家族を捨てた大学教授も同様で、いつかはどこかで、不倫相手と本妻は対峙しなければならない。ミュージカル女優の場合、本妻が放送作家を務めるラジオ番組への出演依頼が来る。当然ながら、教授は出演を止めようとするが、理由をうまく説明できず、女優は結局出演してしまう。幸い（?）、本妻が交通事故に遭い、その日は別の人間が作家を務めたので対面することはなかったが、こういうことは時間の問題で、遂に二人は携帯電話で会話を交わすことになる。

そして、まだそこまで深入りしていないと思いながら逢瀬を続けていた院長も、女性からの過度の要求に抗えないようになる。

シーズン2は、それぞれの夫婦の波乱含みの修羅場の到来を期待させて本格的に幕が上がる。三家族それぞれの不倫が暴かれ、後半は凄まじい修羅場が展開される。

まずは五十代の大学教授とミュージカル女優の組み合わせである。不倫相手の女優は極めて魅力的な外観で、演じる女優の資質もあるのだろうが、完璧な女優として登場する。恋愛対象となったのも納得させられる美貌であり、教授の妻との比較は残酷ですらある。不倫相手と妻は遂に出会ってしまうのだが、娘が偶然がその一部始終を目撃し、父と娘の間で凄まじい言い合いになる。それでも教授は女優との生活を選ぶ。この辺りは男の業とでもいうべきものだ。女優は許されない立場にありながらも、子供が欲しいという、意外に恋愛にピュアな女性として描かれている。だが、妻の家庭にしてみれば勝手な言い分でしかない。

弁護士との間に子供のできた女性は両親の好感を得て、比較的穏やかに今の妻との離婚も進行していくと思われたが、両親を交えての食事の機会に、まだ妻であるＤＪが偶然その場に現れる。

それからの場面は書くまでもない。夫が浮気をしたのだから自分だっていいのではと、つい最近、ある実業家と食事を共にしたばかりのＤＪは、自分のことは棚に上げて、妊娠した不倫相手を責める。弁護士の両親に、自分が嫁として失格という印象を与えたことには気付かずに……。

院長は不倫相手の女優の卵にそろそろ別れようと提案するが、女は簡単には同意しない。そんな時、夫が失くしたはずのジャンパーコートを映画のロケ中に女優が着ているのを妻が見かけ、一番堅実と思われていた院長の恋愛は意外なところから露見する。院長夫婦の平穏な結婚生活に不安の影が差し始める。こうした皮肉な回路で院長の妻は夫の浮気を疑うようになり、相手の女が自傷で院長の病院に担ぎ込まれ、個室で密会しているところを見て、不倫の事実を確信する。

自身の母親が体調不良で入院したことを差し置いて、夫の不倫を激しく追及する妻。常に表情を変えない院長がどうやって言い訳するのかという興味も不謹慎ながら見物の一つとなっている。普段そんな素振りがなかっただけに、妻にしてみれば裏切られた時の反動も強いのだろう。

さらに不穏なのは、同居するようになった義母が、院長の妻に、毎日何か薬剤を混ぜて飲ませていることだ。この伏線の意図はどこにあるのか。

これ以降、それぞれの不倫の結末が意外な形で終わるのを視聴者は第三者的に目撃することになる。不倫ドラマの成否は結末の意外性に左右されるが、本作もその例にもれない。

ここで少し話が逸れるが、本作はもともと、タイトルにあるように、結婚から離婚に至る原因である不倫についてのドラマで、三組の世代の違う夫婦のケースを扱っている。最初から、夫の浮気に対する厳しい態度は一貫している。夫の身勝手な浮気によって、妻が、家庭がどれだけ被害を被るか、悲惨な結果となるか、これが視点の一つとなっている。つまり、本作では「浮気・不倫」は「絶対悪」として扱われている。

筆者は浮気を容認する気は毛頭ないが、浮気は男の甲斐性という身勝手な論理が若干頭を掠《かす》める、昭和の時代を引きずっている最後の世代からすると、「浮気＝悪」という思考の極端さが少し度を越しているように思うのは、筆者が男だからなのか。ドラマ内で浮気をするのが、夫ではなく妻だったら、そんなことは絶対に思わないという意見が出ることも承知しているが、それにしても、である。

本作を視聴して、筆者は一九八〇年代に読んだアメリカの株のインサイダー取引に関する本の一節を想起した。

インサイダー取引は、アメリカの証券取引上、最も悪質な行為であり、重罪に相当するとあり、その後に「それは経済を破壊する行為である」と続く。同様に、夫の浮気がもたらす「不倫」は、「家庭・家族を破壊する行為である」といい換えることも可能で、本作の着想・脚本は、この一念によって貫かれている。

そうでなければ、ドラマ内の不倫の結末が、修羅場を超えた、予想もつかない「地獄絵図」となる理由はない。

院長の絵に描いたような幸福な家庭は、妻が愛人の存在を知った時から一変する。入院中の母親の容態より、夫と愛人の抱き合う場面を目撃した妻はショックのあまり失語症となる。母親の入院のためのショックと誤解され、結果的に都合のいいことになるが、韓国ドラマにおける記憶喪失同様、こうした疾病をドラマ内の設定として、安易に使用するべきではないと思うのは筆者だけだろうか。

失語症が治った妻の、夫の浮気に対する仕打ちは強烈の一言で、夫と共に愛人の住居に行き、これまでの経緯を確認する様はほとんど刑事の取り調べである。罪状の「浮気」があたかも「殺人」の如く扱われるのは、今まで視聴した韓国ドラマの中でも初めてだ。

興味深いのは、院長の浮気を知った義母が妻の味方となり、酷く院長を詰《なじ》るのだが、これが義母の矜持としてではなく、これからの自身の人生設計のための演技であることは視聴者には知らされている。義母まで巻き込んだ以後の変転は見物の連続で、院長の愛人と義母の対立は、ほとんどアクションドラマのようになる。

何といっても後半最大の見物は第十二話で、院長の浮気がバレた後、自宅で院長と妻の、浮気をめぐる言い合いが始まるのだが、これが延々四十分以上にもわたる代物で（この回の約半分である）、全く息継ぎがない歌を歌うように、休憩もなく、二人は言い争いを続ける。

最初はすぐに収まるものと見ていた筆者は、いつまで経っても終わらないので吃驚した。夫婦二人の言い争いでこれだけの時間が割かれたのは、韓国ドラマ史上おそらく初めてのはずだ（ただ、これだけの長さが必要なのかという疑問は当然ある）。

男から見れば少し潔癖症すぎる妻の、あまりにも一方的な正当な批判と、何とかして離婚による家庭の崩壊を阻止したい院長の必死の弁明は当然ながら噛み合わず、いつまで経っても平行線のままとなる。

両親の離婚が、母親の浮気によるものと思い込んでいる妻は、それゆえに夫の浮気を絶対に許せない。院長には許しを請うしか為す術がない。そうした理由（？）による、一種のディスカッションともいえるこのシーンは、韓国ドラマの中でも異色の産物であり、ほとんど舞台劇である。

夫婦役の二人の俳優（夫イ・テゴン　四十四歳、妻パク・チュミ　四十九歳）の熱演も特筆すべきだが、これだけの量のセリフを書いたベテラン脚本家（イム・ソンハン）の力量には完全に脱帽する。ここまでの究極の夫婦間の本音ともいえるストレートな言い合いは、筆者が今まで見た韓国ドラマはもちろん、それ以外の国のドラマ・映画にもなかったように思う。

例えば、ニール・サイモンの芝居では、夫婦間の会話は言い合いであっても必ずユーモアが交えてあったし、ウディ・アレンの映画でも、夫婦間のセックスにまつわる話題がジョーク抜きで話されることはなかった。それなのに、である。そのくらいこの対話の凄まじさは筆致に尽くしがたい。

精神科医でもある夫の「男とはそういう動物なんだ」という結論も、固定観念に凝り固まっている生真面目な考えの持ち主である妻には通用しない。離婚という結論に至るまでお互い少し時間を置こうということでその場は一端収まるのだが、この後がどうなるのかと視聴者に期待させる技はたいしたもので、それは視聴率にそのまま表れている。

しかしながら、ドラマは十三話から急転する。どういうわけか、それまでの脚本の流れとは違う方向となる。最初からそういう意図だったのか、全十六話でまとめるために、この辺りで軌道修正したのかは不明だが、どう考えても、それまでの文脈とは違うストーリー展開である。まるで、ここから違う脚本家が担当したかのようだ。

その気配は浮気された妻たちが急に物わかりが良くなることでも明らかで、これまでの妻たちの性格設定からすると、このような心境の変化はまずあり得ない。「あり得ない設定」のドラマではなく、登場人物の言動の変化が「あり得ない」のである。これでは視聴者は面食らうというか、これまでのストーリーを反芻《はんすう》せざるを得なくなる。たとえ架空のドラマであっても、これほどの一方的な改変ともいえる急展開は、果たして許されるものなのか。

あれほど絶対に離婚しないといい張っていたＤＪが急に離婚を承諾するのは解せないし、その理由もわかるようでわからない。気まぐれのようでもある。

院長の愛人に至っては、妻にわざわざ会って、これまでのことを詫びるかと思えば、こんなことがあっても仲良くしたいといい出す始末で、妻は呆れて、離婚するので後は好きにすれば、というだけである。院長は少し時間を置こうとしたが、愛人はいきなり自宅に荷物を持って来てしまう。驚愕したのは院長だけではなく、同居する義母も同様で、ここから話が混乱してくる。ドロドロの愛憎の場となるはずが、どこか間の抜けた愛人の言動で拍子抜けしたようになるのは脚本家の意図なのか。

ミュージカル女優と同居している大学教授も、すぐ結婚するはずがなぜかそこまで至っていない。この時点から、ドラマは視聴者が想定していた内容とは全く違う展開となる。視聴者の意見でドラマの内容を変更する傾向の強い韓国ドラマでは極めて珍しいことだ。

興味深いのは、ＤＪが記者会見まで開いて公表した離婚が、取材側の勝手な判断で、最初の思惑とは違う方向へ行ってしまうことで、ここからドラマはどこへ向かうのかわからなくなる。弁護士である夫は、このことで身勝手な印象を仕事先内外に持たれてしまう。ＤＪはそんな変転に戸惑っているのかどうか、愚痴の相手として番組担当の部長を呼び出し、その部長にある感情を持っていることに気付く。

ここから結末まで、この部長が重要な登場人物になるのだが、その存在はＤＪだけではなく、院長の妻にとっても同様だった。同じような気持ちを部長に対して持っている院長の妻は、悩みを打ち明ける相手として部長を呼び出して話しているだけだったが、院長が偶然、その場を目撃してしまう。

院長は、壮烈な言い合いをして別れた元妻が、番組の部長とカフェで話しているところを見て、妻も浮気をしていると短絡的に思い込む。たわいのない誤解による嫉妬が示唆することは、妻だけでなく、夫も同じ状況にあると同じ反応を示すのであり、夫婦それぞれの本質は結婚していようと離婚していようと何ら変わりはないということだ。


ここまでは、タイトルに託した意味と脚本の当初のコンセプトは生きていたと思う。だが、最後の二話で、このドラマは迷走というか、完全に逸脱した状態となる。どう考えても、このストーリー展開はおかしい。三組の夫婦それぞれの夫の不倫による危機に妻がどのように対応するかが、シーズン2の主要なテーマだったはずが、どうもその軸が外れているとしかいいようがない。

結局のところ、三組の夫婦の顛末はそれぞれ次のようになる。

我儘だったＤＪが急に物わかりが良くなり、離婚を承諾する。その後、出産真近の夫婦のもとを訪れ、出産に立ち会わせてほしいというが、夫婦も義理の父母も本人が一体何を考えているかわからないので対処のしようがない。

院長と協議離婚したラジオプロデューサーの妻も、何となく部長と過ごす時間が多くなるが、嫉妬に駆られた元夫に問い質されるほど、恋とか再婚とかを考えているわけではない。それより、院長と暮らし始めた女が毎日義母と衝突していることを聞く度におかしくてたまらない。とはいえ、何かあると元夫を呼び出してしまう自分がいる。娘との時間を作る約束があるためだが、離婚したはずの夫と妻はどうにも煮え切らないまま過ごしている（素朴な疑問だが、妻は一体いつ、娘に夫と別居していることを打ち明けたのだろうか）。

自分を裏切った妻に復讐するため、幽霊になって常に周辺にいる院長の父親は、最後、孫娘に取り憑いて、自分の口調で話すことで、元妻が初めてその正体に気付くというお粗末さだ（幽霊となった院長の父親の存在はあまり効果的に使われていない）。唐突にそういった場面が出てくるので、視聴者は単に混乱するだけである。

ミュージカル女優と一緒になるために家族を捨てた大学教授の顛末はこうだ。

海外にいる女優の両親が交通事故死する悲劇が起こるものの、公演に穴をあけるわけにいかない女優は最後まで気丈に舞台を務める。心理的に不安定な時、元恋人――実は部長の腹違いの弟――が急接近して、一緒に海外の葬儀にまで行き、二人の距離が縮まってくる。元恋人はこの機会に結婚を申し込むが、その気のない女優は断るのと同時に、教授との関係も解消し、教授は出ていく。

不可解なのはここからで、女優は急に取り乱して、教授の妻に会い、自分の両親が死んだのは他人の家庭を壊した報いだと罪悪感をぶちまけて錯乱してしまう。出ていった教授のことを心配しているようでもあるが、要領を得ない妻と娘は自宅で様子を見ることにする。二人ともこの女優に哀れさを感じているものの、どういうわけか、ドラマにはこの後の続きがない。

そして、突然、つながりようのない組み合わせ（弁護士サヒョンと院長の愛人アミ、部長バンと弁護士の子供を身ごもった翻訳家ソン・ウォン――このカップルの伏線は、実は少し事前に張られている――、部長の腹違いの弟ドンマと院長の元妻ピヨン）の結婚式のシーンが現れて、何の意味があるのかわからないまま、突然「長い間のご視聴に感謝します」というテロップが入って急に終わる。

これでは視聴者には何のことか全くわからない。ドラマの結末を放棄したといってもよく、ミステリで多用されるリドルストーリー的（結末の判断を読者に委ねる手法で、どちらとも取れる終わり方）な結末とも違う、不可解としかいいようのないエンディングである。

シーズン1で終わるところが、好評で2を考えたまでは良かったが、話を広げすぎて、時間切れで収拾がつかなくなったとしか思えない。プロの脚本家としてあり得ないことで、明らかに視聴者を無視した行為である。いかにベテランであろうとも、ストーリー展開が破綻したまま終わるのは脚本家失格である。

三組の夫婦それぞれの在り方が、一見古風なようで現代的であり、途中までは斬新な内容だっただけに、このような結末では韓国ドラマの未来に一抹の不安を感じてしまう。

と思っていたが、別の考え方もあるのかもしれない。

もしシーズン2の最後を説明するとしたら、当然シーズン3が必要となるわけで、そのために、最後を敢えて曖昧なまま唐突に終わらせておいたのではないかということだ。起承転結の「転」を省略して、先に「結」を見せてしまったようなもので、そうすると、結末の意味不明な三組の異色カップルの一瞬の披露は、この後の予告とも受け取れる。

どう考えてもわからない相手同士が結婚するとはどういうことか、そして、この後はどうなるのかという根源的な疑問ほど、続編への興味を掻き立てるものはない。確かにこういった結末にしない限り、シーズン2で完結してしまうわけで、シーズン2の途中でシーズン3の企画が出てきたとしか思えない。であるのならば、実に巧妙な戦略（深謀遠慮）であり、新しい発想ともいえる。ある意味、脚本のセオリーを無視した荒業でもあるが、韓国ドラマではこういうことも許されるのか。

韓国ドラマ特有のマクチャン設定を駆使して試行錯誤した結果、製作スタッフや脚本家は敢えてこのような結末にしたのだろうか。となると、やはりシーズン3はあるのか（先頃、シーズン3の製作が確定したとの報道があった）。

話題の最新二作品

二〇二〇年代が第四次韓流ブームを象徴する年代であることは誰の眼にも明らかだが、二〇二一年も話題作が目白押しで、視聴するのが追い付かないほどだ。最後に、その中でも最新作として、以下の二作品について触れておきたい。

「D．P．―脱走兵追跡官―」二〇二一年　Netflix

韓国国内でもNetflixのみで配信されたオリジナル製作ドラマの最新作「D．P．―脱走兵追跡官―」（原題Deserter Pursuit - 軍務離脱逮捕組 - 通称D．P．）は、韓国内ではタブー中のタブーともいえる、韓国陸軍の内部に組織された脱走兵を追う部隊を扱ったものである。原作が一千万アクセスを超えたWEBマンガであっても、ケーブル局でもなかなか扱うことのできない題材だったが、期待に違《たが》わぬ秀作となった（オープニング・テーマのKevin Ohの「CRAZY」は印象的な楽曲でいつまでも耳に残る）。これほど現在の韓国軍隊の問題点――ダークサイドである人権問題を衝いたドラマはない。因みに、ドラマ内の現在である二〇一四年は、特に軍隊内の苛《いじ》め・脱走が多発した年だった。

主人公チョン・ヘインは平凡な二等兵だったが、粘り強い資質を上官に買われ、D.P.の任務を命じられるものの、脱走兵たちが抱える問題に直面し、自身の心にも変化と葛藤が生じてくる。チョン・ヘインにとっては「刑務所のルールブック」に次ぐ兵隊役で、代表作となったことは確実である。

他の配役では、チョン・ヘインたちの上司となる「応答せよ」シリーズのキム・ソンギュンが見せるやるせない表情は特筆ものだ。また、ソン・ソック扮する大尉の狡猾な対応も見逃せない。

シーズン1は全六話だったが、反響の大きさから、シーズン2も予定されているようだ。

「イカゲーム」二〇二一年　Netflix

九月に全世界で配信開始され、世界九十四ヶ国で第一位を記録する大ヒットドラマとなったことは一般的なニュースにもなった。内容、クオリティはもちろん、全世界の視聴者の支持を得た点においても（視聴回数に関しては、全世界の契約者数二億人の内、一億四千万人がこのドラマを視聴したという）、韓国ドラマのメルクマールともいえる作品となった。特殊な内容なので、同じ路線のドラマは作り難いと思われるが、韓国ドラマの着想、方法論が世界で通用した見事な証明となったことは事実で、本作を以て、韓国ドラマはアメリカ・ドラマを一瞬、超えたのかもしれない。

だが、作品分析をすることで明らかになるのはそうした陽の面ばかりではない。本作は韓国の現実を直視し、その反映として忠実に創られたが故に出現した作品なのであり、その原因に眼を向けざるを得ない厳然たる事実がある。いうなれば本作は、韓国に渦巻く閉塞感と格差社会が生み出した徒花《あだばな》ともいえる作品なのである（韓国以外の国でも熱狂的に支持されたのは、他の国も同じような状態にあることを示唆しているのかもしれない）。

ドラマ企画の背景に韓国の現実があることは確実で、その原因が韓国の経済状態そのものにあることを綺麗ごとではなく明言したのは、このドラマが初めてではないか。とはいっても、単に、現在の閉塞感を打破するためだけが本作の目的だったとは思えない。では、真のテーマとは何なのか。

究極のデス・ゲーム参加者たちには、いずれも金を必要とする切実な理由がある。単なる生活苦だけではない。

借金まみれの元工場勤めの代行運転手、その幼馴染で地元の秀才といわれながら、先物取引で膨大な損失を作り、内部操作による補填が発覚して横領で逃走中の元証券マン、癌で余命いくばくもない老人、組織の金に手を付け、組織から追われているヤクザ、祖国に家族を残し脱北したものの韓国でも行き場のない女、何度も詐欺で逮捕された中年の女、出稼ぎに来て勤め先で金を奪い逃走中のパキスタン人、医療ミスで病院を追われた元医師、等々、すべて韓国の現実が生んだ、社会から疎外されたか、もしくは逃走中の人物ばかりである。

その最後の活路を見出すために参加した、生死を賭けた究極のサバイバル。そこに待っていたのは人間性をとことんまで追求する、自分だけが生き残ることを要求される、説明のつかないゲームの繰り返しだった。

現実でも事業に失敗し、人生に躓《つまず》けば、社会的に抹殺され、自殺を考えざるを得なくなる状況に追い込まれることになるが、その成否の実態をここまで剥き出しの状態で曝け出したドラマは他にはない。

ドラマの内容、着想、構成は考え抜かれたものだが、何といってもタイトルが示す、子供の頃に興じた素朴なゲームを死のゲームに置き換えた着想が画期的である。

子供の世界を支配するのもしょせん社会である。子供の遊びの根源的な意味をゲームの行動様式の中に組み入れることは、すなわち子供のイノセントで平等な場所をゲーム世界で実現することになる。ゲームが、主催者の提唱する「平等な世界」を実現する方法の一つであるならば、ドラマ内のゲーム世界は社会の縮図でもある。たとえ架空のゲームの世界であっても、その常識・図式が崩れるとどうなるか。本作はその極めて興味深いテストケースともいえるだろう。

それにしても、ゲームの中身は凄まじい。残酷を超越した仕掛けとはこのことだ。第一の「だるまさんがころんだ」から始まって、第二の「カルメ焼の型抜き」、第三の「死の綱引き」、第四の「ビー玉遊び」、第五の「究極のガラス踏み」とおよそ考え付く限りの、死と隣り合わせの、時には残酷な笑いも混じる、恐怖と死のゲームが次々と展開される。見方によっては、実に高度なブラック・コメディともいえるが、ゲームの失格者、脱落した者を待っているのは「死」だけである。

よくぞこれだけの殺人ゲームを子供の遊びをもとに考え出したものだと思う。秀抜な着想を通り越して、少し疑問を感じる部分があるのは、筆者が韓国の峻烈な経済状況を知らないからだといわれれば返す言葉はない。

筆者が疑問を感じたのはその残酷度のことではない。ドラマが描く、そういう発想に根差した人間性の在り方である。勧善懲悪とか、性善説、性悪説といった単純な発想区分ではなく、一方では人間性の癒しと回復を目指したドラマ群を併せ持つはずの韓国ドラマの創作発想とは、少し矛盾しているのではないかという素朴な疑問である。

最初から世界市場を目指した作品であることから、必ずしも従来の韓国ドラマテイストではなく、そこからの脱却を図ったモデルケースとしての一作品といわれればそれまでだが、筆者はこうした方向性に若干の違和感を覚えざるを得ない。というのは、この作品の方向性を認めることは、本書でこれまで分析してきた作品を反故にする行為でもあるからだ。

だが、世界市場を対象とした、新しい時代の韓国ドラマはもっと先を見通しているのだろう。筆者の危惧は、単なるアジアの一視聴者の過大な期待にすぎない。

何も知らされていないゲーム参加者と、謎に包まれた主催者による、死のゲーム展開だけではドラマ運びが単調すぎると考えたのか、視聴者の代表ともいえる外部の眼として、兄の失踪にこのゲームが関係あると睨んだ刑事が登場する。

ゲームが行われる島に潜入して、ゲームの裏側を見せることで、謎の部分を少しずつ明らかにしていく構成となっている。ドラマ創作のイロハだが、本作でも効果的に使用されている。

潜入した刑事が成り済ますのが、参加者たちを監視する警備員なのだが、全員、顔がわからないユニークなコスチュームになっていることも特筆すべきだ。匿名性保持のためなのか、不気味なまでのマスク外観は絶妙であり、その効果は結末まで維持されている。

独特のマスクで顔がわからない体裁となっているのは、著名な俳優を必要としない卓抜なアイデアでもある。主役の一人であるフロントマンも途中までマスク姿のままで、素顔で演じているのはほんのわずかだ。特定のゲーム参加者以外の俳優はほとんどエキストラで済むわけで、企画の勝利といえるだろう。

詳しく触れると一冊の本になってしまうので要点だけ触れておきたい。

五つのゲームをクリアしたのは三人——サンウ（パク・ヘス）、ギフン（イ・ジョンジェ）、セビョク（チョン・ホヨン）だけだ。最後の晩餐の後、サンウは無情にも負傷したセビョクを殺害し、二人だけで最終ゲーム「イカゲーム」に臨む。韓国の子供なら一度はやったことのあるゲームらしいが、ルールの踏襲はあるようでない。ゲームの勝敗は敢えて書かないでおこう。ネタバレの危惧があるのと、このドラマには視聴しない限りわからないことが多々あるからだ。

だが、次のようなことは書いておいていいだろう。

「イカゲーム」は画期的な作品だが、解明されていない謎が多すぎることも事実だ。つまり、このドラマは実質的には完結していないのである。最後の老人の謎の告白には意味の通らないところがあるし、フロントマンの人物像は一切説明されていない（ゲーム勧誘員もそうだ）。これでは、ドラマ全体の意図が正確に視聴者に伝わったとはいい難い。脚本に関して、総体的に考えすぎ、いじりすぎの部分が多く。おそらく結末は何度も書き直したと思われるが、続編製作は最初から想定済みではなかったか。

誰もが違う結末を考えずにいられないのは傑作の証拠だが、以上のような疑問があることも否定できない。結末は秀逸ではあるものの、敢えて続編を期待させる作りになっているのは、当初はパイロット版的な構成で、監督も製作側も少し模様眺めの部分があったからではないか。

ではなぜ、全九話という中途半端な長さだったのか。

筆者も途中で気づいたのだが、全九話、総計八時間強の視聴時間は一日で視聴するのにちょうどいい長さなのである（「D．P．」に至っては全六話である）。映画館での二時間視聴、韓国ドラマのスタンダードな全十六話の二、三日の視聴時間とは違う、新しいドラマ時間の創出も、もう一つの目的だったのではないかと思えてくる。つまり、コロナ禍の在宅の多い生活時間におけるブレイクタイム（一日だけの別世界へのタイムスリップ、異次元体験）としては、このくらいの長さがちょうどいいのではないかという推測である。

ここまでの世界的大ヒットの続編はそれなりに困難が待ち受けていることだろう。

脚本については、シーズン1を前編とすれば、後編に当たるシーズン2は、前編の謎をすべて説明すればいいので、それほど困難ではないと思うが、一番の悩みは俳優たちの出演料である。ここまでのヒット作の続編だと、続編に不可欠な俳優たちは、到底前回同様の金額では承服しないだろう。十倍の上昇はもちろん、視聴回数による歩合の加算を要求することは必至である。

「イカゲーム」はKコンテンツとしての韓国ドラマの商品価値において、おそらく映画「パラサイト　半地下の家族」のアカデミー賞作品賞受賞をはるかに凌駕する、世界で一番成功した作品だといえるのではないか。

以上の最新作を見た上で予想する、韓国ドラマの未来はどういうものなのか。結論として筆者はこう考える。

Netflix等のネット配信によって、世界同時視聴が可能なコンテンツであり、それに相応しいクオリティを保有する韓国ドラマの未来は、ひとえにこれまでの韓国ドラマの伝統を踏まえ、かつ新しいドラマ世界を創造することにかかっている。

最新作の傾向でも顕著なように、今や韓国ドラマとアメリカ・ドラマの差異は、演じている俳優の違いだけでしかない。韓米合作とまではいかないにしても、例えば、アメリカ・ドラマのシナリオライターによるドラマを、韓国の監督が演出し、韓国俳優だけでなく、アメリカの俳優が出演する企画があれば、そこには必ず新しい韓国ドラマが誕生する。二〇二〇年代の次の傑作の出現はもはや時間の問題である。

註‐1　韓国ドラマのクオリティを支えるのはいうまでもなく脚本で、そのテクニックは世界有数であり、近年でも、相変わらず女性脚本家の活躍が目立つ。「マイ・ディア・ミスター～私のおじさん～」のパク・ヘヨン、「ボイス1～3」のマ・ジンウォンと、逸材の出現が多く、今後も期待大である。

註‐2　「シーシュポス」とはギリシャ神話の罪人の名前でもあるが、カミュが『異邦人』と同時期に書いたエッセイ集『シーシュポスの神話』（一九四二年）からの引用の意もある。カミュ自身の解説によれば（「ピエール・ボンネルへの手紙」同書所収）、この書物の主張するところは、「形而上学的ペシミスムは、人間に絶望すべしという結論にかならず導くものではない、――その反対だ」という言葉に要約されるという（『カミュ全集2』清水徹の解題　一九七二年　新潮社）。

註‐3　本作の異色俳優というと、間違いなく、黒幕シグマを演じるキム・ビョンチョルで、「SKYキャッスル」（二〇一八～一九年　JTBC）の怪演以降、「ドクター・プリズナー」（二〇一九年　KBS）の刑務所の医療課長役を経て、そのオーバーな演劇的ともいえる演技と共に、クセのある印象的な脇役としての地位を確立した。とにかく、絶対に何か秘密を隠しているという雰囲気は無類で、個性派俳優としての前途は洋々である（俳優チョ・ウジンとあまりにも似ているので、最初は気付かなかったほどだ）。

註‐4　六十代はやはり家族ドラマの中でしか描かれない世界なのか、と思っていたら、そうした要望を具現化したような「ディア・マイ・フレンズ」（二〇一六年　tvN）が製作された（tvN開局十周年特別企画ドラマで、脚本はノ・ヒギョン）。「黄昏世代の人生讃歌」という触れ込みだったが、ここまで六十代以上の登場人物が中心となると、ドラマがうまく進展しない――つまり、どのような家族構成であっても、老人ホーム、ホスピス辺りを中心にしないと、この世代のドラマは成立しない――ことがよくわかった。家族ドラマ常連のベテラン俳優による、あまりにもリアルな身近な日常の連続はうんざりするだけで、そうしたドラマを見る視聴者は当の韓国でも少数派だったようだ。結果的に反面教師のような作品となってしまい、今後、おそらく、この世代だけを対象としたドラマが作られることはないだろう。

註 - 5　ドラマのコンセプトを忠実に表現したかのような、シーズン1～2のエンディングテーマ、Hong Ji Yun ホン・ジユンの「Love Again」は、最近のドラマ挿入歌としては出色の出来で、七〇年代を彷彿させるマイナー・キーのドラマティックなバラードはまるでかつての日本の二時間ドラマの主題歌のように聴こえる。

あとがき

二〇一六年に『定年後の韓国ドラマ』を書いた時、いろんな人から、なぜ男なのにそんなに韓国ドラマに夢中になっているのかと真顔で訊かれたことがあるが、今回五年ぶりに韓国ドラマについて書くことによって、やっとその理由がわかったような気がする。

筆者は韓国ドラマと出会う前から三十年以上、夥しい量の国内外の映画・ドラマを視聴していたが、そうした眼で見た韓国ドラマは、脚本・俳優・音楽等を含めて単純によくできた――ウェルメイドなドラマ作品として映った。韓国映画も同様だったが、一本完結の二時間前後の映画とは違う、最低十六話を前提とするドラマ形式に新鮮な刺激を受けたことは事実だ。

その興味から見続けることになったのだが、その内、知られざる隣国――韓国の歴史・文化・風俗も同時に知ることで、全く知らないもう一つの異文化――映像文化を発見することにもなった。まさかその興味が二十年近く続くとは、正直、自分でも意外だった。

筆者同様、日本の視聴者にとって韓国ドラマが新鮮だったのは、ドラマ内の人間の喜怒哀楽の感情表現が素直で、しかも生《なま》でストレートだからである。それは結果的に純愛・家族愛・すべての人への博愛に直結する（俳優への演出が感情過多で少し強すぎると、日本では「スチュワーデス物語」のようなコメディすれすれのドラマとなるが）。さらに、人物造形も善悪の二項対立がわかりやすく、基本的な筋立ても理解しやすいのであれば親近感は自然と湧いてくる。

日本で受け入れられたのは当然でもあったが、韓国ドラマの世界は韓国だから成立するのであって、日本では大きく違うという考えが当時は大勢だった。

だが、本当にそうだろうか。そう疑問に思った層も少なからずいたのではないか。韓国ドラマが伝える情感――それは団塊の世代の「いつか聴いた歌」的なノスタルジアであったり、久しく忘れていた感情を呼び起こす思い出だったりしたのだが、だからといって楽しい思い出ばかりではない。悲しくつらい記憶とないまぜになっているのがほとんどかもしれない。

そうだったとしても、そういった情感を呼び起こす映像と向き合うことは無意味ではない。別に年代を限らずとも、ここには人生の意味を問い直すような、心を揺り動かす物語が確実に存在すると筆者は韓国ドラマを見ながら考えるようになった。この考え方は、決して筆者だけの独断ではないだろう。

筆者が韓国ドラマを見て得た情感は、以上のような理由をもとにした、どうやら「心に沁みる」ことに尽きるようだ。音楽効果もあり、全身で感じ取る「何か」——Something Else——を受容しているのだと思う。ドラマによっては、時折その空間に包み込まれるような抱擁感を感得することもある。ある種の疑似体験といってもいい。

そのためか、二〇〇〇年以降、韓国ドラマを超える映像に出会ったことは今のところない。大げさではなく、「人生を変えたドラマ」群であり、タイトルにそのニュアンスを盛り込んだのはそうした理由による。

本書内で詳述した、例えば「愛の不時着」は、「冬のソナタ」に続いて、二十年近く経って、日本に再び、第四次ともいえる韓国ドラマブームを再燃させたようである。「冬のソナタ」時の日本の視聴者は、知られざる韓国男優の、正統的なイケメンの外観と、古典的なメロドラマとの再会に心を奪われたと思われるが、今回のブームには本質的に大きな違いがある。

日本における韓国ドラマの放送のほとんどが限定的なネット配信であるにもかかわらず、テレビ視聴の大きな転機となったことだ。これは日本が本格的な個人視聴の時代に入っただけでなく、地上波放送・DVDレンタルを凌駕する多チャンネル時代に突入したことを意味する。

さらに、六十五型以上のサイズのモニターによる視聴は、映画館鑑賞・ホームシアターとまではいかないまでも、従来のテレビドラマというより、映画のような映像を連続して見ているような印象を受ける。従来のテレビドラマとも、劇場映画のDVD映像とも違う、全十六話――総時間十六時間以上からなるドラマ映像は、独特の映像体験であり、あたかも長編小説を読んだ後のような一種不思議な感銘を視聴者に与える。

本書によって、世界最強のソフトとなった韓国ドラマの中でも、「日本人だけが感じ取れる情感」を伝える作品を、その魅力と共に紹介することができたとすれば、筆者の目的はある程度達成できたことになる。最終的な評価は読者の判断に委ねたいが、知られざる韓国ドラマの魅力の一端を少しでも本書で読み取ってもらえれば、筆者にとって望外の喜びである（原稿枚数が通常の新書の倍の分量――七百三十枚――となってしまったのは筆者に責がある）。

本書の刊行については、光文社新書編集部編集長・三宅貴久氏、ノンフィクション編集部編集長・樋口健氏のお世話になった。近年、韓国ドラマにはまったという三宅氏と、ドラマの細部の見どころについて意気投合できたのは幸運の一言に尽きる。また、現地韓国情報等については、在韓生活二十五年の翻訳者、古賀聡氏から多大な協力を得た。併せて感謝申し上げたい。

筆者もいつまで韓国ドラマを見続けられるかわからないが、二十年近く日本に影響を与え続けた韓国ドラマの地位はそう簡単に揺らぐことはない。それより、ネット配信によって、世界市場でも有数の存在となった韓国ドラマの未来の方に関心がある。今年、映画「ミナリ」（二

〇二〇年　監督：リー・アイザック・チョン）でユン・ヨジョンが第九十三回アカデミー賞助演女優賞を受賞したが、将来的には絶対あり得る、韓国ドラマのゴールデングローブ賞テレビ部門の受賞を刮目《かつもく》して待ちたい。

二〇二一年十月　藤脇邦夫

【ま行】

【や行】

【ら行】

主要作品索引　※邦題と韓国原題

藤脇邦夫（ふじわきくにお）

1955年広島県生まれ。大学卒業後、専門学校、業界誌を経て、'82年、出版社入社。2015年定年退職、以後、文筆業。著書に、『仮面の道化師』（弓立社）、『出版幻想論』『出版現実論』（いずれも太田出版）、『出版アナザーサイド』（本の雑誌社）、『定年後の韓国ドラマ』（幻冬舎新書）、『断裁処分』（ブックマン社）等がある。

人生《じんせい》を変《か》えた韓国《かんこく》ドラマ　2016〜2021

2021年11月30日初版1刷発行

著　者 —— 藤脇邦夫
発行者 —— 田邉浩司
装　幀 —— アラン・チャン
印刷所 —— 堀内印刷
製本所 —— 国宝社
発行所 —— 株式会社光文社
東京都文京区音羽1-16-6（〒112-8011）
https://www.kobunsha.com/
電　話 —— 編集部03（5395）8289　書籍販売部03（5395）8116
業務部03（5395）8125
メール —— sinsyo@kobunsha.com

 ISBN 978-4-334-04576-0

1156
日本のジーパン
林芳亨

米国で生まれたジーンズがいかに日本で独自の発展を遂げたのか？　ジーンズ界の重鎮である著者がジーンズの歴史や、日本における受容のプロセス等「ジーパン愛」を語り尽くす。

978-4-334-04563-0

1157
脳の寿命を延ばす「脳エネルギー」革命
ブドウ糖神話の崩壊とケトン体の奇跡
佐藤拓己

巨大で大食漢な働き者「脳細胞」を長持ちさせる助っ人とは⁉　ヒトの脳の発達を可能にしたエネルギーとしてケトン体に注目。認知症・うつを防ぎ健康にも役立つ栄養摂取法を考察する。

978-4-334-04564-7

1158
田舎暮らし~~読~~毒本
樋口明雄

田舎暮らしにスローライフは存在しない！　東京から自然豊かな地方に移住して20年の小説家が満を持して贈る、田舎暮らしのノウハウと闇。本書を読まずして移住するべからず！

978-4-334-04565-4

1159
知ってるつもり
「問題発見力」を高める「知識システム」の作り方
西林克彦

「わからない」を見つけるために「きっちりわからなくなる」には？　ロングセラー『わかったつもり』刊行から16年。今最も求められる「問題発見力」を身につける方法を解説。

978-4-334-04566-1

1160
大下流国家
「オワコン日本」の現在地
三浦展

経済力の低下、人口縮小、ジェンダー格差、メディアの怠慢……この国はどこまで堕ちてゆくのか？　80万部超のヒット作『下流社会』から16年、最新データを基に再び日本を斬る。

978-4-334-04567-8

光文社新書

1166
なぜ中学受験するのか？
おおたとしまさ

やり方次第で「良薬」にも「毒」にもなるのが中学受験。気鋭の教育ジャーナリストが膨大な取材経験と古今東西の文献から導き出した、中学受験の是非論へのファイナルアンサー。

978-4-334-04573-9

1167
毛
生命と進化の立役者
稲葉一男

えっ⁉ 脳の中の毛？ ウイルスから守る毛？ CO_2で止まる毛？「細胞の毛」研究三〇年のスペシャリストが、生き物や自然、そして私たちの命を支える驚くべきミクロの世界を綴る。

978-4-334-04574-6

1168
肥満・糖尿病の人はなぜ新型コロナに弱いのか
「糖質過剰」症候群Ⅱ
清水泰行

新型コロナのパンデミックや病状悪化の要因となると考えられる糖質の過剰摂取。本書では糖質過剰が新型コロナだけでなく数多《あまた》の疾患の原因となる理由を、最新研究を交え伝える。

978-4-334-04575-3

1169
人生を変えた韓国ドラマ 2016～2021
藤脇邦夫

「愛の不時着」「梨泰院《イテウォン》クラス」「賢い医師生活」「イカゲーム」など世界を席巻するKコンテンツの一つとなった韓国ドラマ。その深い魅力を傑作80選とともに徹底解説！

978-4-334-04576-0

1170
不登校・ひきこもり急増
コロナショックの支援の現場から
杉浦孝宣＋NPO法人高卒支援会

コロナ禍で不登校・ひきこもりの子どもたちは増えただけでなく、可視化されづらくなった。リアルとオンラインを駆使することで前よりもパワーアップした支援現場の知見を学ぶ。

978-4-334-04577-7